Preußen,

seine Verfassung, seine Verwaltung,

sein

Verhältniß zu Deutschland.

Von

Bülow-Cummerow.

Zweiter unveränderter Abdruck.

Berlin 1842.

Verlag von Veit und Comp.

Inhalts-Verzeichniß.

Erste Abtheilung.

Seite

Preußens politische Stellung und Entwickelung . . . . 1—26

Zweite Abtheilung.

Ueber die Verfassung . . . . 27—97

Dritte Abtheilung.

Ueber die Verwaltung . . . . 99—271

a) Ministerium des Innern und der Polizei . . . . 119—138

b) Ministerium der Finanzen . . . . 139—202

c) Von der Verwaltung des Cultus-Ministerii . . . . 203—214

d) Ministerium der auswärtigen Angelegenheiten; der Justiz; der Staatsschulden und Geld-Institute; des Staatsschatzes; der Domainen; das General-Post-Amt, mit einem Minister an der Spitze . . . . 214—232

e) Von der Verwaltung des Heeres . . . . 232—269

Vierte Abtheilung.

Deutschland . . . . 271—316

Anlagen.

A. Zusammenstellung der Verwaltungsbehörden . . . . . 317—321

B. Schema des Dänischen Budgets für 1841 . . . . . 322—328

Preußens

politische Stellung und Entwickelung.

Fünf und zwanzig Friedensjahre waren jenen heftigen Stürmen gefolgt, welche die inneren und äußeren Verhältnisse Europa's erschüttert hatten, unserem Gedächtniß schien die Erinnerung daran fast entschwunden zu sein, so hatte uns die süße Ruhe des Friedens eingewiegt. Frankreich hat uns im vorigen Jahre aus diesen Träumen geweckt; Frankreich scheint berufen, die Geißel von Deutschland und Europa zu sein, und zugleich ihre Wohlthäterin.

Die Ruhmbegierde und die leichte Erregbarkeit dieses unruhigen Volkes, welches von nichts als von der Gloire *) träumt, dem der äußere Schein Alles gilt, welches in seinem Dünkel sich über alle Völker Europa's erhebt, und sich in seinem eigenen Hause so schlecht gebettet hat, gestattet mit diesem Volke und seiner willenlosen Regierung keinen Frieden, nur einen Waffenstillstand; hieran hat Frankreich uns in den letzten zwölf Monaten erinnert, dadurch ist es unsere Wohlthä-

*) Schon Voltaire sagt von ihnen in der Pucelle: les fous sont pleins d'honneur, ainsi q'au bal ils vont tous aux batailles.

terin geworden, und Gott gebe, daß Deutschland von der ihm ertheilten Warnung Nutzen ziehe.

Mit Frankreich, welches schon so oft Deutschlands Fluren mit Feuer und Schwert überzogen, früher so manche Provinzen von Deutschland abgerissen hat, ist nur auf Frieden zu rechnen, wenn wir stets auf den Kampf gerüstet sind. Allein für ein dauerndes friedliches und freundschaftliches Verhältniß, mit dem jetzigen Frankreich giebt es überhaupt keine Bürgschaft, weil das Land selbst ein Ball der Parteien geworden ist.

Frankreich, dies von Natur so reich ausgestattete Land, ist durch die Thorheit des Volkes, welches es bewohnt, in Verhältnisse gerathen, die unmöglich dauernd sein können. Ihm fehlen alle Garantieen für seine eigenen inneren Verhältnisse, während es von nichts als von Garantieen fabelt.

Das Glück und die Wohlfahrt der europäischen Völker und ihre Macht nach außen, ihr Ruhm im Innern wird zuerst bedingt durch eine starke Regierung; diese fehlt Frankreich ganz; von Parteien zerrissen, herrscht in Frankreich der Egoismus. Im Wohlbefinden aller Glieder des Staats, in der innigen Vereinigung der Interessen aller Klassen der Nation beruht das Glück und die Macht eines Volkes. In Frankreich giebt es zwei Gewalten, in deren Hand sich die Regierung befindet, die selbst keine Macht hat: die der Vermögenden, welche das sogenannte souveraine Volk repräsentiren, und die der freien Presse, welche die öffentliche Meinung um so mehr beherrscht, als es in Frankreich nichts Stabiles mehr giebt. Ihnen gegenüber steht eine schwache Regierung, die ihre kummervolle Existenz nur der Geschicklichkeit verdankt, mit der König Philipp diese beiden Mächte zu behandeln versteht. Ihm allein verdankt Europa die Erhaltung des Friedens, und Frankreich die Suspension der Anarchie. Ueber dreißig Millionen Franzosen leben in Frankreich ausgeschlossen von jedem Antheil an der Verfassung; von Steuern erdrückt, entbehren sie selbst diejenige Freiheit, welche dem Unterthan der absolutesten Monarchie zu Theil wird, und der Zustand der Dinge ist ein solcher geworden, daß, wenn das souveraine Volk irgendwo seine Stimme erhebt, ihm nur mit Kartätschen-Schüssen geantwortet werden kann, weil dies die einzige ihm verständliche Sprache ist.

Ein solcher Zustand kann nicht dauernd sein. Es liegt in der Unmöglichkeit, daß sich aus den jetzigen Verhältnissen ein Geordnetes nach und nach entwickeln sollte, denn es fehlt jeder Anknüpfungspunkt; und es ist mit Bestimmtheit vorauszusehen, daß nur durch eine gewaltsame Umwälzung ein geordneter Zustand daselbst herbeigeführt werden kann, und diese wird suchen müssen, sich wieder Luft nach außen zu machen.

Wann eine solche Katastrophe eintreten wird, ist mit Wahrscheinlichkeit vorauszusehen. Der Todestag des Königs der Franzosen wird allem Anscheine nach der letzte Friedenstag sein, denn schwerlich wird sein Nachfolger das Talent und die Lust haben, das Schaukel-System seines Vaters nachzunahmen, er wird daher sich an das kriegslustige Volk wenden, um durch die Militär-Gewalt zur Herrschaft zu kommen, und selbst wenn er es nicht wollte, so werden ihn die Umstände dazu zwingen.

Diese so nahe liegenden Betrachtungen mögen für Deutschland eine Aufforderung sein, sich stets auf einen Kampf gefaßt zu halten, der über kurz oder lang nicht ausbleiben kann und wird, ja es scheint keinem Zweifel unterworfen, daß König Philipp und seine Erben schon Pläne für die Zukunft entworfen haben und vorbereiten; die Befestigung von Paris, und der Eifer, mit welchem selbige vom Hofe betrieben wird, deuten auf tiefere Absichten.

Wenn Deutschland Ein Reich bildete, so würde Frankreich es nie ungestraft wagen dürfen, den Löwen in seiner Höhle anzugreifen. Allein Frankreich weiß es, daß Deutschland durch seine Zerstückelung schwach ist, es hat zu oft erfahren, daß theils die Uneinigkeit Deutschlands, theils die Schwächung, die in dieser Zerstückelung selbst liegt, ihm die Thore Deutschlands geöffnet haben. So herrlich es sich nun in Deutschland lebt, weil sich die Deutschen, jeder in seinem Lande und unter seinem Fürsten, glücklich fühlen, so gewiß ist es, daß Deutschland morgen eine Beute Frankreichs werden würde, wenn nicht die beiden Schutzmächte, Oesterreich und Preußen, ihm seine Selbstständigkeit, seine Freiheit sicherten.

Inzwischen ist nicht zu verkennen, daß Oesterreich, so betheiligt es auch bei der Unverletzbarkeit Deutschlands ist, keine rein deutsche Macht bildet, sondern noch andere wichtige Interessen sich bei ihm geltend machen durch seine ungarischen, gallizischen und italienischen Besitzungen; auch hindert die Lage Oesterreichs es, Deutschlands Grenze zu schützen.

Preußen dagegen ist eine rein deutsche Macht, seine Wohlfahrt, vielleicht seine Existenz, ist mit der des übrigen Deutschlands auf das Innigste verbunden; aber auch Deutschland kann es sich nicht verhehlen, daß seine Selbstständigkeit, seine Freiheit, sein materieller Wohlstand wiederum mehr oder weniger von Preußen abhängig sind. Nicht wie Oesterreich besitzt es Länder, die es in irgend einen Conflict bringen könnten, welcher Deutschland nicht berührte.

Das eigentliche alte Ostpreußen hat seine Bevölkerung aus deutschem Stamm, ist durch Sprache, Bildung und Interesse ein deutsches Land, kann nur durch die deutsche Macht Preußens gegen Rußland geschützt werden. Westpreußen hat sich zu einer deutschen Provinz umgeformt. Posen ist eine Provinz von geringer Bedeutung mit etwa zwei Drittheilen polnischer, einem Drittheil deutscher Bevölkerung; es wird das Schicksal aller eroberten Länder theilen, seine Bevölkerung wird sich mit der der Eroberer verschmelzen. Das antideutsche Element liegt jetzt hauptsächlich nur noch in dem dort stark begüterten polnischen Adel, dessen Einfluß von verschiedenen Seiten her eine Schwächung erleidet, der er auf die Länge nicht widerstehen wird: denn es erwächst jetzt dort eine deutsche Bevölkerung, es entwickeln sich ein Mittelstand und freie Bauern. Täuschen wir uns nicht, so werden die Reminiscenzen des polnischen Adels sehr bald denen gleichen, welche bei uns noch hin und wieder Einzelne für das Mittelalter empfinden mögen *).

Was Preußens politische Stellung zu Deutschland betrifft, so ist sie folgende.

Es bildet den Schirm gegen den Riesen des Ostens, es ist der Vorfechter Deutschlands gegen die Angriffe des Westens, es ergänzt die deutsche Schwäche, welche die Zerstückelung hervorruft, durch seine Kraft und deren Concentrirung. Dies alles sind Wahrheiten, welche in Europa anerkannt werden, und ganz Deutschland muß sich sagen, daß seine Existenz davon abhängt, daß Preußen im Stande ist, die ihm gewordene große Aufgabe ganz und immer zu erfüllen. Wenn wir nun auf die Ursachen näher eingehen, wodurch Preußen sich seine Stellung gemacht hat und selbige erhält, so finden wir, daß sie zuerst und vor allem in dem Talent, den Tugenden und dem Muth seiner Beherrscher, und in der innigen Vereinigung des Königs mit seinem Volke beruhen.

Inzwischen der Wille allein sichert noch nicht den Er-

*) Merkwürdig aber ist es, daß die wahre Lage der Dinge und die Wichtigkeit der Verschmelzung des Großherzogthums Posen mit deutscher Sitte und deutscher Verfassung in Deutschland, dem eigenen Interesse entgegen, verkannt, und hieraus öfter der Grund zur Anfeindung gegen Preußen genommen wird.

folg, es bedarf zu selbigem der Wahl der rechten Mittel, und diese suchte und fand der vorige König, der Begründer einer neuen Zeit für Preußen, in einer dem Bedürfniß entsprechenden Gesetzgebung, in Institutionen, welche dem Volke Selbstständigkeit gaben und seine materiellen Interessen beförderten, in der militairischen Ausbildung der ganzen Nation, in der Vereinigung der Kräfte und in der geistigen Entwickelung des Preußischen Volks durch alle Stufenleitern hindurch, welche dasselbe bilden.

Wir haben vorhin die Meinung hingeworfen, daß Preußens Existenz gewissermaßen mit der von Deutschland identisch sei. Wir halten uns verpflichtet, diesen wichtigen Punkt noch weiter auszuführen.

Preußen hat ein eigenes, und in seiner Art einziges Blatt in der neuen europäischen Staaten-Geschichte. Es hat sich in einem nicht langen Zeitraume den übrigen Großmächten Europa's gegenüber, und im beständigen Kampfe mit ihnen, aus einem Stern vierter Größe zu einer Macht ersten Ranges erhoben, und zwar durch sich selbst.

Die geographische Lage Preußens ist in mancher Beziehung sehr ungünstig; es gränzt mit den drei Haupt-Continental-Mächten Europa's, und seine lang gedehnte Grenze ist jedem Angriffe geöffnet. Seine Bevölkerung von fast 15 Millionen Einwohnern steht der aller übrigen großen Reiche weit nach, und es hat mehr wie alle anderen Mächte ein sehr nahes Interesse, eifersüchtig darauf zu wachen, daß der jetzt bestehende

Besitz nicht verändert werde; aus diesen Gründen ist Preußen der natürliche Verbündete aller bedroheten Länder, und der eifrigste Verfechter der deutschen Unabhängigkeit, so wie der natürliche und treueste Alliirte Oestreichs, so lange dessen Politik nicht Vergrößerung in Deutschland beabsichtigt.

Preußen selbst war bisher seiner Existenz wegen gezwungen, sich zu vergrößern. Jetzt hat es eine Macht, die mit jedem Tage in seinem Innern wächst, und in Verbindung mit Deutschland bedarf es keiner weiteren Ausdehnung seiner Grenzen, insofern das übrige Deutschland es begreift, was Preußen ihm ist, und sich vertrauungsvoll und mit so viel Thatkraft Preußen anschließt, als die gemeinschaftliche Wohlfahrt es fordert. Geschieht dies nicht, und es entsteht ein neuer Kampf, so ist Preußen, um seiner eigenen Erhaltung willen, gezwungen, sein Gebiet zu erweitern, bis es stark genug ist, seine Selbstständigkeit zu bewahren. So wenig Preußen jetzt eine Vergrößerung der Monarchie wünscht, so ist doch der feste Wille in der Brust jedes Preußen eingegraben, seine Selbstständigkeit um jeden Preis zu erhalten, und gezwungen, — wird es jedes Mittel zum Zwecke ergreifen.

Die Geschichte der Preußischen Monarchie hat schon zweimal Europa bewiesen, daß eine große Uebermacht Preußen erobern, aber nie zu unterjochen vermag; die Felsen, hinter welchen es sich verschanzt, liegen im festen Willen Aller. Das Volk, welches eine solche Geschichte hat, ist unüberwindlich, und selbst die Theile Deutschlands, welche erst seit einem Vierteljahrhundert mit Preußen verbunden, aber als Glieder des Staats, Erben des Ruhmes Preußens geworden sind, werden in solchen hochherzigen Ansichten ihren älteren Brüdern nicht nachstehen. Ja was noch mehr ist, wir haben die feste Ueberzeugung, daß ganz Deutschland eben so denkt wie Preußen, und, daß wenn, was Gott verhüten wolle, die Zerstückelung Deutschlands und die daraus entspringende Schwäche das geliebte deutsche Vaterland ernstlich der Gefahr aussetzten, unter verhaßte Fremdherrschaft zu gerathen, sich alle deutschen Volksstämme in ein einziges deutsches Volk verwandeln würden. Deutschland ist berufen, den ersten Platz in dem europäischen Staaten-Verband einzunehmen, und zu edel ist das deutsche Blut, um knechtische Fesseln zu tragen.

Deutschland ist selbst in seiner jetzigen zerrissenen Lage noch stark genug, um fremde Zwangsherrschaft abzuweisen, wenn es seine Interessen erkennt und die richtigen Mittel zum Zwecke wählt. Inzwischen ist es, wir wollen nicht sagen, eine unmögliche, aber jedenfalls eine sehr schwere Aufgabe, aus einem Bundesstaat eine einzige feste und so compacte Masse zu bilden, als die Verhältnisse es fordern könnten. Nur der Wille aller Deutschen, unter jeder Bedingung ihre Selbstständigkeit als deutsches Volk zu bewahren, und wie Brüder für die Freiheit des gemeinsamen Valerlandes Gut und Blut zu opfern, kann zum Heile führen.

Doch den jungfräulichen Schleier der Zukunft hat noch keine sterbliche Hand gelüftet, und wir wollen uns nicht in das weite Feld der Vermuthungen verlieren, sondern uns an das halten, was jedenfalls an der Zeit ist, nämlich daß Deutschland und Preußen sich nicht nur in militairischer Beziehung auf das Innigste zur Vertheidigung des gemeinsamen Vaterlandes verbinden, sondern auch die gemeinsamen geistigen und materiellen Interessen ganz besonders ins Auge fassen müssen. Nicht in den Schwertern allein liegt der Schutz, sondern auch in den Mitteln, den Krieg zu führen, und in dem Geiste, mit welchem er geführt wird.

Ehe wir uns über das, was nützlich erscheint, weiter aussprechen, haben wir noch eine andere schwierige Aufgabe zu lösen. Wir muthen dem übrigen Deutschland zu und zeigen ihm die Nothwendigkeit, sich an die größte rein deutsche Macht, an Preußen fest anzuschließen. Indem wir dies thun, halten wir uns vor Allem verpflichtet, Deutschland mit den Verhältnissen in Preußen genau bekannt zu machen, und es ihm in seiner **wirklich wahren** Gestalt, nicht durch eine rosenfarbene, nicht durch eine schwarze Brille, sondern durch eine von ganz farblosem klarem Glase zu zeigen.

Preußen und seine Zustände sind in ihrem ganzen Zusammenhange nicht genug gekannt; es bestehen bei uns neben den trefflichsten und freisinnigsten Institutionen noch bedeutende Mängel und Unvollkommenheiten, und hieraus entstehen Widersprüche, die kaum der Inländer, viel weniger der Nicht-Preuße zu erfassen vermag, und die zu so vielen schiefen Urtheilen führen. Indem wir nun dies zu enthüllen uns bemühen, wollen wir zugleich untersuchen, was dem großartigen Verfassungs- und Verwaltungsgebäude in Preußen noch fehlt, um die ihm von dem höheren Leiter der irdischen Geschicke gestellte Aufgabe zu lösen, welche unzweifelhaft dahin geht, der Welt zu zeigen, wie ohne Verletzung des Wesens der Monarchie, dem Bedürfnisse der Zeit gemäß, dem Volke große Freiheiten eingeräumt werden können.

Unser Zeitalter befindet sich in einem von den großen Zeitabschnitten, wie deren die Weltgeschichte nur wenige aufzuweisen hat.

Die rohe Gewalt ist es, die vom Geiste, der sich mächtig entwickelt, bekämpft, der höheren Macht das Feld räumen muß, selbst wenn ihre Zuckungen auch noch stärker werden sollten; das Irdische, aus dem jene entspringt, vermag nicht gegen den höheren, gottverwandten Geist und dessen Allmacht anzukämpfen, wo dieser einmal sich zu entwickeln begonnen hat.

Den ersten und — wesentlichsten Anstoß, gleichsam die Einleitung zur jetzigen geistigen Entwickelung, verdanken wir der Reformation der katholischen Kirche durch Luther und seine Zeitgenossen; sie hat dem Menschen die Freiheit des Denkens wiedergegeben, und ohne hier untersuchen zu wollen, ob und zu welchen Abschweifungen diese plötzliche Freiheit in religiöser und anderer Beziehung geführt hat, so ist so viel gewiß, daß der Welt ein Licht angezündet ist, dem die Finsterniß weichen muß.

Wir wollen uns hier rein an die geistige Richtung

halten, die sich in Hinsicht des politischen Lebens der Völker und ihres materiellen Wohlstandes so mächtig ausgebildet hat. Daß eine solche Ausbildung wirklich besteht, brauchen wir wohl nicht zu beweisen, so wenig, als daß die zum Bewußtsein gekommenen Völker nicht mehr durch Gewalt und Despotismus, nicht mehr durch Polizei und Bajonette, sondern nur durch den Geist und durch die richtige Würdigung ihrer Interessen und deren Befriedigung zu beherrschen sind.

In vielen Reichen ist das Vorhandensein dieser Zustände verkannt, und hat in Frankreich und dem ganzen Westen von Europa Revolutionen herbeigeführt, die, wenn man zur rechten Zeit gerechten Anforderungen klüglich Gehör geschenkt, und gleichzeitig die Zügel in fester Hand gehalten hätte, nicht ausgebrochen sein würden.

Nur Ein Herrscher unter den großen Regierern der Schicksale der Menschen auf Erden hat die Zeit begriffen, und von der Noth, dieser größten und einzigen Lehrmeisterin der Menschen, getrieben, unter seiner Aegide das große Werk des Ueberganges aus einer Zeit in die andere begonnen und zum Theil vollführt; dies war Friedrich Wilhelm III. von Preußen. Dem jetzigen erhabenen Könige ist die große Aufgabe geworden, das Werk seines Vaters zu vollenden. Alle Umstände machen dies zu einer der wichtigsten Forderungen der Zeit.

Nicht nur die Festigkeit des preußischen Thrones, nicht nur das Glück des preußischen Volkes hängt davon ab, daß der erhabene preußische Herrscher, von der Natur durch Geist und Herz dazu ausgestattet, den Bau vollende und dadurch gegen Stürme verwahre, sondern mehr oder weniger das Schicksal von Deutschland und selbst der übrigen großen Monarchien des Ostens, Rußlands und Oesterreichs.

Nicht die Eitelkeit des Preußen führt hier unsere Feder, sondern eine auf scharfe Beobachtung und gute Gründe gestützte Ueberzeugung.

Wenn wir einen Blick auf Europa werfen, so finden wir Frankreich, Spanien, Portugal und Belgien, diese sogenannten constitutionellen Staaten, unter dem Aushängeschild der Meinungs-Verschiedenheit in einem heftigen Parteien-Kampf begriffen. Die wahren Interessen des Volkes sind dort bis jetzt großen Theils unberücksichtigt geblieben, die gerechten Anforderungen der Nation an eine feste gesicherte innere Ruhe bestehen fort, und schwache auf die Parteien selbst gestützte Regierungen vermögen schwerlich die Ordnung zu erhalten, bis sich ein fester Zustand nach und nach entwickelt haben wird.

England befindet sich gleichfalls in einer sehr aufgeregten und bedenklichen Lage, in einer Krisis, die mehr als eine augenblickliche ist, und ein ganz seltenes Talent wird erforderlich sein, um diese Krise, die zugleich eine merkantilische, eine politische und eine finanzielle ist, zu beseitigen.

Preußen trennt den in Gährung sich befindenden Westen und den Osten von Europa, welcher erst so wenige Schritte zum allmähligen Uebergange aus der alten Zeit in die neue gemacht hat; Preußen bildet nicht allein in geographischer Beziehung zwischen diesen beiden schroffen Gegensätzen, in welche sich Europa theilt, sondern noch weit mehr in moralischer und geistiger Beziehung die Scheidewand. Soll Preußen seine eigene Existenz gesichert halten, so muß es sich nach allen Seiten hin eine möglichst vollkommene Organisation geben, es muß nichts Stückwerk bleiben. Die Kraft der Monarchie muß so unerschütterlich dastehen, als jede gerechte Anforderung des Volkes erhört werden muß. Nur in geistiger Entwickelung kann Preußen die Kraft finden, deren es bedarf, um die großen Aufgaben zu lösen, zu welchen es berufen scheint. Wenn der eben hingeworfene Gedanke zur That wird, wenn der begonnene Bau der preußischen Zustände seine Vollendung erhält, ohne das Wesen und die Kraft der Monarchie zu erschüttern, so wird Preußen der Felsen, an welchem sich die revolutionären Wellen brechen. Wenn Preußen aber seinem Dome nicht einen festen Schlußstein giebt, unbekümmert wegen der Zukunft sich einwiegt, wenn die preußische Regierung sich nicht an der Spitze der geistigen Entwickelung erhält, wenn sich die preußische Verwaltung ins Schlepptau der Nation geben sollte, dann weiß Gott, ob es stark genug sein wird, den revolutionairen Wirren, den falschen Theorien der Propaganda, und dem wilden Angriffe eines aller Fesseln entbundenen Pöbels zu widerstehen; und würde es, wofür Gott es bewahren wolle, mit in den Strudel fortgezogen und die Volksbewegung bis zur russischen und österreichischen Grenze ausgedehnt, so liegt es außer aller Berechnung, wohin ein Strudel, der ganz Europa erfaßte, führen könnte und führen würde.

Doch wir brechen diese allgemeinen Betrachtungen ab, um uns mit den speciellen zu beschäftigen, nachdem wir vorher noch einen Blick auf die Entstehung und Entwickelung der preußischen Monarchie und deren Zustände werden geworfen haben, welches uns unerläßlich scheint, um ganz und von allen Lesern verstanden zu werden.

In der neueren Geschichte der europäischen Staaten finden wir kein Beispiel, daß sich mitten im europäischen Continent und im beständigen Kampfe mit den ihn umgebenden Großmächten ein kleines Land so schnell zu einer so bedeutenden Macht erhoben hat, wie es Preußen gethan. Nur ganz besondere Gunst des Schicksals konnte dies bewirken.

Vor Allem finden wir selbige in der Reihe großer Regenten, welche in so kurzer Zeit das Land beherrschten. In dieser Beziehung überragt das Haus Hohenzollern alle Fürstengeschlechter der alten und neuern Zeit.

Den ersten bedeutungsvollen Abschnitt in der Geschichte unseres Landes bildet die Regierung des großen Kurfürsten. Er zog sein kleines Reich aus der Unbedeutendheit hervor, in welcher es sich bis dahin den übrigen Staaten gegenüber befand, gründete die Landeshoheit, beschränkte die Macht der

Stände, weil er einsah, daß nur eine concentrirte Macht dem Lande mehr Gewicht im deutschen Reich geben könne. Er bildete ein tapferes Heer, er führte eine geordnete Verwaltung, einen geregelten Haushalt ein, er gab sich eine politische Stellung, seine Truppen fochten unter seiner Anführung gegen die Franzosen, und er flog, als während dessen die Schweden in seine Provinzen eingefallen waren, mit seinen Truppen in solcher Eile vom Rhein nach der Mark, daß er dem Gerücht davon zuvorkam, die Schweden schlug und aus dem Lande vertrieb.

Nie hat ein Fürst mit mehr Umsicht das Fundament zu einem Staate hohen Ranges gelegt, als der große Kurfürst. Sein Sohn Friedrich I. verfolgte den ihm vorgezeichneten Weg, indem er Preußen zu einem Königreich erhob.

Den zweiten großen Hauptabschnitt in der Geschichte dieses entstehenden Reiches bildete Friedrich der Große. — Gleich nach dem Antritt seiner Regierung benutzte er die Verlegenheit der Maria Theresia, und eroberte Schlesien.

Hierdurch erweckte er die Eifersucht der großen Mächte, und bald fand er sich verwickelt in einen Kampf auf Leben und Tod, zugleich gegen Oesterreich, Frankreich, Schweden, Rußland und das deutsche Reich, aus dem er, nach siebenjähriger Dauer, siegreich hervorging. Hierdurch gab er sich eine Stellung, gleich den Monarchen ersten Ranges.

Sein Genie allein verschaffte Preußen diese Stellung. Er war Alles, König, der größte Feldherr seiner Zeit, Minister, Schatzmeister und der gewandteste Diplomat. Das ganze preußische Volk concentrirte sich gleichsam in ihm, und das ganze Vermögen des Landes in seinem Schatz. Der gewaltige Drang der Umstände hatte ihn gezwungen, so groß zu werden. Seine und des Landes Existenz nöthigten ihn, die einmal angenommene Stellung zu behaupten.

Sein Genie, die mit Gewalt geworbenen Soldaten und das den Unterthanen durch Regie und Monopole abgepreßte Geld waren die drei Faktoren, auf welchen Preußens künstliche Stellung gebaut war.

Er hinterließ seinem Nachfolger einen großen baaren Schatz; einen weniger vergänglichen in den vielen Kanälen und den großen Landes-Distrikten, die er urbar gemacht und bevölkert hatte, und vor Allem in dem kriegerischen Geist, den er im preußischen Adel und Volke erweckte, und in einem Vertrauen auf eigene Kraft, die fortan kein Unglück zu beugen vermag. Allein dieser Hinterlassenschaft ungeachtet lag es in der Natur der Sache, daß mit dem Hinscheiden seines Geistes die von selbigem hervorgerufene Schöpfung nur ein Schatten blieb, einer Nebelwolke gleich, die der erste Sturm zerstreut.

Friedrich Wilhelm III. war es vorbehalten, Preußen zu einer wirklichen Macht ersten Ranges zu erheben, gegründet auf die Charakterstärke, Gerechtigkeit und Weisheit des Königs, auf ein preußisches Volk und auf die geistige und industrielle Entwickelung der Nation.

Die Aufgabe, die ihm geworden, war groß, und groß ist der Erfolg, er ist der größte Wohlthäter des Volks geworden.

Im ersten Decennio seiner Regierung wurde die preußische Monarchie von dem talentvollsten Manne seines Jahrhunderts, an der Spitze eines unermeßlichen Heeres, fast zertrümmert. Der Friede gab dem Könige den Kern der alten Provinzen zurück, erschöpft durch den Krieg, ganz schwach durch die bestehende Staatseinrichtung.

Der damalige Zustand des Landes, im Vergleich zu den Verhältnissen der übrigen Reiche, war der kritischeste von der Welt.

Der gemeine Mann auf dem Lande war Unterthan ohne Interesse und ohne Liebe für das Wohl des Vaterlandes, der Adel, bei allen seinen Prärogativen, verarmt, schwach, der größte Theil des Mittelstandes mißvergnügt, ultraliberal gesinnt, unzufrieden, erbittert gegen den Adel und die Verfassung, während die Verwaltung des Landes höchst mangelhaft, fiscalisch, lästig war. Eine Unzahl schädlicher Monopole, die Sperre im Innern, die Sperre nach Außen hinderten die Entwickelung des Wohlstandes. Dazu kam, daß, als Vermächtniß Friedrichs des Großen, Preußen eine Finanz-Verwaltung nach dem Muster der Französischen unter Ludwig dem XIV. besaß, eine Verwaltuug, die in Frankreich so viel zum

Ausbruch der Revolutionen beigetragen hat, deren Ende noch nicht abzusehen ist.

Dies war in großen Zügen der Zustand des Landes nach dem Frieden von Tilsit und eine gänzliche Umwälzung war unvermeidlich. Friedrich Wilhelm erkannte die Größe der ihm gewordenen Aufgabe, und entschloß sich, unter seiner Aegide eine gänzliche Umwandlung aller Verhältnisse vorzunehmen, und, unterstützt von zwei großen Staatsmännern, von Stein und Hardenberg, die er nach einander an die Spitze der Verwaltung berief, und deren Andenken jedem wahren Preußen theuer bleiben wird, führte er seinen Plan mit eben so vieler klaren Einsicht als Willensstärke aus, und verdient dadurch wahrhaft den Namen eines großen Königs; denn kein Herrscher außer ihm hat in kurzer Zeit den Uebergang aus einer Zeit in eine fast ganz entgegengesetzte mit so viel Sicherheit und Erfolg durchgeführt.

Er war es, der, nachdem er die Fesseln gebrochen, die die Nation so schwer niederdrückten, nun sein von ihm gebildetes preußisches Volk aufrief, auch die äußeren Ketten zu sprengen, die der kühnste aller Eroberer Preußen und fast ganz Europa auferlegt hatte.

Der König an der Spitze seines tapfern Volks erfocht große Siege und bewies der Welt, was für Thaten sich ausführen lassen, wenn König und Volk Eins sind.

Keine schönere Aufgabe ist je dem Sohne und Nachfolger eines großen Königs geworden, als die, welche dem jetzigen Monarchen auferlegt ist, das Bauwerk zu vollenden, die Macht des Staats, das Glück der Unterthanen zu befestigen, und sich dadurch groß, seinen Königlichen Vater noch größer zu machen, als er jetzt schon erscheint, denn nur die Vollendung krönt das Werk.

Diese unsere hier in den letzten Zeilen ausgesprochene Ansicht, — wir wissen es — wird nicht allgemein getheilt, im Gegentheil giebt es Personen, welche meinen, die Aufgabe der Regierung sei nicht, wie sie es nennen, noch weiter zu gehen auf der Bahn, die der vorige König zum Heil der Monarchie und seines Volkes eingeschlagen habe, sondern sich vielmehr bis auf einen gewissen Punkt, der nie hätte überschritten werden sollen, zurückzuziehen. Obgleich diese Ansicht wohl nur von sehr wenigen und sehr befangenen Männern getheilt wird, so halten wir uns doch um so mehr verpflichtet, selbige einer näheren Prüfung zu unterziehen, um die unsrige zu rechtfertigen. Wirklich sind während der letzten Regierungs-Jahre des vorigen Königs Rückschritte, wenn auch nicht in den Principien, doch in deren Anwendung sichtbar geworden.

Die großen Veränderungen, welche der hochseelige König in den preußischen Zuständen vorzunehmen gezwungen war, wenn er das Land retten wollte, machten Eingriffe in die Rechtsverhältnisse nothwendig. Deutlich gesprochen, — es blieb nicht bei einer Reformation, sondern das, was geschah, war eine wahre Revolution, die sich nur dadurch von allen übrigen unterschied, daß sie unter der Aegide des Herrschers selbst ohne Störung der Ordnung ausgeführt wurde, und unter so gebieterischen Verhältnissen, daß dadurch Alles, was geschah, wenn es auch den Rechtszustand störte, durch die Nothwendigkeit gerechtfertigt erschien.

Ob nicht der Zweck mit mehr Schonung des Bestehenden hätte erreicht werden können, ist eine andere Frage, die hier nicht her gehört, allein gewiß ist es, daß der Freiheits-Krieg in den Jahren von 1813 bis 1815 dazwischen trat, und mit dem Verschwinden der drohenden Verhältnisse auch die Anforderungen von vielen Seiten her dringender wurden, begleitet von den Bitten um Schonung der Verhältnisse und des Besitzes.

In dieser Zeit war es nun, daß sich die Ansicht des Königs von der Hardenbergs trennte. Das sogenannte Gensdarmerie-Gesetz und besonders der Entwurf zu einer Communal-Ordnung, den der Minister dem Monarchen vorlegte, gaben die erste Veranlassung zu einer deutlich ausgesprochenen Trennung des Weges. Hardenberg wollte Reichsstände mit einer mehr als berathenden Stimme, wollte dem platten Lande eine ähnliche Verfassung gegeben wissen, wie unter Stein die Städte erhalten hatten. Er wollte alle aristokratischen Elemente verwischen, und war überzeugt, daß die Erhaltung der Monarchie und die Größe Preußens von der Einführung einer Verfassung abhängig sei nach dem Modell der Französischen.

Der Monarch wollte dies nicht; sein richtiger feiner Takt fühlte, daß die monarchische Verfassung in voller Kraft erhalten werden mußte und sein Wille war in dieser Beziehung unerschütterlich. Von diesem Augenblick an wurde die bis dahin verfolgte Bahn verlassen. Hardenberg hatte Alles zu einer constitutionellen Monarchie vorbereitet. Er hatte den König das Versprechen von Reichsständen bedingungsweise gelegentlich geben lassen; er hatte das Kron-Fideicommiß zu errichten gerathen, ohne alle Frage, um den König dessen zu entheben, sich seine Civil-Liste von den Ständen votiren zu lassen. Er hatte durch das Spielwerk — die Grundsteuer auf die Domainen einzuführen — die Königlichen Domainen den Staatsabgaben unterworfen und so weiter.

Der König, nachdem er den Entwurf zu einer Communal-Ordnung zu unterzeichnen sich geweigert, entschloß sich, das von ihm begonnene Werk der Reformation in einem andern System auszuführen. Die frühere ständische Verfassung war gänzlich aufgehoben; es war sein Wille, daß selbige von neuem ins Leben gerufen würde.

Mit diesem wichtigen Geschäfte beauftragte er den Kronprinzen, jetzigen König, und unter ihm den Minister Voß, der bei dieser Gelegenheit in den Staatsdienst zurücktrat. Die Formation der Landstände erfolgte; — inzwischen war der Kreis ihres Wirkens höchst engherzig zugeschnitten. Hardenberg und wenige Monate nach ihm Voß, wurden durch den Tod dem Könige und dem Lande entrissen, von diesem Zeitpunkt ab trat eine völlige Unterbrechung in dem bis dahin verfolgten System ein. Keiner der Minister erfreute sich des Vertrauens des Monarchen in dem Maaße, daß selbiger ihn zum ersten Minister erhoben hätte. Dies wirkte nachtheilig auf die Einheit in der Verwaltung, und gleichzeitig wurde manche Bemühung sichtbar, das bisherige System zu untergraben.

Der König, zu fest durchdrungen von dem wohlthätigen Einfluß der von ihm zum Heil Preußens errichteten Institution, erlaubte keinen direkten Eingriff in das Wesen derselben; dennoch wurden von mehreren Seiten her Rückschritte begonnen, welche die Widersprüche vermehrten, welche ohnehin schon aus der Nichtvollendung der Reform hervorgegangen waren.

Unter diesen Umständen beschloß der hochseelige König, wie es scheint, dem Beispiel manches großen Baumeisters zu folgen, von der Arbeit auszuruhen und seinem Nachfolger die Vollendung des großartigen Baues zu überlassen, welchen er zur Befestigung seines Throns und des Glücks seines Volks unternommen hatte.

Es hat uns nöthig geschienen, in dem Vorstehenden die Ursachen anzugeben, weshalb in der preußischen Verfassung und Verwaltung so manche Widersprüche bestehen. Mit den freisinnigsten Institutionen finden wir engherzige Ansichten verflochten. Dies schadet Preußen in der Meinung des übrigen

Deutschlands und erregt Besorgnisse in der Nation, welche jedoch paralysirt werden durch das feste Vertrauen zur Weisheit und dem Wohlwollen des Herrschers. Vor Allem scheint es unerläßlich, dasjenige zu entfernen und auszugleichen, was so leicht zu Angriffen und Mißverständnissen führen kann. Soll die Monarchie die Festigkeit erhalten, deren sie unter allen Umständen bedarf, so muß ein durchgreifendes System angenommen und verfolgt werden. In wie weit wir dieses nicht besitzen, und wodurch wir es erlangen, werden wir in den folgenden Abschnitten speciell zu erweisen suchen.

Ueber Verfassung.

Durch das Wort Verfassung wird das Bestehen eines geordneten Rechts-Verhältnisses ausgedrückt, welches in einem Lande zwischen Fürst und Volk und dessen einzelnen Klassen besteht.

Wie dies entstanden ist, ob durch alte Gewohnheiten, ob durch Verträge, ob gegeben oder erzwungen, ist in Hinsicht der Wirkung ganz gleich, indem es nur auf den faktischen Zustand ankommt.

Im Gegensatz der Länder, wo eine mehr oder minder freie Verfassung vorhanden ist, stehen die ganz absoluten Regierungen, wo der jedesmalige Wille des Herrschers und — was noch schlimmer ist — der seiner Beamten, durch Nichts gebunden wird, wo mithin die Willkür das Gesetz ersetzt.

Fast alle europäischen Reiche haben eine Verfassung; selbst in Rußland und der Türkei, die man als Ausnahme anführt, besteht ein Etwas, das dem ähnlich ist.

Sehr verschieden sind aber die Verfassungen in den Ländern Europa's unter sich.

Es würde uns ganz von unserm Zwecke ableiten, wenn wir alle diese Abweichungen aufzählen wollten; für jetzt genügt es, uns auf die Beleuchtung des Wesens und Werths derjenigen Verfassungen zu beschränken, die seit 50 Jahren die Gemüther beschäftigen, und zu so großen Aufregungen und Erschütterungen Veranlassung gegeben haben:

Es scheint mehr als früher die Zeit gekommen zu sein, zu einer ruhigen und gründlichen Beleuchtung der Frage:

„welche Verfassung bedarf ein Land, um in seinen Verhältnissen am glücklichsten zu sein? oder mit anderen Worten: welche Verfassung befriedigt die wahren Interessen des Volks am vollkommensten und sichert seine Unabhängigkeit nach außen und seine Wohlfahrt im Innern am besten?"

Wir verhehlen es uns nicht, daß die Ansichten über diesen Gegenstand zu verschieden sind, als daß eine völlige Vereinigung zu hoffen wäre. Dies ist um so weniger möglich, als die Interessen so getheilt sind.

Da inzwischen die Verschiedenheit der Ansichten zum großen Theil in einer Unklarheit der Begriffe und in dem Nichtverstehen der eigentlichen Bedeutung von gewissen Redensarten und Lieblingsworten, die ganz etwas Anderes ausdrücken, als dabei gedacht wird, ihren Grund hat, so kann es vielleicht von glücklichem Erfolge sein, wenn man versucht, die Begriffe klar hinzustellen.

Der größte Feind des gemeinschaftlichen Lebens der Völker ist der Egoismus und wird es ewig bleiben; er wird stets die Ruhe der Völker da bedrohen, wo sich bedeutende Mängel finden, oder wo sich noch kein fester Zustand ausgebildet hat, gegen welchen es dem Ehrgeiz schwer wird anzukämpfen.

Die Vereinigung vieler Einzelnen zu einer großen Gesellschaft setzt voraus, daß jeder dem höheren allgemeinen Zwecke, welcher aus der Vereinigung zu einem Ganzen entspringt, gewisse Opfer bringe, und zwar namentlich:

die Verzichtleistung auf die dem Wohl der Gesammtheit entgegenstehenden egoistischen Bestrebungen.

So wie nun das richtige und wohlverstandene Interesse aller Glieder eines jeden Reiches in der innigen Verbindung zum Ganzen beruht, und dies, wenn selbige glücklich erreicht ist, die allgemeine Wohlfahrt, vor Allem aber die Stabilität sichert, so tritt der Egoismus der Einzelnen, die nicht mit ihrem Antheil zufrieden sind, dieser Stabilität entgegen, weil sie sich ihren ehrgeizigen und eigennützigen Plänen widersetzt. In der Selbstsucht und den vielen schlechten Leidenschaften, die sie erweckt, liegt der wahre Grund zu den beständigen Kämpfen, welche seit einem halben Jahrhundert Europa und seine Bevölkerung bewegen, und die so lange dauern werden, bis ganz geregelte Verhältnisse, welche die gerechten Ansprüche der großen Masse der Nation befriedigen, einen völlig geordneten Zustand herausgebildet haben.

Diesen herbeizuführen liegt eben so sehr im wohlverstandenen Interesse der Fürsten als der Völker, und es fragt sich nur:

auf welche Weise selbiger erreicht werden kann?

Jeder, der mit einiger Aufmerksamkeit und etwas Unbefangenheit dem Gange der Begebenheiten in den letzten 50 Jahren gefolgt ist, wird sich überzeugt haben,

daß wir uns in einer Uebergangs-Periode aus einer Zeit in die andere befinden.

Die geistige und materielle Entwickelung, welche eingetreten ist, hat eine so große Veränderung hervorgebracht, den Zustand der Gesellschaft so umgeschaffen, daß manche aus früherer Zeit zu uns übergegangenen Verhältnisse ihre ehemalige Bedeutung ganz verloren haben.

Was bei seinem Entstehen zeitgemäß war, ist es nicht mehr, das, was damals als recht und nothwendig erschien, kann durch die neue Gestaltung der Dinge als unerträgliche Fessel erscheinen, die, wenn sie nicht nach und nach gelöst wird, zu gewaltsamen Umwälzungen alles Bestehenden führt.

Frankreich und viele anderen Reiche des Westens haben dies erfahren.

Mit dem Veralteten ist oft alles Bestehende über den Haufen geworfen, und noch haben wir keine Erfahrung darüber, wohin dies als letztes Ziel führt, ob zur Freiheit oder zur Knechtschaft in anderer Gestalt.

Doch wir wollen den interessanten und reichhaltigen Stoff, der sich uns hier zur Erörterung darbietet, anderen und geschickteren Federn überlassen, und uns auf die Untersuchung der Frage beschränken:

„werden durch eine Repräsentativ-Verfassung oder durch eine ständische die Interessen der Nation am besten gefördert und gesichert?“

Um die Frage beantworten zu können, ist es nöthig, sich erst über den Begriff und das Wesen dieser Verfassungen zu vereinigen. Der charakteristische Unterschied zwischen beiden liegt darin, daß in der einen die Personen, in der anderen die Interessen vertreten werden. Alles Uebrige ist nichts, was dem Wesen nach zu dieser oder jener Gattung ausschließlich gehörte. In England bildet der Stand der erblichen Lords, die zur Pairie gehören, eine der drei Staatsgewalten, während in Frankreich die Mitglieder der ersten Kammer, vom Volks-Könige ernannt, größtentheils aus den Notabilitäten der Staatsdiener und Gelehrten bestehend, dieselbe Function üben; und in Preußen, wo die ständische Verfassung in ihrer ganzen Consequenz eingeführt ist, würde das ständische Wesen keinesweges verletzt werden, wenn es dem Könige beliebte, zu bestimmen, daß aus den Provinzialständen allgemeine Landstände hervorgehen, und alsdann aus diesen die mit Viril-Stimmen begabten Personen eine besondere Berathungs-Kammer bilden sollten.

Eben so wenig verändert es die Natur des ständischen Wesens, ob die Repräsentanten nur eine berathende oder eine entscheidende Stimme haben, wie wir davon in Meklenburg, dem einzigen deutschen Lande, in welchem sich die frühere Verfassung in allen Stürmen der Zeit rein erhalten hat, das Beispiel finden. Dort steht den Landständen das Recht der jährlichen Steuerbewilligung zu, desgleichen die Genehmigung der Gesetze. Dies alles ist etwas von dem Wesen beider Repräsentationsarten ganz Getrenntes, denn jenes besteht einzig und allein darin, daß, wo eine Repräsentativ-Verfassung eingeführt ist, ein durch den Wahlcensus bestimmter, oft sehr kleiner Theil der Nation die Repräsentanten wählt, während bei einer ständischen Vertretung die verschiedenen, durch ihren Besitz oder durch ihr Geschäft gleichartig verbundenen Klassen der Nation aus ihrer Mitte Jemand wählen, der ihre Interessen, die allgemeinen und die besonderen, vertritt.

Dasselbe gilt wie von der Steuerbewilligung, so von der Gleichheit vor dem Gesetz und von der Verantwortlichkeit der Minister u. s. w. Alle diese Dinge verändern weder die Natur der Kopf-, noch der Interessen-Repräsentation durch ihr Vorhandensein; welche nun von beiden am meisten fähig ist, die wahren Interessen der Nation wahrzunehmen, wird sich erst dann entscheiden lassen, wenn wir uns eine nähere Uebersicht der ganzen Verhältnisse verschafft haben.

Jeder einzelne Bürger eines Staats wünscht Freiheit und Sicherheit für seine Person und sein Eigenthum zu erlangen, zugleich Schutz nach außen und Beförderung seiner materiellen Interessen, und zwar durch die Vereinigung mit andern zu diesem gemeinschaftlichen Zwecke. Allein es ist die Bedingung des gesellschaftlichen Lebens eines Volks, daß der Einzelne einen Theil seiner Freiheit und seines Eigenthums den gemeinschaftlichen

Zwecken opfern muß. Eine fernere Bedingung ist, daß feste Normen (Gesetze) bestehen, denen sich alle Einzelnen unterordnen, in dieser Beziehung also ihre ungemessene Freiheit aufgeben, wogegen ihnen die freie Bewegung innerhalb der gesetzlichen Grenzen vorbehalten bleibt.

Wenn aber der Einzelne einen Theil seiner Freiheit den großen Vortheilen opfern soll, welche aus der Verbindung zu einem Staat entspringen, so kann er nach natürlichem Rechte auch verlangen, daß er gefragt werde, wie weit er die Beschränkung seiner Freiheit gestatten wolle; denn es liegt in seinem Interesse und in seinem Recht, daß keine größeren Opfer von ihm verlangt werden, als sein Interesse und das des Ganzen es fordern.

Dasselbe findet Anwendung auf den Theil seines Eigenthums, welcher von ihm zur Bestreitung der gemeinsamen Kosten verlangt wird.

Auch hier liegt es im natürlichen Rechte, daß, wenn er Geld geben, Abgaben zahlen soll, er selbige bewilligen muß und sich von der Zweckmäßigkeit und von der wirklichen Verwendung zu überzeugen befugt ist. In wie fern nun sein natürliches Recht und seine Interessen übereinkommen, und in wie weit das Eine dem Andern geopfert werden muß, wird weiterhin untersucht werden. Unzweifelhaft ist es dagegen, daß es im Interesse der Völker liegt, feste Normen zu haben, nach welchen Jeder sich zu richten hat und gerichtet wird, ferner daß seine Freiheit, sein Eigenthum gesichert bleibe und nur in soweit Beschränkungen erleide, als, wir wiederholen es noch einmal, sein Interesse und das des Ganzen es erheischen.

Eine Hauptfrage ist und bleibt es immer:

wer bestimmt das Maaß der Opfer, die der Einzelne in jeder Beziehung zu bringen hat, um als Mitglied des Staats die allgemeinen Interessen zu erhalten und zu fördern?

Der dies bestimmt, ist der Souverain. Hierin liegt nach unserer Ansicht das sogenannte Souverainetäts-Recht, von welchem so viel gesprochen wird, und welches, beiläufig gesagt, mit Ausnahme der unumschränkten Monarchie, größtentheils nur in einem Phantom besteht, und selbst in diesem leider noch häufiger durch Procura als aus eigner Machtvollkommenheit geübt wird. Doch wir wollen nicht vorgreifen, sondern prüfen: „liegt es im Interesse des Volks, daß der Herrscher oder daß das Volk befugt sei, die nothwendigen Bestimmungen zu ertheilen und die Gesetze zu geben,“ oder „in wie weit kann dies gemeinschaftlich geschehen?“

Der Beantwortung dieser Fragen müssen wir noch eine andere voraussenden:

„wer ist in politischer Beziehung das Volk?“

Wörtlich genommen alle Bewohner eines Reichs, also die Summe der Köpfe. Anzunehmen, daß alle diese Köpfe von Männern, Frauen und Kindern in Rücksicht des Antheils an der Gesetzgebung des Landes eine Stimme haben sollten, würde lächerlich sein; es muß also in dieser Beziehung die Definition von „Volk“ anders lauten.

In Deutschland sind aus den ältesten Zeiten her die Besitzer des Grundes und Bodens als das eigentliche stimmfähige Volk betrachtet worden. Die, denen das Land und die Städte, also die materiellen Bestandtheile des Reichs gehören, bilden auch ohne alle Frage den Stamm der Nation, — sie sind die eigentlichen, beständigen, durch ihren Grundbesitz gefesselten Bürger des Staats, sie haben das größte Interesse an dessen Wohlfahrt, ihnen kommt daher auch vorzugsweise die Befugniß zu, gemeinschaftlich mit ihrem Herrscher die großen Angelegenheiten des Landes zu ordnen. Die übrigen Glieder der Nation, — so wichtig auch sonst ihre Persönlichkeit und ihr Wirken sein mögen — bilden immer nur die wechselnden und geduldeten Elemente der Bevölkernng, denen zwar in Hinsicht ihrer Person und ihres Eigenthums dieselben Rechte wie den Grundbesitzern zukommen, die jedoch auf eine Theilnahme an der Landes-Vertretung keine begründeten Ansprüche haben. Aber nicht allein in Deutschland, sondern fast in allen europäischen Reichen waren ehemals *) die Besitzer des Grundes und Bodens die eigentlichen Repräsentanten der ganzen Landes, und übten als solche gemeinschaftlich nebst dem Fürsten, mit Ausschluß der übrigen Volksklassen, mehr oder weniger die Souverainetäts-Rechte, votirten die Gesetze, die Steuern u. s. w.

Grund und Boden war jedoch damals in ganz anderen

*) Hätten die Fürsten in manchen Reichen die legitimen Rechte der Stände geachtet, so würden sie sich noch im Besitz der ihrigen befinden.

Händen, der Adel und die Geistlichkeit besaßen das flache Land, ersterer repräsentirte sich selbst, letztere ihre Körperschaften, die Patrizier und die Bürger besaßen die Städte.

Durch die großen Veränderungen, welche mehr oder weniger fast in allen Ländern Europas mit der Zeit eintraten, war die frühere Verfassung ganz unhaltbar geworden. Theils waren die Verhältnisse der Fürsten seit Einführung von stehenden Heeren, durch die sich das frühere Lehnssystem änderte, nicht mehr dieselben geblieben, theils gewannen die Städte mehr Bedeutung durch die Ausbreitung des Handels und der Fabriken, theils schied die Geistlichkeit, welche früher das Corporations-Vermögen repräsentirt hatte, gänzlich aus, weil selbige nach der Reformation den größten Theil ihres Grundvermögens, namentlich in den meisten protestantischen Staaten, verlor; dagegen bildete sich in Deutschland ein neuer Stand von Grundbesitzern in den kleinen Wirthen, die auch, und mit Recht, Anspruch auf die Vertretung ihrer Interessen machen konnten. Doch mehr als alles dies führte ein anderes, neu entstandenes Verhältniß die Nothwendigkeit einer Veränderung in der früheren Verfassung herbei; dies entsprang aus der Entwickelung eines sogenannten Mittelstandes, der wegen der geistigen Ausbildung, welche er sich gab, und wegen des Vermögens, das er sich erwarb, nicht mehr wie früher unberücksichtigt bleiben konnte, und noch dadurch an Einfluß gewann, daß sich die Fürsten dieser neuen Macht bedienten, um den ihnen lästig gewordenen Einfluß des Adels zu schwächen.

Dies war die Lage der Dinge, als durch die Unabhängigkeits-Erklärung von Amerika und die Einführung einer democratischen Regierungsform daselbst das erste Signal gegeben ward, die bisherigen Formen der Verfassung anzugreifen; der französischen Revolution war es vorbehalten, das, was durch das Beispiel von Amerika angeregt war, schnell zum Ausbruch zu fördern.

Von jetzt an wurde ein doppelter Angriff allgemein, sowohl gegen die Macht der Fürsten, als gegen die des Adels, wie überhaupt gegen alles Bestehende, ohne Rücksicht darauf, in wie weit es noch das allgemeine Beste förderte oder der fortschreitenden Entwickelung geistig und materiell entgegentrat.

Von diesem Zeitraum ab bildete sich die Idee einer Volks-Souverainität und Volks-Repräsentation aus. Vermöge der allersonderbarsten Anomalien wurde die allerraristocratischeste Verfassung (die von England) von der Democratie zum Muster genommen. Durch Kammern und Volks-Repräsentanten, von der Nation gewählt, sollte die Volks-Souverainetät ausgeübt werden, und dem Fürsten nur ein Antheil an der Gewalt und die Leitung der Geschäfte der eigentlichen Verwaltung übertragen bleiben.

Inwiefern der Erfolg den gehegten Erwartungen da, wo diese Ansichten von Verfassung bisher zur Ausführung gekommen sind, entsprochen, werden wir vor Allem zu untersuchen haben. Für jetzt war uns nur daran gelegen, anzudeuten, wodurch die frühere ständische Repräsentation (die der Interessen) ihre Bedeutung verlor, und wie sich ihr ein neues System, das der Kopf-Repräsentation, entgegenstellte; diese ist jedoch als solche in der Wirklichkeit nicht zur Ausführung gekommen, sondern ist in eine Repräsentation des Geldes oder des Vermögens übergegangen.

Vor Allem kommt es auf die Entscheidung der Frage an: wer soll der Souverain sein, der Herrscher oder das Volk, oder sollen beide sich in die Gewalten theilen? Eine Vertretung des Volks, welche durch die von ihm gewählten Repräsentanten die Souverainetät ausübt, scheint nur da in der Wahrheit zu bestehen, wo eine Republik (eine rein democratische Verfassung) vorhanden ist. Wir glauben daher behaupten zu können, daß, abstrahirt von ganz absoluten Monarchien, es eigentlich nur zwei Gattungen von Verfassungen giebt, die wirklich consequent sind:

die rein democratische und

die monarchische, gestützt auf Landstände ohne Antheil an der Gewalt.

Welchen Einfluß eine rein democratische Verfassung auf den Zustand des Volks eines großen Reichs im Laufe der Zeit übt, darüber haben wir noch keine Erfahrung.

Wir haben in der neuen Geschichte nur ein Beispiel dieser Art — Nord-Amerika gewährt es uns — wir finden kein ähnliches in der Weltgeschichte. Allein die nordamerikanische Verfassung hat sich auch unter Verhältnissen gebildet, die eine solche Verfassung — wie uns scheint — allein möglich machten, die nur in jenem Welttheile bestehen kann.

Der nordamerikanische Freistaat, ursprünglich aus einer englischen Colonie hervorgegangen, stammt von einem Volke ab, welches in so mancher Beziehung das freieste in Europa war. Durch die Lage Amerikas in einem von der alten Welt gesonderten Erdtheil befindet es sich ganz getrennt von den übrigen civilisirten Völkern. Das Land hat keine Geschichte, keine alten aristocratischen Familien, keine Erinnerungen, seine Bewohner fanden dort eine tabula rasa, auf welcher sie ohne allen Widerstand ein Verfassungs-Gebäude aufstellen konnten, wie es ihnen beliebte; dazu kommt, daß der Grund und Boden, welcher den Urbewohnern abgenommen ward, nur in kleinen Parcellen besessen wird, ein aristocratischer Einfluß großer Landbesitzer dort nicht hervortreten kann, weil jeder nur selbst oder mit einigen freien Arbeitern sein Land bebaut; dazu kommt ferner, daß Amerika keine Nachbarn, als einzelne Indianerhausen hat, es daher nicht der Concentrirung seiner Kräfte bedarf; es geräth in keine Kämpfe, welche so oft einzelne Persönlichkeiten über die Masse erheben, die dadurch in den Besitz von Macht gelangen; es hat sich daher die democratische Tendenz dort so aller Köpfe bemeistert, daß gegen selbige für jetzt nichts aufzukommen vermag. Die Democratie ist hier ganz vorherrschend, und ihre Wurzel liegt zugleich in den bestehenden Verhältnissen und in den Gesinnungen der Nation *). Alle diese Verhältnisse sind ganz anders in Europa.

*) Die einzige Aristocratie, die wir in Amerika finden, ist die des Gel-

Dort will die große Masse der Nation nirgends eine Republik, höchstens ein Theil der überspannten Jugend oder einige ehrgeizige Personen. Europa hat eine Geschichte, hat fast in allen Ländern aristocratische Einrichtungen. Die verschiedenen großen Staaten von Europa, denn von diesen kann hier nur die Rede sein, bedürfen einer starken Regierung, wenn sie nicht die Beute der Nachbarn werden und sich im Gleichgewichte mit andern Staaten erhalten wollen. Vor Allem aber ist der Zustand der Entwickelung in Europa zu vorgeschritten, um eine Republik zu wollen. Der Europäer ist durch die feineren Genüsse des Lebens, durch den Geschmack an Künsten und Wissenschaften zu sehr gefesselt, um Lust zu bezeigen, sich in eine beständige nutzlose Aufregung zu versetzen, oder das wilde, rohe, äußere Leben des Republikaners mit seinen feineren Sitten und einem gemüthlichen Dahinbrüten zu vertauschen.

Hierin liegt denn auch der Grund, daß man zwar von Volks-Souverainetät und National-Repräsentanten in Europa fabelt, sich aber nur an den Namen, nicht an die That hält, und nichts weniger als eine Republik will, wo jene ihre Heimath finden.

Frankreich ist das Land, welches in dieser Hinsicht am weitesten gegangen ist. Es hat durch wiederholte Revolutio-

des. Inzwischen übt sie ihre Macht mehr auf das bürgerliche Leben. Das Geld und das Vermögen ist viel zu mobil, um dort eine der Democratie gefährliche Kaste bilden zu können, und zersplittert sich gleich wieder durch Erbtheilung.

nen und durch ungeheuere Opfer sich dem vorgesetzten Ziele dennoch um nichts genähert. Es hat seine ganze Geschichte vernichtet, es hat unter Strömen von Blut seine Bastille zerstört, und man sieht, wie das souveraine Volk mit Abgaben belastet wird, um ein Dutzend Bastillen an Stelle der Einen zu bauen; es hat einen König auf das Schaffot geführt, einen andern mit seinen Nachkommen verjagt, es hat den Adel des Landes, die alte Aristocratie, alle poetischen Reminiscenzen vernichtet, alle alten Monopole aufgehoben, Freiheit, Gleichheit und Volks-Souverainität proclamirt, und was hat es dadurch gewonnen?

Es hat noch einen Bourbon zum Könige und kann Gott nur dafür danken, es hat noch eine engverbundene Partei des alten Adels, welche sich geschlossen zurückgezogen hat, um bei erster günstiger Gelegenheit wieder aufzutreten, wenn es den Parteien gelingen sollte, das Bestehende zu erschüttern. Es hat eine neue Aristocratie, die der Vermögenden (eine Geld-Aristocratie — die schlechteste aller aristocratischen Fractionen), es hat nächst England und Rußland die meisten Monopole bei sich eingeführt. Parteisucht und losgebundener Egoismus legen dem Ackerbau, den Handel und Wandel Ketten an. Es hat keine Volks-Repräsentation, sondern nur eine kleine Kaste repräsentirt und beschwatzt das Volk.

Das eigentlich, spottweise möchte man sagen, sogenannte souveraine Volk entbehrt aller Freiheit, wird von Abgaben erdrückt, seine Industrie ist auf mannigfache Weise gefesselt, und es selbst schlecht behandelt; ja ihm ist nicht einmal erlaubt, seine eigenen Communal-Angelegenheiten zu verwalten, und wenn es seine souveraine Stimme erhebt, so wird ihm durch Kugeln geantwortet.

Die einzigen Franzosen, diejenigen, die verlangen, daß die Charte, durch welche die Volks-Souverainetät — Volks-Verwaltung — proclamirt worden ist, in Erfüllung gehe, sind die Republikaner, die Männer der äußersten Linken, diese befinden sich wenigstens in Consequenz. Ihnen steht jedoch, wie es scheint, die Meinung des bei weitem größeren Theils der Nation entgegen — und warum? — weil dieser weiß und fühlt, daß bei dem Zustande der Verhältnisse in Frankreich und den Gesinnungen der untern Volks-Klasse die Einführung einer Republik das Signal zu einem Zustande der höchsten Anarchie sein würde, mit einem Wort, daß durch die Einführung einer democratischen Verfassung, einer wirklichen Volks-Repräsentation Frankreich das unglücklichste Land der Welt im Innern und ein völlig bedeutungsloses nach Außen werden würde. Wir glauben, daß Niemand uns mit Grund wird vorwerfen können, daß wir die Lage der Sache entstellt oder übertrieben vorgetragen haben. Niemand wird behaupten wollen, daß in Frankreich das Volk wirklich repräsentirt werde, souverain, auch frei und glücklich sei.

Der Grund hiervon liegt ganz nahe, wir müssen es nochmals wiederholen, er liegt darin, daß man Grundsätze aufgestellt hat, ohne sie anzuwenden und anwenden zu können, und wir glauben daraus den Schluß ziehen zu müssen, daß die Grundsätze chimärisch sind, daß, wer Volks-Souverainetät und Volks-Repräsentation verlangt, auch nur eine Republik, eine reine Democratie fordern kann, wenn er nicht in Widerspruch gerathen will.

Zwar wird man dagegen England und mehrere kleine, namentlich deutsche Staaten anführen. Was die letzteren betrifft, so ist nicht zu übersehen, daß dort noch der alte germanische Geist, der der Achtung vor dem Gesetz besteht, und dieser vor Excentricität schützt, daß die Masse des Volks sich passiv verhält, endlich daß diese kleinen Staaten Mitglieder des deutschen Bundes sind, und dadurch jeder Uebergriff in gewisse Schranken zurückgeführt wird. Uebrigens ist diese Nachahmung der englischen und französischen Verfassung, welche in mehreren Theilen von Deutschland besteht, zu beklagen; in den zwei Kammern erblicken wir einen ganz unnöthigen Luxus; die Repräsentanten von Hannover*), Würtemberg, Baiern, Sachsen u. s. w. würden unstreitig in einer Stube**) Platz haben.

---

*) O Hannover, wie ruhig würde es bei dir zugehen, wenn du nur Eine Kammer hättest!

**) Die alte englische Geschichte lehrt uns, daß in den frühesten Zeiten beide Kammern in einer vereint waren. Die Lords, die sich selbst repräsentirten, und die Deputirten der Städte und Grafschaften kamen zusammen, um die Abgaben zu votiren. War dies geschehen, so gingen die Deputirten in der Regel nach Hause, weil es ihnen zu kostbar wurde, und sie ihre Geschäfte zu Hause versäumten. Die Aristocratie blieb versammelt und

Mit der Umsicht und mit der richtigen Würdigung, die den Charakter der Deutschen bezeichnet, scheint es unverträglich, daß man in manchen Theilen eine zwitterhafte Landes-Vertretung, eine halb ständische, halb repräsentative, gewählt, daß man eine Theilung der Staatsgewalten vorgenommen, die nur eine nominelle sein kann, da alle diese kleinen Länder unter dem Einfluß des deutschen Bundes und anderer Großmächte stehen, die Staatsgewalt aber nur dann eine wirkliche ist, wenn sie sich Geltung zu schaffen vermag. Was dagegen England betrifft, so hat selbiges, genau betrachtet, eine rein aristocratische Verfassung mit einem Anfluge von repräsentativen Verhältnissen.

In England bildet die Aristocratie die eine der großen Staatsgewalten; in England sind jedoch auch die Verhältnisse ganz anders als in jedem andern Reiche der Erde. Dort giebt es wenigstens zwei durch Jahrhunderte ausgebildete einander gegenüberstehende Parteien, die in den beständigen Kämpfen mit einander sich stets durch die Volks-Partei und durch die öffentliche Meinung zu stärken suchen, wovon erstere Vortheil hat und wodurch eine Art von Ausgleichung entsteht, weil bald die eine bald die andere sich an die öffentliche

---

berathen die Gesetze. Nach und nach steigerte sich jedoch das Interesse und auch die Deputirten blieben. Nun wurde der Raum zu enge und dadurch ward die Trennung der beiden Häuser veranlaßt. Wir verweisen den Leser auf eine höchst interessante, kleine, ganz vergessene Schrift über den Ursprung und Fortgang der englischen Verfassung vom Grafen Voß.

Meinung wendet, — diese also — oft den Ausschlag giebt. Allein wie wenig dennoch das Interesse der Nation dort gehörig gewürdigt wird, beweist der Druck, unter welchem die unteren Volksklassen seufzen, die Monopole, die zum Vortheile der beiden herrschenden Aristocratien auf der Nation lasten, und die nothwendig zu einer gänzlichen Umgestaltung führen müssen.

Die Erfahrung hat es bis jetzt keinesweges bestätigt, daß die wahren Interessen eines Volks durch jene so gerühmten Palladien des Volks = Glücks, Kopf = Repräsentation und Volks = Souverainetät, Votirung des Budgets u. s. w. befördert werden, und es folgt daraus, daß diese nicht zur Befriedigung der wahren und dauernden Interessen eines Volks führen. Eben so gewiß ist es, daß die früheren ständischen Repräsentationen, so wie sie uns aus dem Mittelalter überkommen waren, in ihrer damaligen Gestaltung nicht mehr den billigen Anforderungen genügen; deshalb ist der Grundsatz noch nicht verwerflich, sondern die Form dagegen muß eine andere, der Antheil ein ausgedehnterer werden, als es bisher der Fall war.

Die Vertretung des unbeweglichen und des beweglichen Vermögens der Nation ist eine Primair = Bedingung einer guten Verfassung. Erstere erfolgt zunächst durch die großen und durch die kleinen Grundbesitzer, letztere durch die Städte und ganz besonders durch die großen, in welchen Gewerbe, Fabriken und Handel vorzüglich betrieben werden.

Hiergegen wird gewöhnlich eingewendet, daß durch eine solche Repräsentation die Interessen des Handels und der Gewerbe nicht gehörig und zureichend vertreten würden.

Dies ist dadurch zu beseitigen, daß man den Städten nach ihrer Wichtigkeit einen größern Antheil bewilligt, als es bisher der Fall war.

Vor Allem aber liegt hierbei ein Irrthum zum Grunde. Die Interessen des Ackerbaues, des Handels und der Manufacturen sind keine getrennten, sondern immer nur eine und dieselben. Daß man dies zum Theil nicht erkennen will, liegt in einem Vorurtheil, welches sich aus einer Zeit herschreibt, wo die Aristocratie des alten Adels durch seine Stellung einen nachtheiligen und drückenden Einfluß auf die freie Entwickelung der übrigen Stände zu äußern vermochte. Dies hat jetzt aufgehört, die früheren Verhältnisse sind allenthalben verschwunden, die neueren Veränderungen in der Verfassung der meisten Länder, und ganz besonders die allgemeine Meinung, welche der Adel selbst, der großen Mehrzahl nach, theilt, haben das Kastenwesen der Geschichte abgetreten; daher besteht jetzt nicht mehr ein getrenntes Interesse, sondern nur ein ganz gleiches und gemeinsames, und außerdem schützt jedenfalls eine itio in partes die einzelnen Stände gegen eine mögliche Ueberflügelung *).

*) Von vielen Seiten her wird verlangt, daß der gelehrte Stand auch vertreten werde, allein die Gelehrsamkeit und das Wissen ist nicht mehr an die Lehrstühle gebunden, nicht mehr ein ausschließliches

Während bei einer Volks-Repräsentation da, wo keine Republik besteht, immer nur der vermögende Theil der Nation allein das Volk selbst vertritt, nehmen bei einer ständischen Repräsentation auch die Bürger und Bauern an selbiger Theil, also Männer, die der Klasse wirklich angehören, deren Interesse sie vertreten; in der Repräsentativ-Verfassung dagegen schließt sie der Wahlcensus aus, wenn sie auch sehr brave und verständige Leute sind, weil sie nicht eine gewisse Höhe von Abgaben zahlen.

Hierin liegt ein großer Vorzug der ständischen Repräsentation, der auf eine andere Weise schwer zu ersetzen sein möchte. Man hört oft sagen, daß die Interessen dieser Volks-Klassen viel besser repräsentirt werden würden, wenn statt jener, Männer von höherer Bildung, mit den Gesetzen und der Verfassung des Landes genauer bekannt, selbige verträten. Diese Behauptung beruht auf einer Täuschung, die durch die Eitelkeit und durch den Ehrgeiz Einzelner hervorgerufen ist; denn abgesehen davon, daß die Bauern und Bürger schon so gebildet sind, daß sie ihre wahren Interessen sehr gut kennen, und wo sie es nicht sind, durch die Gewohnheit, selbige geltend zu machen, sich bald jeder Vormundschaft entheben würden, so macht ihre Stimme einen weit größeren Eindruck auf jede Versammlung, als die eines ihrem Stande nicht angehörigen Rechtsverständigen, der, wie die Erfahrung in vielen Ländern nur zu oft beweist,

Eigenthum weniger einzelnen Personen, sondern hat sich so durch alle Klassen der Nation verbreitet, daß er dadurch schon genügend vertreten wird.

seine Stellung mehr als eine Brücke betrachtet, zu Einfluß und hohen Aemtern zu gelangen, als seinen Committenten nützlich zu sein.

Aus dem Gesagten leuchtet unverkennbar ein, daß eine ständische Repräsentation die Interessen der Nation, weil sie mehr aus selbiger hervorgeht als jede andere, am besten wahren wird, und es frägt sich nur: wird eine solche

einmal: Einfluß genug haben, um die Verfassung aufrecht zu erhalten, und

zum andern: welche Befugnisse sollen ihr zustehen?

Wo ständische Repräsentation in einem großen Reiche stattfindet, muß selbige zuvörderst und vor Allem auf Provinzialstände basirt sein, dadurch nur erhält das Gebäude ein Fundament; ganz besonders ist dies aber in solchen Reichen nöthig, wo nicht aus alter Zeit her alle Verhältnisse sich schon gleich gestaltet haben. Die Trennung hat aber offenbar auch ihre Schattenseite, denn hierdurch wird eine gewisse Schwerfälligkeit hervorgebracht, und vor Allem tritt der Uebelstand ein, daß die Ansichten der verschiedenen Theile eines solchen Reichs, wenn es sich um allgemeine Gegenstände handelt, oft sehr verschieden ausfallen werden, und ohne eine gemeinschaftliche Berathung, durch welche die Meinungen sich mehr ausgleichen, es ganz von der Verwaltung abhängt, diejenigen der verschiedenen Ansichten, die wegen nicht gehöriger allgemeiner Abwägung unklar geblieben sind, auszuwählen und als die richtigen zu bevorworten, weil sie mit ihren Wünschen übereinstimmen.

Endlich wird behauptet, daß der Einfluß der Stände einzelner Provinzen der Bureaucratie gegenüber zu schwach sei.

Es scheint nöthig, diese Besorgniß zu beseitigen. Viele meinen, dies könne nur durch Reichsstände geschehen. Wir wollen jedoch, ehe wir die Zweckmäßigkeit irgend einer allgemeinen ständischen Berathung empfehlen, näher prüfen,

„welche Befugnisse den Ständen im höheren Interesse, in dem der Wohlfahrt des Ganzen, zukommen?"

Die Forderungen, welche in dieser Beziehung oft gemacht werden, sind:

1) daß ohne Zustimmung der Stände die bestehende Verfassung nicht geändert werden dürfe, sondern streng beobachtet werden müsse;
2) daß kein Gesetz ohne ihre Zustimmung gegeben werden dürfe;
3) daß sie das Recht haben, die jährlichen Abgaben zu votiren;
4) daß Landesschulden nur mit ihrer Genehmigung gültig contrahirt werden können;
5) daß keine die Gewerbe und den Verkehr belastende Maaßregeln, keine Monopole und dergleichen eingeführt werden können, ohne ihre Zustimmung;
6) daß die Minister der Nation für ihre Handlungen verantwortlich bleiben;

7) daß die Presse frei sei.

Was den ersten Punkt betrifft, so unterliegt es wohl keinem Zweifel, daß ein wechselseitiger Vertrag nicht einseitig aufgehoben oder verletzt werden darf. Es giebt keinen Gegenstand, der für die Ruhe der Völker und für die Sicherheit der Krone wichtiger wäre, als erstens, daß die wechselseitigen Rechte und Pflichten zwischen König und Volk durch die Verfassung scharf bezeichnet seien. Zweitens, daß in diesem Verhältnisse nichts bestehe, wodurch die wahre Stellung des Herrschers bedroht oder die unzweifelhaften Interessen der Völker gefährdet werden; denn beides führt über kurz oder lang zu gewaltsamen Umwälzungen, mithin zur Gefährdung der Existenz. Drittens, daß die Verfassung treu gehalten werde. Ein einseitiger Vertrag ist keiner und findet nur zwischen dem Herrn und seinem Knechte Statt. Zwischen den Fürsten und den Völkern bestehen natur- und sachgemäß wechselseitige Pflichten und Rechte, und je höher die Rechte eines Monarchen stehen, je größer ist sein Interesse, weder sich selbst, noch der Verwaltung Uebergriffe in die Freiheiten des Volkes zu gestatten; denn wer die Rechte der andern nicht ehrt, greift die eigenen an. Jeder Bruch eines Vertrages löset selbigen und gestattet eine Appellation an die Gewalt.

Hinsichtlich des zweiten Punktes liegt es im Interesse des Herrschers wie des Volkes,

daß die Stände jedenfalls vor der Erlassung eines Gesetzes gehört werden müssen, damit sich die Meinungen des Landes über das Für und Wider gehörig aussprechen können; ob aber die Regierung die Befugniß haben soll, selbige gegen die Ansicht der Stände zu erlassen, dies möchte nicht so leicht zu entscheiden sein.

Es giebt manche Gesetze, die mehr administrativer Natur sind, die dennoch aber von großem Interesse für die Nation oder einzelne Klassen derselben sein können. So nöthig es nun erscheint, daß vor ihrer Erlassung das Land gehört werde, so würde es doch wieder den Gang der Geschäfte und die Kraft der Regierung zu sehr beschränken, wenn bei einer verschiedenen Ansicht der Stände diese erst ausgeglichen werden sollte, und daher dürfen wohl in dieser Beziehung der Regierung nicht zu enge Grenzen gezogen werden.

Die Verwaltung wird sich von selbst schon hüten, gegen begründete Ansichten der Stände ihre eigenen dennoch zu bevorworten, schon aus dem Grunde, um den beständigen Reclamationen zu entgehen, welchen sie sich dadurch nothwendig aussetzt. Dahingegen würden da, wo ständische Verfassungen bestehen, solche Gesetze und Veränderungen, welche einen Einfluß auf das Vermögen oder die Freiheit der Nation haben, nicht ohne Zustimmung der Stände erlassen werden können, weil die einmal bestehenden Gesetze mehr oder weniger einen Theil der Verfassung ausmachen.

Was nun den dritten Punkt, die Steuer-Bewilligung betrifft, so ist dies eine sehr wichtige Frage, welche die genaueste Erwägung verdient. Nach dem natürlichen Recht ist es klar, daß Niemand befugt ist, über mein Privatvermögen oder mein Geld zu gebieten, und soll ich daher selbiges zu allgemeinen Zwecken hergeben, so muß ich es bewilligen.

Allein von dem Augenblicke an, wo wir uns zu einer Gesellschaft gebildet haben, müssen unsere natürlichen Rechte Beschränkungen erleiden, und zwar solche, ohne welche das allgemeine Wohl nicht bestehen kann. Nun ist aber das Geldzahlen eine der ersten Bedingungen der Vereinigung zu einem Staate; dies kann Niemand mit Grund leugnen; daher ist die Steuerpflichtigkeit einer der Hauptpunkte der socialen Verhältnisse.

Dies wird auch allgemein zugegeben, aber man verlangt, daß die Repräsentanten der Nation oder die Stände das Recht haben, jährlich die Abgaben vorher zu bewilligen, und man bildet sich ein, hierdurch stets ein Mittel in Händen zu haben, die Regierung, wenn selbige vielleicht die Verfassung verletzen wollte, durch die Steuer-Verweigerung zur Rücknahme solcher Maßregeln zwingen zu können.

Diese Ansicht ist eine ganz irrthümliche, eine unpraktische und überdem höchst gefährliche. Die erste und daher die Hauptbedingung für die Erhaltung der Ordnung der Dinge liegt darin, daß die nöthigen Fonds vorhanden sind. Wenn daher die Repräsentanten die Steuern verweigern, so führt dies zu nichts weniger, als zu einer förmlichen Auflösung der Verwaltung, und bewirkt mithin eine Revolution. Es wird also hierdurch das Aeußerste herbeigeführt, das größte Uebel, das einem Reiche begegnen kann. Weil dies aber die Folgen sind, so geschieht es nie, oder wird nur da geschehen, wo die Leidenschaft oder die Partei-Interessen die Oberhand gewonnen haben und in dem Verderben des Ganzen ihren Vortheil suchen. Die Richtigkeit dieser Behauptung beweist die tägliche Erfahrung in den Ländern, wo das Budget jährlich votirt wird. Dies ist mithin eine Berechtigung, von der doch, ohne das Land in das größte Unglück zu stürzen, kein Gebrauch gemacht werden kann, die also unnütz, und selbst gefährlich ist: denn:

einmal kann sie, wie schon angedeutet, durch eine ehrgeizige Partei, die eine Umwälzung verlangt, gemißbraucht werden;

zum andern können die Beschuldigungen, die man der Regierung macht, unbegründet sein:

drittens kann es, da nur in der Democratie das ganze Volk wirklich repräsentirt wird, sehr leicht kommen, daß um Interessen, die nur der für den Augenblick herrschenden Partei, und nicht dem Volke angehören, zu einer Auflösung des Ganzen geschritten wird.

In dem Rechte der Steuer-Verweigerung liegt daher keine Bürgschaft für die Unverletzlichkeit der Verfassung, diese müssen wir auf andere Weise suchen *).

*) Wir haben schon vorher gesagt, daß wir immer nur die großen Reiche ins Auge fassen. Die kleinen, namentlich deutschen Staaten über-

Wenn wir nun ferner prüfen,

ob die Steuer-Bewilligung die Nation dagegen schütze,

daß von ihr nicht mehr Opfer verlangt werden,

als zu den Staatsbedürfnissen erforderlich sind, so lehrt uns die Erfahrung, daß dies keinesweges der Fall sei, sondern im Gegentheil zu der allerausschweifendsten Beschatzung der Völker und Verschuldung des Landes führt. Frankreich, England, Holland beweisen es.

Kein Minister eines absoluten Königs kann es wagen, dem Herrscher zu rathen, so mit dem Vermögen der Unterthanen zu spielen, wie die Repräsentanten in den constitutionellen Staaten es sich erlauben.

Man vergleiche nur die Abgaben, die Frankreich unter Ludwig XVI. hatte, und die Schulden, die damals das Land belasteten, und die zur Revolution führten, mit den Abgaben, die es jetzt zahlt, und den Schulden, die es jetzt trägt.

Wenn jetzt das Budget in der französischen Deputirten-Kammer votirt wird, welches ganz Frankreich, und namentlich seine Grundbesitzer ins Elend stürzt, so hat der Präsident oft Mühe, nur so viele Deputirten zu sammeln, um die zum Be-

---

gehen wir ganz, da sie keine Selbstständigkeit besitzen. In Hannover wurden vor drei Jahren die Steuern verweigert, und dennoch erhoben, und Alles lief ohne Revolution ab, weil dem Lande die Macht fehlte. Im vorigen Jahre hat sich ein ähnliches Schauspiel dort wiederholt, und ist auch ein Schauspiel geblieben.

schlusse nöthige volle Zahl zu haben, und viele hundert Millionen werden in einer Stunde votirt, oft, ohne daß die Kammer dem Vortrage auch nur die geringste Aufmerksamkeit schenkt.

Zwar stellt sich dies bei einer ständischen Repräsentation etwas anders, weil diese aus Gliedern der Nation besteht, die mit ihrem Vermögen und liegenden Gründen mit dem Staate verwachsen sind, und die alle Nachtheile zunächst treffen; allein es bleibt ausgemacht, daß jede Repräsentation, sie sei zusammengesetzt, wie sie wolle, wenn ihr das Steuer-Bewilligungsrecht zusteht, immer mehr bewilligt als die Minister wagen dürfen, dem Lande aufzubürden, weil alle Klagen über zu hohe Lasten sie und ihre Verwaltung treffen, während im andern Falle sie blos die Antragssteller zu sein scheinen, und das Land selbst die Summen durch seine Repräsentanten bewilligt. Allein dies ist nicht der einzige Nachtheil des Steuer-Bewilligungs-Rechts. Wo dies den Repräsentanten zusteht, müssen die Minister Alles anwenden, um sich die Mehrheit der Stimmen zu verschaffen, und wie wir sehen, ist ihnen dazu jedes Mittel gleich, — dem einen geben sie Aemter, dem andern bewilligen sie dem Volke lästige Monopole, vielleicht auch Geld. Der Erfolg für das Volk ist, daß es noch die Bestechungen bezahlt, um sich ungeheure Schulden und Abgaben aufbürden zu lassen. Doch wir glauben uns alle weitere Ausführung sparen zu können, und bitten den, der unsere Meinung nicht theilen sollte, die Verhandlungen der französischen

Kammern, des englischen Parlaments und der holländischen Generalstaaten zu lesen.

Aus dem vorher Gesagten geht so viel hervor, daß das Recht, die Steuern jährlich zu bewilligen, keinesweges den Zweck erfüllt, den man erwartet, sondern oft geradezu das Gegentheil herbeiführt.

Es fragt sich daher weiter:

„wie ist denn jener Zweck zu erreichen?"

Dies scheint uns am besten dadurch möglich, daß der Herrscher und die Landstände sich über folgende Punkte ein für allemal verständigen.

Erstens, welchen Aufwand fordert der regelmäßige Staats-Haushalt, und durch welche Abgaben soll er gedeckt werden? oder mit andern Worten, es müssen Normal-Etats entworfen werden.

Zweitens, welches sind die Gegenstände, die einer Besteuerung unterliegen, und nach welchen Grundsätzen ist dieselbe zu vertheilen und zu erheben?

Stehen diese beiden Punkte fest, so bedarf es keiner weitern Bewilligung.

Hierdurch ist das regelmäßige Bedürfniß des Staats gedeckt, die Verwaltung hat die Mittel, die sie für die Civil- und Militair-Verwaltung bedarf, und der Gang der Geschäfte kann daher von dieser Seite nicht unterbrochen werden. Anders stellt es sich mit den außerordentlichen Ausgaben. Diese müssen wohl von der Bewilligung der Stände abhängig bleiben; hier vereinigt sich das Interesse des Herrschers und das des Volks auf das Innigste.

Die materiellen Interessen der Nation fordern es besonders in jetziger Zeit, daß oft große Summen zur Beförderung derselben verwendet werden. Wollte man diese aus den regelmäßigen Abgaben bestreiten, so würden dieselben oft nicht ausreichen, und wenn es wirklich der Fall wäre, so entständen daraus leicht große Verletzungen für einzelne Theile. Die Verwaltung legt, wenn ihr unumschränkt die Befugniß zusteht, und aus ihrem Gesichtspunkte vielleicht nicht mit Unrecht, jene Summe da an, wo sie den größten Nutzen bringen. Dies kann für die armen Gegenden sehr drückend sein *), und daher gebührt denselben ein Veto für solche Fälle.

Endlich ist es wohl keinem Zweifel unterworfen, daß jede Regierung ihren Ständen die Staats-Einnahmen und Ausgaben gern zur Prüfung vorlegen lassen wird, theils um dem Lande die Ueberzeugung zu verschaffen, daß die Gelder gut verwendet sind, theils den Ständen die Gelegenheit zu geben, die Regierung auf diejenigen Mängel aufmerksam zu machen, die dabei vorkommen können, und welche abzuändern eben so sehr in ihrem Interesse, als in dem der Nation liegt.

Auch in diesem Punkte hat daher der Monarch und die

*) Wenn eine Eisenbahn auf Staats-Kosten von Breslau über Berlin nach Cöln gebaut werden sollte, und Preußen und Litthauen das Geld dazu aufbringen müßten, so würde dies als eine Ungerechtigkeit erscheinen.

Nation nur ein Interesse. Ersterem ist es unmöglich, die Verwaltung in dieser Beziehung so zu controlliren, als es das allgemeine Wohl fordert.

Der Herrscher kann dies ohne die Mitwirkung der Repräsentanten nur durch die Verwaltung erreichen, und eine solche Controlle gewährt keine Bürgschaft. Jeder väterlich gesinnte Fürst, der, weil in seine Hände die Macht gelegt ist, nur Gott und seinem Gewissen Rechenschaft von seinem Thun und Lassen zu legen hat, wird um so weniger Bedenken tragen, diese Befugniß seinen Ständen einzuräumen, wenn er erwägt, wie schwer es oft den Einzelnen wird, im Schweiße ihres Angesichts sich und ihre Familie zu ernähren und die Abgaben zu zahlen wenn er es sich denkt, daß bei Unordnung oft Millionen verloren gehen, welche gespart werden konnten, hätte es nicht an jeder Controlle gefehlt; endlich, wenn er ermißt, daß, wenn solche Fälle eintreten sollten, er sich um so mehr Vorwürfe machen müßte, da ihm ein so leichtes Mittel zur Verwahrung seines Gewissens zu Gebote stand, nämlich die Controlle der Nation selbst.

Es ist merkwürdig, wie die Ansicht, daß es ein muthmaßliches Budget geben könne, und daß dasselbe votirt werden müsse, — sich wie ein Echo über ganz Europa fortgepflanzt hat, obgleich Jedermann einsehen muß, daß die Budgets für das kommende Jahr in der Regel fingirte sind, Fabeln, womit man dem Neuling Sand in die Augen streut. Statt dessen sollte man daher verlangen, daß nicht die Soll-Einnahme, sondern die wirkliche Einnahme, und nicht die vermuthlichen Ausgaben, sondern die wirklich erfolgten den Ständen vorgelegt werden.

Wo das Geld geblieben, welches das Land zahlte, und wie es verwendet worden, dies zu erfahren, hat es ein so unleugbares Recht, als, wie wir eben gezeigt haben, es für die Fürsten der Erde eine große Beruhigung, eine wahre Gewissens-Sache ist, dem Volke darüber Rechnung zu legen. Eine solche Rechnungs-Legung würde von unendlichem Nutzen sein, wir meinen nicht dadurch, daß die Repräsentanten nun die Oberrechnungs-Kammer machen, sondern:

erstens: und vor Allem dadurch, daß die Verwaltung gezwungen würde, sich zu besinnen, ehe sie handelt, und daß nicht eine leichtsinnige verschwenderische Wirthschaft, wie es in so manchen Ländern der Fall ist, fortgetrieben werde, wobei man ohne Grundsatz die Steuern ausschreibt, und das Geld ohne Nutzen verwendet;

zweitens: dadurch, daß der Regierer und die Regierten wüßten, wie es mit den Finanzen des Landes aussieht, während jetzt beide es oft nicht zu übersehen vermögen, — vielleicht die Verwaltung selbst nicht — und daß die Nation dadurch in die Lage kommt, den Monarchen auf die Fehler und Irrthümer bei Zeiten aufmerksam zu machen und dergleichen mehr.

Was nun den vierten Punkt betrifft, daß die Regierung

keine Landesschulden ohne Zustimmung der Stände machen könne, so wie fünftens, daß sie dem Handel und Wandel keine Servituten ohne Zustimmung des Landes aufzulegen befugt sei, so liegt dies so im wechselseitigen nahen Interesse, daß darüber wohl keine verschiedenen Ansichten stattfinden können.

Was dagegen sechstens die Verantwortlichkeit der Minister betrifft, so ist es thörigt zu verlangen, daß diese der Nation verantwortlich sein sollen. Selbst in den Ländern, wo die Souverainetät auf das Volk übergegangen ist, und wo diese Verantwortlichkeit besteht, zeigt sie sich ohne allen Nutzen für das Land.

Die Verwaltung des Herrn Thiers hat uns in neuerer Zeit noch wieder den Beweis geliefert, daß die Verantwortlichkeit der Minister gegen das Volk eine leere Phrase ist, und daß man sich nach besserer Bürgschaft umzusehen hat. Dagegen scheint uns siebentens in dem Rechte, sich freimüthig besprechen zu dürfen, eine entschiedene und nothwendige Bürgschaft zu liegen.

Dieser Punkt ist zu wichtig, um beiläufig behandelt zu werden. In der Rede- und Schreib-Freiheit liegt nicht nur ein heilsames Schutz- und Vertheidigungs-Mittel, sondern auch eine sehr gefährliche Angriffs-Waffe. Wir werden Gelegenheit haben, bei dem Abschnitt über das Ministerium des Innern unsere Ansichten darüber ausführlicher darzulegen.

In dem Vorhergehenden haben wir uns bemüht, in kurzen Grundzügen zu zeigen, worin die wahren Interessen der Völker liegen, wie sie auf das Innigste mit denen des Herrschers verbunden sind, welchen Täuschungen man sich bisher hingegeben hat, und auf welchem besseren Wege das Ziel zu erreichen sein möchte, als wir ihn in so vielen Ländern eingeschlagen finden, und wir gehen jetzt zur Verfassung Preußens über.

Wir werden zeigen, welche Rechte und Freiheiten gegenwärtig das preußische Volk besitzt, welche Verhältnisse mit Bezug auf die Verfassung bestehen, und was noch im Bedürfniß zu liegen scheint, wenn unsere ständische Repräsentation eine solche Ausbildung erhalten soll, daß sie die Basis eines dauernden Zustandes werde, welche den doppelten Zweck hat, die Monarchie in ihrer Reinheit und Kraft zu erhalten, und dem Volke diejenigen Freiheiten und Rechte zu sichern, auf die es durch seine Liebe und Treue gegen die Dynastie einen doppelten Anspruch hat.

Die frühere Verfassung der alten Provinzen der Monarchie gewährte den Ständen große Vorrechte, welche von dem großen Kurfürsten zum Theil genommen wurden.

Sein Nachfolger und selbst Friedrich der Große berührten nicht direct die verbliebenen Vorrechte der Stände, insbesondere des Adels, jedoch wurden selbige auf mehrfache Weise untergraben.

Friedrich Wilhelm III., durch gebieterische Verhältnisse gezwungen, hob die frühere Befassung größtentheils auf und führte eine neue zeitgemäßere ein. Wenn wir alle Länder

Deutschlands ins Auge fassen, wenn wir unsern Blick auf England, Frankreich, Belgien und so weiter richten, so finden wir in keinem derselben der Nation in Hinsicht auf ihre Kommunal-Verhältnisse so große Rechte eingeräumt wie in Preußen. In keinem besteht in der wichtigsten Beziehung eine solche Gleichheit der Rechte wie hier, nirgend ist wie in Preußen den Regierten so viel Theil selbst an manchen Zweigen der Verwaltung eingeräumt.

Durch unsere Militair-Verfassung ist jeder Preuße Soldat und zur Vertheidigung des Vaterlandes verpflichtet. Der Sohn des Fürsten, des Ministers und des Tagelöhners haben gleiche Pflichten.

Eine Stellvertretung — wie in Frankreich und in andern Ländern Deutschlands, findet hier nicht statt.

Eben so wenig giebt es eine Bevorrechtung des Adels mehr. Die Rechte der Rittergutsbesitzer sind an den Besitz, nicht an den Stand gebunden. — Es ist gleich viel, ob ein Edelmann oder ein Bürgerlicher der Besitzer ist.

Unsere Städte sind wörtlich genommen kleine Republiken. Jeder Bürger hat in denselben eine Stimme, sie verwalten ihre Kommunal-Angelegenheiten ganz selbstständig, wählen ihren Bürgermeister und ihre Stadtverordneten, verwalten die Polizei und stellen einen Deputirten zur Versammlung der Kreisstände.

Die Kreisstände bestehen aus den Mitgliedern des ersten

Standes (Rittergutsbesitzer), aus den Deputirten der Städte und des Bauernstandes (Landgemeinden). In Hinsicht der Wahl der Deputirten zu den Kreis- und sonstigen ständischen Versammlungen wird verfassungsmäßig auf folgende Weise verfahren:

Auf den Kreistagen erscheinen die Rittergutsbesitzer in Person. Zu den Kommunal- und Provinzial-Landtagen wählen sie einen Abgeordneten aus ihrer Mitte. Eben so wählen die Bürger jeder Stadt zu den Kreis-Versammlungen einen Abgeordneten. Behufs der Wahl von Deputirten zu den Kommunal- und Provinzial-Landtagen treten die Deputirten mehrerer kleinen Städte zusammen, um aus ihrer Mitte den Abgeordneten zu den Landtagen zu wählen. Die großen Städte haben eine Viril-Stimme.

Die kleinen Grundbesitzer wählen in ihren Dörfern einen Deputirten, welcher mit den Deputirten anderer Dörfer zusammen einen Repräsentanten zu den Kreistagen ernennen, diese Repräsentanten vereinigen sich nun wieder mit denen anderer Kreise, um einen Landtags-Abgeordneten zu bestellen. Der Landrath des Kreises, in dessen Händen die ganze Verwaltung des Kreises ruht, wird von den Besitzern der Rittergüter nach alter Verfassung gewählt und vom Könige bestätigt. Er präsidirt in der Kreis-Versammlung.

In allen Kommunal-Angelegenheiten des Kreises haben die drei Stände Beschlußfähigkeit, jedoch ist zum Schutz der einzelnen Stände, wenn das Interesse getheilt sein sollte, eine itio in partes zulässig, wo dann die Landes-Regierung entscheidet, wie ihr überhaupt die Staats-Oberaufsicht zusteht. (Solche Fälle kommen selten vor, um nicht die Behörden zum Richter zu machen.)

Alle Jahre wird ein Kommunal-Landtag gehalten, zu welchem die drei Stände aller Kreise Deputirte zur Hauptstadt der Provinz senden. Auf diesem werden alle Kommunal-Angelegenheiten der Provinz berathen und Rechnungen über den Kommunal-Fond abgenommen. Die Versammlung ist beschlußfähig. Zu ihrem Ressort gehören die Wegebauten, die Armen- und Irren-Anstalten, Hospitäler und Feuer-Versicherungs-Societäten u. s. w. Ein Ausschuß von dem Kommunal-Landtage — aus seiner Mitte gewählt — leitet die Geschäfte in der Zwischenzeit.

Die Regierung übt die Kontrolle über alle Beschlüsse der Kreisstände und des Kommunal-Landtages, und bestätigt sie, wenn sie sich innerhalb der gesetzlichen Schranken befinden, — wo nicht — weist sie selbige an die Behörde zurück, von welcher sie ausgegangen sind.

Wenn wir uns nun zu den speciellen Verhältnissen des platten Landes wenden, so bestehen dieselben in Folgendem:

Die Dörfer haben als Vorsteher einen aus ihrer Mitte gewählten Schulzen und zwei Gerichtsmänner. Wo sie zu einer Königlichen Domaine, oder einem Rittergut, oder einer Kämmerei gehören, erfolgt die Ernennung des Schulzen-Gerichts von diesen.

Der Schulze verwaltet die Orts-Polizei, erhebt die Abgaben an den Staat, führt die Listen der Militärpflichtigen, ist in jeder Beziehung derjenige, der die Befehle der vorgesetzten Behörde ausführt, und in Gemeinschaft mit den Gerichtsmännern bildet er die Dorfgerichte. Er und die Gerichtsmänner vertreten in unterster Instanz die Interessen der Gemeinde gegen etwaniges Unrecht, das der Gemeinde von irgend einer Seite her geschieht.

Die Rittergüter, welche — wie gesagt — ohne Unterschied des Standes besessen werden, haben in ihren Besitzungen die Verwaltung der Polizei, sie sind die Gerichtsherren, Schul- und Kirchen-Patrone, und alles dies aus eigenem Recht. Die Standschaft ist die Bedingung des Besitzes dieser Rechte.

Hier befinden wir uns nun bei einem Punkt, der so vielen Mißdeutungen und Angriffen bisher ausgesetzt gewesen ist, und wir müssen ihn daher näher aufklären.

In Preußen wird des allgemeinen Besten wegen sehr auf gute polizeiliche Einrichtungen gehalten, und sie werden mit Sorgfalt durchgeführt; — gleichzeitig ist fast keine Polizei sichtbar, und weil so wenig Personen zu deren Ausübung angestellt sind, so kostet sie dem Lande auch wenig. Daß dies möglich ist, davon liegt der Grund zum Theil in dieser Einrichtung und der Stellung des Landraths, der in der Regel ein begüterter Mann im Kreise ist, ein Staatsdiener, mit den persönlichen und örtlichen Verhältnissen seines Kreises vertraut.

Man scheint zu glauben, diese Polizei-Verwaltung der Rittergutsbesitzer könne zu Uebergriffen führen. — Dafür hat das Gesetz gesorgt. Die polizeilichen Entscheidungen der Gutsbesitzer müssen jedesmal, wenn sie irgend eine Straf-Verfügung enthalten, oder die Interessen eines Dritten berühren, schriftlich verfaßt werden, mit einer Recursfrist an den Landrath oder die Königliche Regierung. Auch müssen über alle Verhandlungen Akten angelegt werden, so daß der Landrath oder die Regierung sich genau von den Verhältnissen informiren kann. Durch diese Einrichtung wird die Polizei von gebildeten Männern, die für jeden Fehlgriff verantwortlich sind, und an Ort und Stelle verwaltet, zur großen Sicherheit und Bequemlichkeit der Einwohner. Die Lasten und Kosten treffen nur den Gutsherrn.

Noch mehr ist die Patrimonial-Gerichtsbarkeit öfter dem Tadel und leidenschaftlichen Angriffen ausgesetzt gewesen, in Folge einer vorgefaßten Meinung — aus den Zeiten entsprungen, wo die übrigen Vorrechte des Adels die Mittel-Klasse ihm gegenüberstellten. Die Sucht, Alles, was aus einer früheren Zeit herrührte, zu vernichten, und die Unbekanntschaft mit der Sache selbst und was sie bezweckt, haben zum Theil die Angriffe geleitet, und wir glauben wohl, daß die Zeit gekommen ist, wo eine ruhige unparteiische Beleuchtung des Gegenstandes weniger befangene Hörer finden wird, die Unverbesserlichen abgerechnet.

Wenn wir fragen: „worin die Patrimonial-Gerichtsbarkeit der Rittergutsbesitzer bestehe, und welche Vortheile sie bringe, — welche Nachtheile sie besorgen lasse", so ergiebt sich, daß der Gutsbesitzer, gleichviel, ob adlicher oder bürgerlicher, unter den vom Staat eingesetzten Richtern einen zu seinem Patrimonial-Richter auf Lebenszeit zu wählen hat, (dessen Wahl so wie der darüber geschlossene Vertrag jedoch der Bestätigung der obern Landes-Gerichte unterliegt), und daß das Urtheil erster Instanz, welches der Richter fällt, im Namen des Patrimonial-Gerichts des Gutsherrn gesprochen wird. Für diese doppelte Ehre besoldet er den Justiziarius, trägt alle Kosten des Gerichts, namentlich für die Criminal-Untersuchung, für die Gefängnisse und was dergleichen mehr ist, und haftet für die Pupillengelder, die das Gericht unter Händen hat, welche Verhaftung bei Königlichen Gerichten nicht stattfindet. Bei Criminal-Fällen leitet der Patrimonial-Richter nur die Untersuchung, der Spruch erfolgt von den Landesgerichten, und in allen Fällen, wo der Gutsherr Verklagter ist, geht die Klage mit Uebergehung seines Gerichts an die Landes-Collegien. Man behauptet, dies könne zu großem Mißbrauch führen, der Justiziarius stehe dem Gerichtsherrn näher als den Gerichtseinsassen, und dieser werde daher leicht auf den Richterspruch Einfluß üben können. Hierauf müssen wir erwidern: der Richter steht vom Gutsherrn ganz unabhängig da, dieser hat in Hinsicht seines Richteramts weder direct noch indirect einen Einfluß, und wenn mithin ein schlechter Gerichtsherr und ein schlechter Richter zusammenkommen sollten, so müßte der eine den andern geradehin bestechen, und wenn man bei uns so Etwas für möglich halten wollte, so würde es dem Gutsherrn nicht einmal etwas helfen, weil nicht das erste Erkenntniß, sondern die folgenden bei den Königlichen Gerichten definitiv entscheiden.

Hierzu kommt noch, daß bei unsern oberen Gerichtshöfen theilweise die Patrimonial-Gerichte gewissermaßen als eine Beengung ihres Geschäftskreises betrachtet werden, und daher eine ganz besondere Aufmerksamkeit auf selbige gerichtet, und eine sehr strenge und zugleich nützliche Controlle über sie geführt wird. Selbst von denen, die dies zugeben, wird doch eine gewisse Einseitigkeit als die Folge, daß immer nur eine Person das Urtheil fällt, getadelt. Wir wollen annehmen, dies sei begründet, so ist es doch immer nur die erste Instanz, in der erkannt wird, und ist der Spruch einseitig gewesen, so wird ja das aus so vielen Personen bestehende Gericht sein Urtheil reformiren. Es entspringt aber gerade aus dem, was hier zum Vorwurf dienen soll, ein anderer höchst wichtiger Vortheil, daß der Richter die Verhältnisse, über die er zu entscheiden hat, genau kennt, daß er sich mitten im Leben befindet, während die großen Gerichtshöfe oft nur das Gesetz kennen und den grünen Tisch, an welchem sie sitzen.

Der Gerichtsherr hat für die vorhin bezeichnete sehr geringe Ehre bedeutende Kosten zu tragen und viele Weitläuftigkeiten zu erdulden, daher sehr häufig die Regierung von vielen Gutsbesitzern gebeten worden ist, ihnen diese Last abzunehmen; es ist dies jedoch stets aus Rücksichten der Nützlichkeit dieser Institute für die Gerichtseinsassen abgelehnt, und — um ähnlichen Reclamationen vorzubeugen — ist die Gerichtsbarkeit zur Bedingung der Standesschaft gemacht worden.*)

Die Vortheile, welche hieraus für die Regierung und die Gerichtseinsassen hervorgehen, sind aber besonders für letztere sehr wesentlich. Der Staat spart die bedeutenden Kosten, welche so viele Gerichtshöfe ihm veranlassen würden. Noch größeren Vortheil hat diese Einrichtung für die Bewohner des Landes, denn erstens finden sie den Gerichtssitz an Ort und Stelle, wo sie wohnen, sie brauchen daher keine weite Reisen zu machen; das Urtheil erfolgt in kleinen Sachen gleich oder doch bald, alle Vormundschafts-, Hypotheken-, Erbschaftssachen und so weiter werden an Ort und Stelle abgemacht, sie dürfen daher sich nicht viele Tage von Hause entfernen, ihre Wirthschaft verlassen, und da bei den Patrimonial-Gerichten die Sportel-Taxe weit niedriger ist, so sind es auch die Kosten. Ein nicht minder großer Nutzen entspringt für sie daraus, daß

*) Welchen Grund konnte die preußische Regierung wohl haben, die Patrimonial-Gerichte zu erhalten, wenn es nicht der des allgemeinen Besten wäre? Glaubt man vielleicht aus Rücksicht für die Gutsherren? Die Regierung, welche kein Bedenken getragen hat, durch alle alten Gerechtsame einen Strich zu ziehen, um das allgemeine Beste zu fördern; — sie sollte hier stehen geblieben sein, wo man ihr entgegen kam?

die Vergleiche so viel häufiger werden, ja es geschieht sehr oft, daß wenn die Gerichtstage im Hause des Gerichtsherrn gehalten werden, dieser den Friedensrichter macht.

Da durch die neue Gesetzgebung die Verhältnisse der Gutsherren und ihrer frühern Untersassen vollkommen geordnet sind, so daß zwischen ihnen keine Streitfragen mehr bestehen, und da jene in Polizeisachen bei den Zwistigkeiten der Dorfseinwohner unter sich, und bei Schulsachen so viele Gelegenheit haben, den Dorfbewohnern Gutes zu thun, so entspringt daraus ein Verhältniß der Liebe und des Vertrauens, welches sehr wohlthätig auf den allgemeinen Geist wirkt.

Man spricht so oft, es liege im Interesse der zu Eigenthümern gewordenen Bauern, daß die Patrimonial-Gerichte aufgehoben würden. Man frage sie selbst, so werden sie es stets von sich weisen; daß dies begründet ist, beweist schon der Umstand, daß von dem Bauernstand, so viel uns bekannt, noch nie dergleichen Anträge gemacht worden sind.

Außer der großen Selbstständigkeit, welche in Preußen der Nation eingeräumt ist, erfreut sich selbige auch noch so mancher höchst liberaler Einrichtungen, von welchen wir nur einige namhaft machen wollen.

Erstens: Bei der Aushebung zum Militairdienst ist außer dem Kreis-Landrath auch noch eine sogenannte Kreis-Ersatz-Commission gegenwärtig — von dem Kreise erwählt, — die das Recht und die Pflicht hat, darüber zu wachen, daß weder dem Kreise noch den Einzelnen

Unrecht geschieht. Sie ist das gesetzliche Organ zu Reclamationen.

Zweitens: Bei der Bestimmung der Gewerbesteuer-Beiträge sind zuvörderst nach gewissen Proportionen die Kreise oder Distrikte quotisirt. Die Repartition auf jeden Einzelnen erfolgt durch die Betheiligten selbst unter sich.

Drittens: Bei der hohen Wichtigkeit, welche es für die Einzelnen hat, daß bei der Separation von Grundstücken, bei Ablösungen von Servituten und so weiter die Bonitirung der Grundstücke richtig erfolge, und nicht den dazu bestellten Boniteurs die alleinige Entscheidung bleibe, so ist in jedem Kreise von den Einsassen eine Commission aus ihrer Mitte gewählt, die, wenn gegen die Richtigkeit der Bonitirung sich Widerspruch erhebt, selbige revidirt, und in letzter Instanz entscheidet.

In den vorstehenden Blättern haben wir uns bemüht, ein Bild von den Zuständen in Preußen, von den Rechten der einzelnen Klassen der Gesellschaft, und von den Freiheiten des ganzen Volkes zu entwerfen. Aus ihm geht hervor, daß, nachdem die früheren Verhältnisse, unter welchen einzelne Theile der Nation Rechte genossen, die hemmend auf die geistige und materielle Entwickelung einwirkten, beseitigt waren, durch eine Reihe von Gesetzen ein ganz neuer Zustand der Dinge gebildet wurde, dessen Richtung dahin ging, nach allen Seiten eine freiere Entwickelung zu gestatten.

Durch diese sind denn auch die Communal-Angelegenheiten ganz in die Hände der Communen selbst gelangt, und ihnen in vielen Fällen die Wahl der unteren Grade der Verwaltungsbehörden zugetheilt, mit einem Wort, es sind dadurch eine Menge trefflicher Einrichtungen gegründet, die den Rechtszustand sichern, die geistige Entwickelung befördern, den Ackerbau, die Gewerbe und den Handel von hemmenden Fesseln befreien.

In allem diesem finden wir nun das Fundament*) einer tüchtigen und dauerhaften Verfassung, und wollen jetzt zu der Untersuchung übergehen, in wie fern eine Vertretung der höheren Interessen der Nation besteht, in wie weit diese genügt, und welche Garantieen für die Dauer zu wünschen sind.

Es scheint keinem Zweifel zu unterliegen, daß der hochselige König und seine ausgezeichneten Rathgeber, Stein und vor Allen Hardenberg, darüber einig waren, daß man das preußische Verfässungsgebäude solide aufführen und ihm ein

---

*) Frankreich hat bei sich eine Volks-Souverainität proclamirt und wirft Preußen seine von ihm sogenannte absolute Regierung vor. — Wenn nun dem französischen Volke die Rechte und Freiheiten gewährt würden, die wir haben, wenn unsere Stände-Verfassung u. s. w. dort eingeführt würde, welches wäre, — fragen wir — der augenblickliche Erfolg? Eine Revolution und die größte Anarchie! — Wo das Volk wirklich frei sein will, da muß die Regierung stark sein. Das sollte über jedem Volkskatechismus mit großen Buchstaben stehen.

tüchtiges Fundament geben müsse, nicht aber dem verderblichen Beispiele der modernen Verfassungen folgen dürfe, von oben herab zu bauen. Jenes ist geschehen; allein wegen des weiteren Ausbaues und wegen der Vollendung theilte der König die Ansicht seiner Minister nicht, sondern entschloß sich, seinem Volke eine Vertretung durch Landstände nach Interessen, aber nur mit berathender Stimme zu geben.

Unter dem 1. Juni 1823 und 27. März 1824 erschienen die Gesetze über die Bildung von Provinzialständen. Diese Gesetze engten jedoch die Wirksamkeit der Stände so ein, daß sie weder die Bedürfnisse des Volks zu befriedigen vermochte, noch dem Monarchen eine Uebersicht von dem zu verschaffen im Stande war, was seinem Volke Noth thut, oder von diesem gewünscht wird.

Das ganze Gesetz trägt sichtbar den Charakter des Mißtrauens, der ängstlichen Besorgniß. Wahrscheinlich hatte der Hinblick auf die neu hinzugekommenen Provinzen diese Zurückhaltung hervorgebracht. Die früheren Stände hatten einerseits dem Monarchen einen so ausgezeichneten Beweis von Vertrauen gegeben, indem sie bei Aufhebung ihrer sämmtlichen Rechte und Freiheiten, und der ganzen Verfassung, nicht einmal einen Protest eingelegt hatten, weil sie überzeugt waren, ihr König werde ihnen in seiner Weisheit und Liebe in zeitgemäßerer Form wiedergeben, was ihnen genommen war, und Vertrauen findet stets Vertrauen; und zum andern hatte die Nation erst so eben so ausgezeichnete Beweise von ihrer Treue, Liebe und großen Hingebung gegen ihren König abgelegt, daß unmöglich auch nur ein Funke von Mißtrauen gegen sein Volk in den alten Provinzen in der Brust eines so hochherzigen Königs Eingang gefunden haben konnte. Daher ward, wenigstens in den alten Provinzen, der Grund des Mißtrauens nicht auf sie gedeutet, aber um so tiefer empfunden, daß die geringe Gabe noch bei der Anwendung ganz verkümmert wurde; eine Empfindung, die durch den Umstand eine Steigerung erhielt, daß die langen Listen der abschlägigen Landtags-Abschiede durch die Zeitung den Augen des Auslandes Preis gegeben wurden. Die Hauptaufstellungen gegen das so eben allegirte Gesetz lassen sich in Folgendem zusammenfassen:

1) daß die Berufung zum Landtage von dem jedesmaligen Willen des Monarchen abhing, und wenigstens nicht die Zusicherung eines periodischen Zusammentritts ertheilt war;

2) daß mit dem Schluß des Landtages jede Spur von provinzialständischer Verfassung einem Schatten gleich verschwand;

3) daß selbst diejenigen Gegenstände der Berathungen, welche das ganze Land betrafen, in einzelnen isolirten Versammlungen erfolgten, und daher nicht die Reife erhalten konnten, welche nur durch den Umtausch der Ideen in einer allgemeinen Versammlung unter dem Einfluß entgegenstehender Interessen möglich wird, und daß, da die Gutachten der Stände

nun natürlich sehr verschieden ausfallen mußten, die Verwaltung diejenigen herausnehmen konnte, die ihr wohlgefielen, und sie doch dem Monarchen als eine Ansicht der Stände zu bezeichnen vermochte;

4) daß den Ständen nicht wenigstens der Nachweis über die Verwendung der Staats-Einnahmen vorgelegt und ihre Erklärung darüber gefordert wurde. (Ohne die Controlle der Staats-Einnahmen und Ausgaben ist eine jede ständische Verfassung fast bedeutungslos und verliert allen ständischen Charakter.)

5) daß in der Stiftungs-Urkunde den Ständen das Petitionsrecht eingeräumt wurde, aber nicht eine einfache Mehrheit, sondern zwei Drittel der Stimmen erforderlich waren, um die Wünsche der Unterthanen und die Beschwerden über zugefügtes Unrecht bis zum Thron des Monarchen zu bringen;

6) daß nicht nur jede Oeffentlichkeit der Verhandlungen verboten blieb, sondern die Abgeordneten das Versprechen geben mußten, sich jeder mündlichen Mittheilung, selbst an ihre Committenten, zu enthalten.

Daß eine so beengte Verfassung einen Theil der Nation unbefriedigt lassen mußte, lag in der Natur der Sache, und daher wendeten sich die Augen Vieler auf die früher gemachte Hoffnung wegen Bildung reichsständischer Verfassung. Man glaubte hierin das einzige Mittel zu finden, das Ohr des Königs zu erreichen, und den übergroßen Einfluß der Büreaucratie zu schwächen, welche sich zwischen den König und sein Volk eingedrängt zu haben schien. Alle Anforderungen dieser Art wies jedoch der hochselige König damals zurück, und seiner Festigkeit und seinem richtigen Gefühle ist das Land deshalb großen Dank schuldig. Seinem Scharfsinn entging es nicht, daß die derzeitigen Verhältnisse es keinesweges geeignet erscheinen ließen, große Aufregungen zu veranlassen und die Kraft der Monarchie, sei es in der That oder in der Meinung, zu schwächen.

Hätte es dem Könige in den Jahren 1823 und 1825 gefallen, eine reichsständische Verfassung nach dem Plane Hardenberg's, mit mehr als berathender Stimme einzuführen, so hätte dies für die Wohlfahrt Preußens, vielleicht für ganz Deutschland sehr gefahrbringend werden können.

Wenn im Jahre 1824, wo die Provinzialstände ins Leben gerufen wurden, oder in den nächstfolgenden Jahren dem Lande Reichsstände und eine Constitution gegeben worden wären, so hätte man dazu den allerungünstigsten Zeitpunkt gewählt. Es war damals nicht mehr die frühere preußische Monarchie, die alten Provinzen, welche mit ihrem Herrscherstamm durch Liebe verwachsen, eben aus einem Kriege auf Tod und Leben siegreich zurückgekehrt waren, — nein, das Reich hatte sich zugleich durch Eroberungen vergrößert; die Rheinprovinz, ein Theil von Westphalen, von Polen, von Sachsen, von Schwedisch-Pommern u. s. w. waren hinzugekommen. Alle diese waren ja eben erst Glieder der preußischen Monarchie geworden, —

völlig unbekannt mit den guten und schwachen Seiten unserer Zustände. Ihnen allen mußte das neue ungewohnte Verhältniß wenigstens unbequem sein. Diese hätte man nun durch Bildung von Reichsständen zu Ordnern der Verfassung der preußischen Monarchie berufen wollen? — Das wäre wirklich voreilig gewesen!

Von Mißtrauen gegen das preußische Wesen erfüllt, würden alle diese Theile gleich in die schroffste Opposition getreten sein, und entweder die Beibehaltung ihrer bisherigen Verhältnisse verlangt, oder die bekannten modernen Theorien ausgekramt haben. Wenn daher der König in der damaligen Zeit Reichsstände berufen hätte, zu welcher Aufregung würde das geführt haben? wie würden sich nicht nur die Provinzen unter sich bei ihren so verschiedenartigen Verhältnissen entzweiet haben, sondern vielleicht auch die Stände selbst! Die Rheinprovinzen würden für sich eine besondere Berücksichtigung in Anspruch genommen und mit einigen der alten Provinzen zugleich einen Krieg wegen der Grundsteuer begonnen haben. Westphalen hätte seinen Ultramontanismus und seine ultraaristocratischen Gesinnungen geltend zu machen gesucht; jede Provinz hätte ihr Steckenpferd zur Schau gebracht und das abgetretene Polen dem wiedergeborenen polnischen Reichstag die Krone aufgesetzt. Die hieraus nothwendig entsprungene Verwirrung würde wahrlich zu keinem erfreulichen Resultat geführt, sondern nur einen sehr nachtheiligen Einfluß auf die Stellung und Macht Preußens geübt haben, und mehr wäre nicht nöthig gewesen, ganz Europa in Verwirrung zu stürzen.

Wir überlassen es dem Urtheil aller ruhigen und besonnenen Personen, — was würde nach den glorreichen Julitagen des Jahres 1830 das Schicksal Preußens und Deutschlands gewesen sein, wenn in Preußens Innern die Einigkeit gestört gewesen wäre?

Die feste Stellung Preußens, unterstützt durch Oesterreich, und der feste Wille seines Königs erhielten nur mit Mühe den kriegslustigen Osten in seinen Grenzen, nur die Achtung vor Preußens innerer Stärke hielt Frankreich in Schranken und flößte den unruhigen Köpfen in Deutschland, die sich auf mehreren Punkten erhoben, Furcht ein. — Doch wir befinden uns hier nicht bei der Politik, sondern bei der vom vorigen Könige begonnenen Bildung der Provinzialstände, deren Unvollkommenheit wir angedeutet, so wie, daß sich an einigen Orten der Wunsch nach Reichsständen ausgesprochen hatte, welche das Gesetz vom Jahre 1815 in Aussicht stellt und denen in dem Gesetz vom 17. Januar 1820 bei Consolidirung der Staatsschulden schon ein Wirkungskreis angewiesen war.

Es giebt in diesem Augenblick keinen Gegenstand von größerem Interesse für das Land und selbst für Deutschland, als die Entwickelung der preußischen Verfassungs-Angelegenheit. Es handelt sich hier um zwei wichtige Fragen und deren practische Anwendung:

1) Wie ist das Problem zu lösen, die großen Vortheile

der monarchischen Regierungsform mit der Freiheit zu vereinigen, welche die Völker bedürfen und verlangen können?

2) Welche Bürgschaft giebt es gegen mögliche Uebergriffe in die Rechte der Krone und des Volks?

Was die Beantwortung der ersten Frage betrifft, so haben wir zu beweisen gesucht, daß die Interessen der Nation und ihres Herrschers keine getrennten, sondern innig verbundene sind; und wie es in der allgemeinen Wohlfahrt der Völker liege, daß die Gewalt in einer Hand ruhe, weil dadurch die Sicherheit nach außen und im Innern gewinne, so liege es im Interesse des Monarchen, der Nation alle diejenigen Freiheiten und Rechte einzuräumen, welche ihr ohne Gefährdung der Einheit und Kraft des monarchischen Princips in einem deutschen christlichen Staate zukommen und gebühren. Die Vereinigung dieser Zwecke ist nur in einer Verfassung möglich, wo dem Volke die Verwaltung seiner speciellen Angelegenheiten ganz überlassen bleibt, so wie, wo die Gewalt ganz und ungetheilt in den Händen des Monarchen ruht, denn nur da, wo die Regierung ganz stark ist, können dem Volke große Freiheiten gewährt werden, ohne dadurch die Ordnung in Gefahr zu bringen. Allein die Richtigkeit dieser Sätze angenommen, so ist eine Verbindung um so nöthiger, da ein in seinen speciellen Angelegenheiten mündig gewordenes Volk nicht außer Verbindung bleiben darf mit der obersten Gewalt. Diese muß nun durch Stände, durch Personen erfolgen, die die Interessen der Nation repräsentiren, denen das Ohr des Monarchen geöffnet sein muß, denen aber nur eine berathende Stimme zusteht und die daher in keinen Conflict mit dem Monarchen kommen, dessen Attribute in der letzten alleinigen Entscheidung bestehen, weil er die Souverainetät übt.

Die zweite Frage steht schon in einer engen Verbindung mit der ersten.

Wo die Interessen durch die Verfassung einander gegenüber gestellt sind, wo man die Staatsgewalt getheilt hat, um dadurch ein Gleichgewicht zu erhalten, wo man mithin den Krieg verfassungsmäßig organisirt hat, da giebt es keine Garantie; diese liegt nur in der Vereinigung der Interessen und in der friedlichen Ordnung derselben nach der Natur der Sache und des Bedürfnisses. Wo Jeder im Besitz dessen ist, was ihm zukommt, da giebt es keine gegründete Ursachen zu Uebergriffen, und wo diese fehlen, wird es stets leicht, die Anmaßung in ihre Schranken zurückzuführen. Ganz besonders ist es aber das monarchische Princip, welches eine Sicherung gegen die Angriffe der ultraliberalen Tendenz bedarf. Die Monarchie repräsentirt die Stabilität, diese die Bewegung; es sind dies mithin die beiden stets im Streit befindlichen Elemente, und da im Angriff ein gewisser Vortheil liegt, und zwischen beiden Extremen der Fortschritt sich befindet, so bedarf die Monarchie einerseits einer Stärkung, die sie nur in der ständischen Verfassung finden kann, zum andern einer Vermittelung, daß aus der Stabilität keine Krystallisation oder eine Alles auflösende Bewegung werde, sondern daß mit Erhaltung der Stabilität der in der göttlichen Ordnung der Dinge beruhende Fortschritt erfolge; auch dazu bedarf der Monarch die Uebereinstimmung mit den Regierten und die Kenntniß ihrer Meinung, die er durch die ruhige Berathung consultativer Stände am besten erfahren kann.

Welcher Entwickelung die landständische Verfassung bedarf, um die Interessen der Nation gehörig vertreten, und das monarchische Princip stärken zu können, wollen wir nun weiter prüfen.

Die bis zum März 1841 bestandene provinzialständische Verfassung war nichts weniger und nichts mehr; als eine Einleitung, als eine Anweisung für die Zukunft.

Durch das im vorigen Jahre gesprochene Wort des preußischen Monarchen hat die Entwickelung der ständischen Verfassung einen wesentlichen Fortschritt gemacht, indem mehrere Mängel entfernt sind, welche zunächst am meisten von dem Lande empfunden wurden. Durch die Eröffnungsrede an die Stände wird nämlich

1) bestimmt, daß alle zwei Jahre Landtage gehalten werden sollen*);

*) Es hat Aufmerksamkeit erregt, daß in den Landtags-Abschieden in einigen Provinzen diese bestimmte Zusicherung modificirt ist, indem gesagt wird, daß alle zwei Jahre die Provinzialstände zusammenberufen werden sollten, wenn anders eine Veranlassung dazu sei. Obgleich man nicht erwarten kann, daß Preußens Monarch bei Eröffnung des Landtages seinen getreuen Ständen eine bestimmte, ihnen so werthe Zusicherung gegeben habe,

2) daß ein Ausschuß des Landtages verbleibt, der die Berathungen vorbereitet und die unerledigten Sachen beendet, mithin eine Verbindung zwischen dem Könige und seinem Volke fortbesteht;

3) daß es den Ständen erlaubt wird, der Nation öffentlich gleichsam Rechenschaft von ihrem Thun und Lassen zu geben;

4) daß der Monarch aus eigenem Antriebe und mithin aus eigener Ueberzeugung und richtiger Würdigung der Verhältnisse darauf hindeutet, die Ausschüsse erforderlichen Falls zu einer gemeinschaftlichen Berathung zusammen berufen zu wollen.

Durch die eben bezeichneten Zugeständnisse, die das ganze Land mit der größten Dankbarkeit erfüllt, und die freudigsten Hoffnungen erweckt haben, ist ein bedeutender Schritt zur endlichen Entwickelung der Verfassungs-Angelegenheit geschehen, und es bleiben nur noch wenige Punkte, um ihr diejenige Consistenz zu geben, deren sie bedarf, die Macht der Krone und die Interessen der Nation für immer zu sichern.

---

um sie am Schluß des Landtages durch ein „Wenn“ wieder zurückzunehmen, so wird diese Fassung doch als ein Zeichen angesehen, daß man in der Administration sich gern eine Gelegenheit vorbehalten möchte, das Königliche Wort zu deuten und gelegentlich unbeachtet zu lassen. Es scheint zwar, als wenn nur dann die Zusammenberufung länger verschoben bleiben solle, wenn keine zureichende Veranlassung vorhanden sei, den Rath der Stände einzuholen, allein es ist dabei übersehen, daß den Ständen auch das Petitionsrecht zusteht, und daß ihnen dies dadurch beschränkt wird.

Es sind zwei Punkte, auf welche es vor Allem ankommt, wenn die ständische Verfassung eine gewisse Vollendung erhalten und ihren ganzen wohlthätigen Einfluß nach oben und nach unten üben soll.

1) Die Bestimmung eines periodischen Zusammentritts sämmtlicher Ausschüsse aller Provinzen der Monarchie zum Behuf allgemeiner Berathung.

2) Die Uebertragung der Controlle der Staats-Einnahmen und Ausgaben an diesen Ausschuß.

Alle übrigen Punkte, die etwa noch zur Vervollständigung nöthig scheinen, sind untergeordneter Natur und ergeben sich von selbst.

Was den ersten Punkt betrifft, so haben wir schon Gelegenheit gehabt anzudeuten, wie es im höchsten Grade wichtig sei, daß die Provinzialstände ihre Ansicht über allgemeine Gegenstände wechselseitig auszutauschen Gelegenheit haben, weil einerseits der Monarch nur eine begründete Entscheidung zu geben vermag, wenn eine vielseitige Beleuchtung vorangegangen ist, und ihm mithin die Wünsche und Ansichten der Majorität bekannt werden, und andererseits, weil Verhältnisse eintreten können, wo gebieterische Umstände eine Zusammenberufung der allgemeinen Stände fordern, z. B. wenn die Garantie der Stände zu neuen großen Staats-Anleihen im Fall eines Krieges nöthig werden sollte.

Wenn nun eine solche allgemeine Berathung dem Lande nicht durch die Gnade des Königs als Gnadengeschenk gewährt werden sollte, obgleich das Bedürfniß dazu sich dringend ausspricht, und die Regierung demnächst durch die Verhältnisse dazu gleichsam gezwungen würde, die allgemeinen Stände einzuberufen, so würde dies mindestens ein sehr ungünstiger Zeitpunkt sein, um solche inneren Verfassungs-Angelegenheiten zu ordnen, und es könnte dann leicht der Fall eintreten, daß die Anforderungen weiter gingen, als es im Interesse der Monarchie, des Landes und in dem des Augenblicks zu wünschen wäre. Es ist daher auch in dieser Rücksicht von der größten Wichtigkeit, daß diese Unvollständigkeit in der Verfassung bald und völlig beseitigt werde.

Von der Einsicht und Hochherzigkeit des Preußischen Monarchen läßt sich dies um so mehr erwarten, da von ihm selbst schon der erste einleitende Schritt dazu geschehen ist, und auf einem glücklich gewählten Wege. — Ohne alle Frage ist eine zu große ständische Versammlung mit Uebelständen verbunden; denn wenn diese aus mehreren hundert Personen besteht, so ist es schwer zu berechnen, wohin die Debatten möglicherweise führen können. In den constitutionellen Staaten stellt es sich ganz anders als in den Versammlungen von Ständen. In jenen giebt es Partei-Chefs, die die Führer machen, und es kann in der Versammlung gesagt werden, was da will, die Stimmen sind und bleiben fest. In den ständischen Berathungen besteht ein solches Verhältniß nicht, hier stimmt die Masse, die oft nicht weiß, was sie will, die sehr leicht durch gut gestellte Worte hinzureißen ist, und nicht die Uebung besitzt, schnell den Sinn einer verfänglichen Frage zu durchschauen oder die, hinter ganz schön klingenden Sätzen versteckte Absicht zu ergründen; daher ist es in zahlreicher Versammlung oft nicht zu berechnen, zu welchen Entscheidungen sich selbige verführen läßt.

Nun hat der Monarch bei Gelegenheit der Bestimmung der Formation von Ausschüssen angedeutet, daß er, wenn es die Umstände erheischen sollten, diese zu einer allgemeinen Versammlung zusammenberufen wolle.

Durch diesen Gedanken wird nun die Versammlung nicht nur viel kleiner, mithin dadurch dem vorhin erwähnten Uebelstande vorgebeugt, sondern da die Ausschüsse von den Provinzialständen gewählt werden, also präsumtiv die wirkliche Gesinnung ihrer Committenten repräsentiren und in der Regel auch die für größere Berathungen geeigneten Personen ausmachen, so ist von ihnen nicht nur eine eben so treue, dem König mit Gut und Blut ergebene Gesinnung zu erwarten, als von welcher jene beseelt sind, sondern auch eine ruhige gründliche Beleuchtung der Verhältnisse vorauszusetzen. Am wenigsten lassen sich von einer solchen Versammluug excentrische Richtungen besorgen, die in National-Versammlungen, wo die Ehrgeizigen selbständig auftreten können, so häufig ist und zu großen Aufregungen oft geführt hat. Daher scheint uns der Weg, den der Monarch angedeutet, in jeder Beziehung der rechte zum Ziele zu sein. Freilich wird Alles davon abhängen, welcher specielle Wirkungskreis jenen allgemeinen Ausschüssen zugebilligt werden soll, um zugleich das monarchische

Princip zu stärken und die Interessen des Volks zu fördern. Daß ihnen keine der Staatsgewalten eingeräumt werden könne und dürfe, ist vorhin schon entwickelt, und, mit Gründen unterstützt, nachgewiesen.

Sie sollen die Interessen der Nation bei dem Monarchen vertreten und ihre Rechte bevorworten, sollen so weit, aber auch keinen Schritt weiter gehen, als nöthig ist, diese Interessen wahrzunehmen. Daher kommt diesen Ständen zuvörderst eine berathende Stimme zu; so wie es das Recht des Monarchen ist, allein zu entscheiden, so ist es das Recht des Volkes, vorher gehört zu werden.

Allein wenn den Ständen auch im Allgemeinen nur eine berathende Stimme zusteht, so giebt es auch Fälle, wo ihnen das Zustimmungsrecht gebührt, und zwar

a) bei allen Veränderungen in der bestehenden Verfassung.

So wie durch dieselbe dem Herrscher die Ausübung der sogenannten drei Gewalten zusteht und das Volk dem Gesetze Gehorsam schuldig ist, eben so liegt dem Herrscher die Verpflichtung ob, die Rechte und Freiheiten des Volks zu achten; diese einseitig abändern zu können, würde die monarchische Regierung in eine Herrschaft der Willkühr verwandeln.

b) Bei denjenigen Abänderungen in der bestehenden Gesetzgebung oder in den Verwaltungs-Normen, durch welche die religiösen oder persönlichen Freiheiten und

Rechte oder das Eigenthum betheiligt sind, ihre Zustimmung ertheilen zu müssen, wenn sie Gültigkeit erhalten sollen.

In der Monarchie sollen die Gesetze regieren, und dem Monarchen steht die Gesetzgebung zu; wenn aber diese einmal gegeben sind, so erwachsen daraus Rechte und Pflichten, die zu verändern nicht der Willkühr überlassen werden kann.

Es ist wahr, daß, so allgemein dieser Satz hier hingestellt ist, die Grenze sich zu verwischen scheint, wo die Befugnisse der Stände, die Gesetze durch ihre Zustimmung zu sanctioniren aufhört, und wo ihnen nur eine berathende Stimme zukommt, der Monarch mithin allein die Entscheidung hat. —

Allein diese Grenze wird sich sehr leicht bestimmen lassen; da es aber zu weit führen würde, sie hier aufzusuchen, so wollen wir nur Beispiele anführen, welche, wenn auch unter der preußischen Regierung nicht denkbar, doch aber möglich sind und daher die Sache klar machen werden.

Jetzt ist in Preußen Jedem Religionsfreiheit zugesichert; wenn nun die Regierung diese durch ein Gesetz ganz aufheben oder durch Strafverfügungen beschränken wollte, so läge dies außer den Grenzen ihrer obersten richterlichen Gewalt. Ein anderer Fall würde sein, wenn die Regierung die bestehenden Gesetze, welche besagen, daß selbst der Monarch kein rechtskräftiges Erkenntniß abzuändern befugt ist, aufheben und dagegen bestimmen wollte, daß dies zu jeder Zeit von der Willkühr des Monarchen abhängig sein sollte. Daß diese und derartige Gesetze zu geben, die Befugnisse des Herrschers überschreitet, ist eben so gewiß, als daß durch die Befugniß der Stände, der Erlassung derselben ihre Zustimmung zu ertheilen, keine Rechte des Monarchen verletzt werden; daß dagegen, wenn von einer Revision des Landrechts u. s. w. die Rede ist, die Stände nur gehört zu werden brauchen und der Monarch allein entscheidet, folgt hieraus von selbst.

c) Daß bei Erhöhung der bestehenden durch einen Normal-Etat bestimmten Abgaben, und bei großen, das Land dauernd belastenden Staats-Abgaben, den Ständen das Bewilligungsrecht zustehe.

Mit Ausnahme dieser eben erwähnten drei Punkte, kommt den Ständen nur eine berathende Stimme zu und das Recht, jederzeit ihre Wünsche ihrem Herrscher vortragen zu können*).

---

*) Dieses Recht ist nicht an gewisse Punkte geknüpft, sondern dehnt sich über das ganze weite Feld, in welchem die Interessen des Volks sich befinden. Es folgt hieraus, daß es den Bitten gegenüber keine sogenannten Prärogative der Krone giebt.

Auf dem letzten Landtage haben die Stände von Pommern, Preußen und den Rhein-Provinzen, den Monarchen darauf aufmerksam gemacht, daß es im dringenden Bedürfnisse zu liegen scheine, dem Ackerbau, dem

Ganz besonders wichtig ist es aber, daß ihnen gestattet werde, von diesem Rechte in Beziehung auf die Abgaben und deren Verwendung Gebrauch zu machen.

Um aber dies auf eine vernünftige Weise zu können, müssen ihnen die Rechnungen über den Staats-Haushalt vorgelegt werden. Abgesehen von der Verpflichtung dazu, liegt dies überdem so ganz im Interesse des Monarchen selbst, wie wir dies in dem Abschnitte über die Verwaltung der Finanzen durch Thatsachen klar beweisen werden, und wir verweisen daher, um Wiederholungen zu vermeiden, den Leser dorthin, und wollen diese Untersuchung nur noch mit einer kurzen Betrachtung schließen, weshalb die Verfassungs-Angelegenheit einer möglichst baldigen Beendigung bedarf.

In dem Vorhergehenden haben wir dem Leser gezeigt, wie die preußische Verfassung ein Gebäude sei, welches von unten herauf gewachsen ist, und auf einem vortrefflichen Fundament ruht. Bisher gab es jedoch noch einzelne Punkte der Monarchie, wo dieser Fundamental-Bau fehlte. Diese waren

---

Handel und dem Gewerbe eine besondere Vertretung zu bewilligen. In den Bescheiden scheint die Ansicht enthalten, als wenn dergleichen Gegenstände, als direct zu den Prärogativen der Krone gehörig, sich außer dem Gebiete der Petition befinden. Hierin liegt, wenn dies wirklich die Veranlassung gewesen sein sollte, offenbar eine Verkennung des richtigen Verhältnisses. Nur da, wo eine Theilung der Gewalt besteht und wo jeder Eifersüchtige seinen Antheil daran überwacht, kann von einem Eingriff in die Prärogative der Krone die Rede sein, weil die Verwaltung einen Theil derselben bildet. Wo dagegen die Gewalt sich allein in der Hand des Monarchen befindet, ist Alles Prärogative der Krone, und eine Bitte ist nie ein Angriff auf selbige.

Westphalen und die Rheinprovinzen. In ersterer Provinz ist durch die Gnade des Königs jetzt auch die Städte-Ordnung eingeführt und dem Lande eine seine Selbständigkeit begründende Kommunal-Verfassung ertheilt; nur die Rheinprovinzen entbehren sie noch, und es scheint sehr dringend, daß auch hier durch eine Städte-Ordnung das Bürgerthum zu einer größern Selbständigkeit ausgebildet, so wie den Landgemeinden eine freie Kommunal-Verfassung ertheilt werde, und zwar aus eigenem landesväterlichem Antriebe des Herrschers, der bisher stets den Bedürfnissen der Nation entgegen gekommen ist, ohne die Aufforderung dazu zu erwarten. Ist dies erfolgt, so ist Alles vorbereitet, um die letzte Hand an die Verfassung zu legen, und da nichts mehr fehlt, als der Schlußstein des Gebäudes, so scheint es höchst dringend, nicht mit der Einsetzung zu zaudern.

Was jetzt ist, wissen wir, was die Zukunft enthält, ist unserm Auge verborgen, und es ist eine goldene Regel, nicht den günstigen Augenblick zu verschieben.

Nichts ist conservativer, als wirklichen Bedürfnissen abzuhelfen, und wenn dies geschehen ist, eine feste Grenzlinie zu ziehen. Nichts ist bedenklicher, als in Verfassungs-Angelegenheiten irgend Etwas in Frage zu lassen; durch nichts wird dem Radicalismus mehr Nahrung gegeben, als durch Gewährung wirklicher, oder auch nur scheinbarer Angriffspunkte.

Gäbe es eine Garantie für einen zehnjährigen Frieden, so wäre es weniger dringend, den Schluß herbeizuführen allein welche Chancen liegen dazwischen, wenn ein neuer Kampf mit einem nur von Eroberungen träumenden Volke und mit der revolutionären Propaganda, deren Mutterland Deutschlands Grenznachbar ist, entstehen sollte?

Jetzt bleibt uns noch übrig, wenige Worte über den Adel und den jetzigen Stand der Rittergutsbesitzer in den östlichen Provinzen der Monarchie zu sagen.

Die persönlichen Vorrechte, die der Adel ehemals hatte, sind sämmtlich ohne Ausnahme erloschen. Verfassungsmäßig sind ihm keine verblieben; er besitzt keine anderen, als die ihm noch die Erinnerung zollt, und die, welche er sich durch seinen persönlichen Werth erwirbt. Dennoch ist der preußische Adel nicht ohne besonderen Einfluß auf die Verhältnisse des Landes, theils durch den bedeutenden Grundbesitz, der sich noch in seinen Händen befindet, theils durch seine besondere Fähigkeit und Neigung zum Kriegs-Dienste, die ihm als der Ueberrest seines ehemaligen ausschließlichen Rechts auf denselben unleugbar übrig geblieben sind. Die großen Verdienste, welche sich der Adel hierdurch um die Macht und Größe Preußens erworben hat und fast fort und fort erwirbt, wird kein Unparteiischer leugnen. Ohne alle persönliche Vorrechte hat der zahlreiche Adel in Preußen immer noch einen indirecten Einfluß auf das Ganze, und wird ihn um so mehr behalten, da er nicht mehr durch eine privilegirte Stellung gerechten Anfeindungen ausgesetzt ist, und er gezwungen wird, durch seine Ausbildung sich eine Stellung zu machen.

Es scheint, als wenn, wie jetzt die Sachen stehen, sein Verhältniß zum übrigen Ganzen nur wohlthätig einwirken kann; wenn aber in der Folge der Zeit der große Grundbesitz und zugleich die diesem anklebenden verfassungsmäßigen Vorrechte größtentheils aus seinen Händen in die des Bürgerstandes übergehen sollten, so scheint es außer Berechnung zu liegen, welche Folgen dies haben kann, und dieser Umstand verdient wohl die Beachtung einer voraussichtigen Regierung. Wir haben vorher bemerkt, daß der erste Stand aus den Rittergutsbesitzern ohne Rücksicht, ob sie adlig wären oder nicht, bestehe, und daß dieser Stand mit großen Vorrechten begabt sei, so wohl durch die Ehrenrechte, die ihm beiwohnen, als — was wir noch hinzufügen müssen — dadurch, daß auf den Landtagen stets ungefähr die Hälfte der Deputirten aus dem ersten Stande besteht, und der zweite und dritte Stand nur die zweite Hälfte bilden.

Es ist nun aber leicht zu berechnen, daß, wie die Sachen gegenwärtig liegen, die bei weitem größere Mehrzahl der Güter in die Hände des Bürgerstandes kommen wird. Der Adel befaßt sich für jetzt in sehr wenigen Fällen mit bürgerlichen Gewerben, er widmet sich ausschließlich dem Militair- und Civildienste. Der Adel erwirbt daher in der Regel wenig, und sein Vermögen zersplittert sich immer mehr und mehr durch die gleiche Erbtheilung, während der Stand der Bürgerlichen sich im Besitz aller der Quellen befindet, die zum Wohlstande und zum Reichthume führen. Die Annehmlichkeit und die ehrenvolle Stellung, die sich an den Ankauf der Rittergüter knüpfen, sind Anreizungen zum Kauf. Nun ist zu bedenken, wohin es führen werde, wenn der Adel mit seinen Erinnerungen und seinen, gleichviel, ob vermeintlichen oder wirklichen Ansprüchen, nicht mehr durch Grundbesitz mit der Monarchie verwachsen ist, und sich nur durch den Staatsdienst ein Auskommen suchen kann, oder wenn dies, wie beinahe vorauszusehen, nicht mehr möglich ist, sich denen anschließt, welche immer so gern an einer Untergrabung des Bestehenden arbeiten.

Auf der andern Seite ist es nicht zu leugnen, daß etwas Ungehöriges darin liegt, wenn Personen, die bisher der untersten und ungebildetsten Klasse der Nation angehörten, nun durch Ankauf von Rittergütern auf einmal den ersten Stand bilden, Gerichtsherren sind, Kirchen- und Schul-Patrone werden, die Polizei üben, zur Wahl des Landraths und der ständischen Aemter ihre Stimmen abgeben, und endlich an der Spitze der Landes-Repräsentation stehen.

Ich spreche hier nicht von gebildeten Personen aus der Mittel-Klasse; — ich spreche davon, was alle Tage der Fall ist, daß gewöhnliche Wirthschafts-Inspectoren, Schulzen, Müller, Schuhmacher, Schornsteinfeger, Scharfrichter u. s. w. Rittergutsbesitzer werden. Jetzt, wo noch nicht viele Fälle dieser Art vorhanden sind, liegt hierin zwar schon etwas Unschickliches, und es wird auch besonders von denen sehr unangenehm empfunden, welche plötzlich Jemand als ihren unmittelbaren Oberen anerkennen müssen, der eben noch ihresgleichen war, und den es besonders kitzelt, sie dies empfinden zu lassen.

Aber wenn aus der Ausnahme die Regel werden sollte, dann würden Verhältnisse sich bilden, welche die Regierung nicht gleichgültig lassen könnten, und jede Veränderung, die dann vorgenommen würde, erschütterte auf einmal die Basis der ganzen Verfassung.

Wie solchen Uebelständen gründlich vorzubeugen sei, lassen wir ganz dahin gestellt, aber bei einer weiteren Ausbildung der ständischen Verhältnisse darf der Gesetzgeber diesen Punkt nicht aus den Augen verlieren.

Eine Beschränkung in dem freien Ankauf der Güter kann die Regierung nicht eintreten lassen. So wie allen Ständen die freie Concurrenz zu den höchsten Aemtern freistehen muß, so darf auch keine Scheidewand für diejenigen gezogen werden, die sich zu der Reihe des ersten Standes erheben wollen. Allein in einer Monarchie giebt es gewisse Formen und Verhältnisse, die Beachtung verdienen. Es muß daher wegen Ausübung der Ehrenrechte irgend eine Grenzlinie gezogen werden, mindestens in der ersten Generation. Wenn heute Jemand Schornsteinfeger ist, morgen Rittergutsbesitzer, und übermorgen den Pfarrer ernennt, so ist dies nicht passend.

Auch kann die Regierung es nicht gleichgültig ansehen, daß, nachdem sie so bedeutende Vorrechte den Rittergutsbesitzern eingeräumt hat, der Güterwechsel so überhand nehme.

Verbieten läßt sich dieser Wechsel nicht mehr, ohne ungebührliche Eingriffe in die Privat-Rechte; aber die Regierung hat Mittel und Wege genug, indirect eine größere Stabilität herbeizuführen.

Wenn eine gewisse Consequenz in dem System festgehalten werden soll, da die Monarchie sich auf landständische Repräsentation und auf eine verfassungsmäßige Gliederung der drei Stände stützt, so müßte überhaupt der Adel mit dem Besitz von Grund und Boden verwachsen bleiben, und umgekehrt, der Besitz von Grund und Boden und die Rechte des ersten Standes müßten wiederum den Besitzer adeln, so lange dieser und seine Nachkommen sich im Besitz der Güter erhalten. Hierdurch würden nicht nur die höheren Rechte der Rittergutsbesitzer mehr gerechtfertigt erscheinen, sondern außer der Consequenz würde dadurch auch mehr Stabilität gewonnen und der zu häufige Wechsel der Güter vermindert werden.

Die Verwaltung.

Das Wort „Verwaltung" hat eine große und vielseitige Bedeutung in dem Leben der Völker. Von ihr hängt oft das Schicksal ganzer Staaten und ihrer Herrscher ab (Ludwig XVI. und Karl X. haben es empfunden), von ihr nur zu oft das Glück der Völker und vieler Einzelnen aus denselben. In ihr liegt eine große Kraft, auf ihr haftet eine große moralische Verantwortung.

Die Verwaltung und ihr Einfluß ist viel mehr, als es, oberflächlich angesehen, Manchem erscheinen mag.

Eine intelligente, thätige, gerechte, väterlich redliche und kräftige Verwaltung ist ein wahrer Segen des Himmels. Eine hochmüthige, eitle, fiskalische, beschränkte, gegen das Wohl der Regierten gleichgültige und arbeitsscheue Verwaltung ist die Geißel eines Landes. Den Fürsten der Erde ist keine schwierigere Aufgabe geworden als die Organisation der Verwaltung und die Wahl der Beamten. Ein nur zu oft sich wiederholender Fehler besteht darin, daß man so hohe Ansprüche an die Personen macht und von diesen zu viel verlangt, während man es unterläßt, durch einen guten Staatsorganismus und durch eine einfache, geregelte, auf festen Normen beruhende Geschäfts-Ordnung die Uebersicht und die Leitung zu erleichtern und zu sichern.

So großen Werth die Persönlichkeit der Menschen hat, so viel eine glückliche, das heißt, eine mit Geist und Gemüth und mit Kraft begabte, in jedem Verhältniß zu leisten vermag, so hat es doch Gott nicht gefallen, mit Austheilung höherer Gaben zu verschwenderisch zu sein. Wo keine feste Normen bestehen, wo der Ansicht und der Willkühr der Beamten, die an der Spitze der Geschäfte stehen, ein zu großer Spielraum gelassen wird, da ist es sehr schwer, Männer zu finden, die das Talent und den Willen haben, in jedem einzelnen Falle die richtige Formel des Handelns zu erfinden, gleichsam zu improvisiren, ohne sich in ein Labyrinth von Widersprüchen zu verirren, aus welchen demnächst nicht heraus zu finden ist.

In der Unterlassung der Annahme eines festen Systems und eines richtigen zweckmäßigen Formen-Wesens liegt oft der Grund, warum man keine Männer zu finden weiß, die fähig sind, den höheren Stellen vorzustehen. Wo die Klage erschallt, wir „finden keine Männer, wie wir sie brauchen", da liegt der Grund fast immer in einer mangelhaften Organisation.

Die erste Sorge einer jeden Regierung sollte daher sein, nach Verhältniß des Umfanges und der besonderen Zustände des Reichs die Verwaltung so zu organisiren, daß dieselbe auf die einfachste Weise die Geschäfte zu leiten und zu übersehen im Stande sei, daß durch sie die Regierung stets den Ueberblick des Ganzen behalte und die Macht habe, schnell und nach allen Seiten hin einwirken zu können.

So sehr die ganze Nation hierbei betheiligt ist, um so viel mehr noch die Herrscher, nicht nur, weil in ihnen sich das höchste Interesse an der Macht des Staats und an dem Wohl des Volkes vereiniget, sondern vor Allem, weil sie nur durch die Verwaltung ihre Macht ausüben, ihrem Willen Gültigkeit verschaffen können, und weil bei einer mangelhaften Organisation der Verwaltung der wohlwollende, um das Glück des Volkes besorgte Fürst die Herrschaft gleichsam verliert, ihm die Uebersicht und ein begründetes Urtheil unmöglich wird und er sich daher ganz den Beamten überlassen muß, oder gezwungen ist, einseitig in das Räderwerk einzugreifen, was den Gang unterbricht und dadurch noch verderblicher wirkt.

Die Fürsten, welche die Zügel der Regierung selbst führen wollen, müssen daher durch Anwendung eines festen Systems sich dies möglich machen. In neueren Zeiten hat man sich überzeugt, daß das Centralisations-System das beste sei. Den Radien eines Zirkels gleich, die vom Mittelpunkte aus nach allen Richtungen in gerader Linie der Peripherie zulaufen, und umgekehrt von dieser im Mittelpunkt sich treffen, muß der Verwaltungs-Organismus eingerichtet sein, wenn vom Mittelpunkt aus das Ganze geleitet und übersehen werden soll, und wenn man die Macht haben will, schnell und kräftig nach allen Seiten hin einwirken zu können.

Jeder Zweig muß in der oberen leitenden Verwaltung, möglichst von den übrigen getrennt, einen besondern Verwaltungs-Chef haben. Dies fördert die Uebersicht und erleichtert zugleich die Leitung und schnelle Ausführung.

Ein Haupt-Princip in dem Verwaltungs-System muß es sein, daß die leitenden Behörden nicht administriren, und die eigentlichen Administrations-Behörden nicht regieren. Damit dies nicht eintreten könne, ist es unerläßlich, daß eine Geschäfts-Ordnung die Verhältnisse scharf bestimme, und nicht nur gegeben, sondern auch streng beobachtet werde.

Es scheint, wenn wir der Erfahrung Glauben schenken können, als wenn es im Menschen liege, immer das am liebsten thun zu wollen, was nicht seines Amtes ist; dadurch erklären wir es, daß diejenigen, die zum Leiten berufen sind, immer die größte Neigung zum Administriren, und die, deren Amt das Verwalten ist, zum Regieren haben. Eine der ersten Sorgen der Herrscher sollte dahin gerichtet sein, daß solche Erbsünden nicht zum Nachtheil des Dienstes überhand nehmen könnten. Von großer Wichtigkeit ist es, die administrative Gesetzgebung auf festen Grundsätzen beruhen zu lassen und scharf zu bezeichnen. Wenn dies nicht der Fall ist, wenn sich allenthalben Lücken finden, wenn die Worte zweideutig sind, wenn wegen der Unvollkommenheit der Gesetze die Declarationen und die Ausnahmen sich jagen, dann wird auf der einen Seite der Willkühr Thür und Thor geöffnet, auf der andern eine solche Menge von Reclamationen hervorgerufen, daß eine Ueberhäufung der Geschäfte entstehen muß, unter welcher der regelmäßige Dienst leidet, und weshalb dann wieder zu einer Vermehrung der Beamten geschritten werden muß, und so lavinenmäßig fort.

Wo ein solches Verhältniß sich bildet, da erzeugt sich Mißmuth und gerechte Unzufriedenheit, da hört man das Geschrei nach Constitution, ohne vielleicht zu ahnen, daß man aus dem Regen in die Traufe versetzt zu werden verlangt.

Ein großer Vorzug der monarchischen Verfassung beruht darin, daß in derselben eine gute Verwaltung viel eher zu erwarten ist, als in einem constitutionellen Staate, wo der Wechsel der Beamten und mit ihnen der Verwaltungs-Grundsätze so häufig ist, da dieser von dem Siege der verschiedenen sich bekämpfenden Parteien abhängig ist. Dagegen hat sich die Meinung verbreitet, daß in den monarchischen Staaten die Verwaltung gewöhnlich zu zahlreich sei, dadurch große Unkosten verursache, und das Land belästige. Dies kann oft der Fall sein; allein, wenn gleichzeitig behauptet wird, daß die Verwaltung größtentheils entbehrlich sei, so ist dieses eine ganz irrige Ansicht. Die Vertheidiger solcher Behauptungen glaugen gewöhnlich, statt aller Gründe nur das Beispiel von England anführen zu dürfen, wo es fast gar keine eigentliche Verwaltung giebt. Abgesehen davon, daß in England Verhältnisse bestehen, die sich Jahrhunderte hindurch aus der Nation und der Verfassung herausgebildet und einen so eigenthümlichen Charakter haben, daß selbige in keinem andern

Reiche möglich sind, so liegt auch eben in diesem Mangel jeder Verwaltung die Schattenseite Englands; denn so groß das englische Volk als Nation dasteht, so hoch es in politischer, gewerblicher und merkantilischer Beziehung hervorragt, so bewundernswürdig Englands Verwaltungs-Organismus nach außen ist, der fast die ganze Welt umfaßt, so kläglich steht es damit im Innern Englands. Es fehlen so manche nützliche Institute, deren sich andere Länder erfreuen; seine innern Zustände sind bedauernswürdig, die große untere Masse des englischen Volkes ist sehr unglücklich, in der sittlichen und geistigen Entwickelung weit zurück, und bedarf sehr einer sie beschützenden inneren Verwaltung, ja es ist jetzt bis dahin gekommen, daß Hungersnoth wüthet, und nichts übrig bleiben wird, als große Massen dieser Elenden nach fremden Welttheilen zu versetzen. Eine regelmäßige Verwaltung, gehandhabt durch ein intelligentes und redliches Beamten-Personal, gewährt noch viele andere Vortheile, als die erwähnten, und die Summen, welche es dem Lande kostet, sind nicht blos zur Erhaltung der Ordnung, zur Verwaltung der Finanzen u. s. w. nöthig, sondern es ist auch die Arbeit, die sie verrichten, viel wohlfeiler und viel besser, als wenn die Bürger selbige übernehmen sollten, wie in England. Doch wir wenden uns jetzt zu Preußen und dessen Verwaltungs-Organismus. Es giebt vielleicht kein Land, in welchem die Verwaltung einen so großen Wirkungskreis hat, und ein so großes Personal aufweisen kann, wie Preußen.

Durch den hochseligen König ist eine Central-Verwaltung eingeführt, und wenige Regierungen haben mit mehr Umsicht und Loyalität, und im Allgemeinen nach richtigeren Grundsätzen die Administration eines Reiches organisirt, als die unsrige es in ihrer Grundidee ist.

Der Nutzen, den die Nation seiner Verwaltung in so vielen Beziehungen dankt, ist bedeutend; dies wollen wir der Wahrheit gemäß anerkennen; allein es ist nicht zu leugnen, daß auch schon bei der ersten Ausführung Fehler gemacht sind, die im Verlauf der Zeit mehr hervortreten. Den ersten finden wir in der zu ausgedehnten Anlage des Ganzen und in dem zu weiten Boden, den die Administration einnimmt.

Man hat durch die vielen Behörden, durch eine zu ängstliche, gründliche und weitschweifige Behandlung die Geschäfte unnütz vermehrt, man hat immer eine Controlle über die andere gesetzt, man hat gewissermaßen den Keim gelegt, daß die Geschäfte immer größer werden müssen.

Ein zweiter Fehler besteht in der zu weiten Ausdehnung des Wirkungskreises der Verwaltung, in der Bevormundung, welche man in manchen Punkten hat bestehen lassen, während sie in andern aufgehoben ist.

Diese Fehler der ersten Organisation, welche bei den großen Vorzügen, die sie sonst gewährte, anfänglich weniger bemerkt wurden, haben sich um so fühlbarer gemacht, weil man sich immer mehr und mehr von dem Grundplane entfernt, und dadurch den Nutzen, welchen dieser brachte, vermindert hat.

So heilsam eine gute Verwaltung jedem Reiche wird, so bedarf doch Preußen derselben ganz besonders; nicht, weil die Nation unruhig und schwer zu regieren ist (sie zeigt sich sehr geduldig), sondern weil Preußen eine Stellung in Europa eingenommen hat und erhalten muß, die es nur durch die Concentrirung aller seiner Kräfte zu behaupten im Stande ist.

Die preußische Nation hat einen bedeutenden Grad der geistigen Ausbildung, und wollen die Beamten die ihnen gewordene Aufgabe lösen, so müssen sie fähig sein, sich an die Spitze der Intelligenz zu stellen und zu erhalten. Preußens Wohlstand beruht weniger auf der Fruchtbarkeit seines Bodens als auf der Industrie seiner Bewohner, die Verwaltung muß diese fördern, sollen die Fortschritte bedeutend sein. Preußen bedarf großer Geldmittel, um seine Stellung zu behaupten. Preußen muß eine Geldmacht sein, will es eine Macht bleiben, daher muß Preußen eine weise Oeconomie in allen Zweigen seiner Ausgaben einführen, und eine Verwaltung besitzen, die es versteht, die Hülfsquellen zu benutzen und neue sich stets zu verschaffen.

Preußen dankt seine äußere Stellung zum Theil dem militairischen Geiste und der militairischen Ausbildung der Nation. Jeder Preuße ist Soldat, versteht die Waffen zu führen, dies sichert ihm Freiheit nach Außen; aber ein bewaffnetes Volk muß auch ein seinen Verhältnissen gemäß gebildetes Volk sein, es muß ohne Ueberbildung so ausgebildet werden, daß es im Stande ist: sein Interesse richtig zu erkennen. Es muß sich wohl befinden, und muß sein Interesse selbst vertreten können, wozu ihm die Verfassung die Befugniß ertheilt. Wo solche Verhältnisse bestehen, muß die Verwaltung eine kräftige sein.

Aus den eben angeführten Verhältnissen geht nun unverkennbar hervor, wie ganz besonders wichtig es für das Schicksal Preußens ist, eine Verwaltung zu besitzen, die im Stande ist, so großen Anforderungen zu entsprechen.

Wenn man nun ehrlich frägt, haben wir eine solche, so würde die Antwort leider sein — nein! und ja! Ja, weil wir alles Material haben, eine solche zu construiren, und noch einmal Ja, weil nicht nur die untern, sondern auch manche hohe Verwaltungszweige sehr gut organisirt sind und eben so gut gehandhabt werden. Nein, weil wir uns dieses Materials nicht so bedienen, wie es sein könnte, und weil eine große Lücke entstanden ist, die den Zusammenhang stört, und eine Verwirrung veranlaßt, die sehr nachtheilig auf den Gang der Geschäfte einwirkt. Unter Hardenberg's Verwaltung waren diejenigen organischen Gesetze gegeben, welche ohne alle Frage einen so bedeutenden und wohlthätigen Einfluß auf den Zustand Preußens gehabt haben. Mit seinem Abtreten ist nicht nur ein Stillstand eingetreten, sondern ein Rückschritt. Diejenigen, die Hardenberg, und was während seiner Verwaltung geschehen ist, am heftigsten getadelt haben, sind es, welche, als sie ans Ruder kamen, durch den Kleinigkeitsgeist, den sie entwickelten, und durch die Verwirrung, welche sie in die Geschäfte gebracht haben, das Andenken an Hardenberg*) in der Nation frisch erhalten, sie sind es, die dasjenige, was man früher an Hardenberg getadelt hatte, die Nation ganz vergessen gemacht haben, und es giebt nur einen Ruf, der lautet: Reorganisation!

Um nun beurtheilen zu können, ob die Meinung richtig sei, daß sich bedeutende Mängel in der Verwaltnng finden, und welches die Ursache, welches die Mittel zur Abhülfe derselben sind, wird die Untersuchung vorangehen müssen, worin bestehen diese?

Oben an steht die Abweichung von dem System. Nichts wirkt verderblicher als der Mangel an Einheit. Wenn, um uns unseres vorigen Beispiels zu bedienen, die Radien eines Zirkels, statt von der Peripherie gerade zum Mittelpunkt zu führen, aus krummen Linien bestehen, die beim Mittelpunkt vorbei laufen, so fehlt dem, der in diesem sich befindet, um das Ganze zu übersehen und zu leiten, die Verbindung mit den einzelnen Theilen, und zugleich die Einwirkung auf diese und auf das Ganze. Daß der Zustand unserer Verwaltung ein ähnliches Bild gewährt, davon liegt die Ursache in der Vermischung ganz fremdartiger Partieen in dem Organismus der obersten Ver-

*) Es wird gewiß die allgemeinste Freude bewirken, zu hören, daß dem Vernehmen nach der Monarch beschlossen hat, das Andenken an Hardenberg und Stein durch ihnen in der Hauptstadt zu errichtende Denkmäler zu verewigen.

waltungs=Behörden, welches zur Folge hat, daß die Räder, welche den ganzen Mechanismus bewegen, nicht in einander passen; im Finanz=Ministerium, bei welchem eine Centralisation besonders nöthig ist, fehlt diese ganz.

Mit welchen Nachtheilen diese Trennung verbunden sei, darauf werden wir bei der Abtheilung, die vom Finanz=Ministerium handelt, zurückkommen. Dagegen sind mit dem Ministerium, welches jetzt das Finanz=Ministerium heißt, aber nur die Steuer=Partie verwaltet, der Handel und die Fabriken, ja selbst der Wegebau verbunden; auch ist ihm der Bergbau bei Abtretung der Domainen und Forsten verblieben. Daß dies eine ganz zwecklose Versplitterung der Geschäftskreise ist, brauchen wir wohl nicht zu erweisen, es liegt zu klar vor Augen und es herrscht darüber nur eine Stimme. Ebenso ist dem Ministerio des Innern der Ackerbau überwiesen, dagegen entbehrt es die ganz zu seinem Ressort gehörige Medicinal=Abtheilung welche dem Ministerio des Cultus zugewiesen ist, und die Post=Verwaltung, welche nothwendig mit dem Gewerbe=Ministerium verbunden sein sollte, ist einem besonderen Ministerio übertragen worden.

In alle diesem ist kein Plan enthalten, es erklärt sich, nur dadurch, daß man nicht für die Geschäfte Personen, die solche zu führen im Stande waren, suchte, sondern für die Personen, die angestellt werden sollten, Verwaltungszweige schuf. Nichts ist dringender, als in dieser Beziehung ein Aenderung zu treffen. Nur mit dem größten Nachtheil ist es verbunden, daß der Ackerbau, der Handel und die Gewerbe von einander getrennt sind; es ist nicht nur unzweckmäßig, diese drei, die ihrer Natur nach so innig verwebt sind, von einander zu trennen, sondern in vieler Beziehung nachtheilig, wenn anders auf die Wohlfahrt des Landes Rücksicht genommen werden soll. Diese drei Gewerbe müssen nothwendig vereint unter einer besondern Verwaltung stehen. Wenn man erwägt, daß der Akkerbau, der Handel und die Gewerbe die ganze Production der Nation umfassen, daß der Wohlstand des Landes, die Macht des Staates allein von ihrem Flor abhängig sind, so scheint es unerklärlich, daß man sie getrennt, und bei der großen Wichtigkeit, welche jetzt die materiellen Interessen haben, nur beiläufig von zwei Ministerien verwalten läßt. Daß die Nichtvereinigung dieser Interessen ein Mangel ist, den das ganze Land empfindet, beweist der allgemeine Wunsch, der sich von Preußen bis zum Rhein ausspricht,*) und gegen ein wirkliches

*) Die Provinzialstände von Preußen, Pommern und den Rhein-Provinzen haben als Petition die allerunterthänigste Bitte vorgetragen, diese wichtigen Gegenstände einer besondern Vertretung anzuvertrauen. Aus der abschlägigen Antwort scheint hervorzugehen, daß die Verwaltung noch ferner getrennt bleiben soll.

Die Theorie und die Erfahrung erheben sich beide und zwar vergebens gegen eine Einrichtung, die so nachtheilige Folgen für das Land herbeiführt.

Kein Staatswirth kann es gut heißen, daß eine solche Trennung in der Verwaltung bestehe, und die Provinzial-Stände, die Grundbesitzer klagen über die Folgen, weil sie dieselben empfinden.

Bedürfniß, dem nur einzelne persönliche Rücksichten entgegenstehen, ist ein dauernder Kampf unmöglich.

Ein andrer großer Uebelstand liegt in der Neigung mancher Ministerien, ihren ohnehin schon großen, und wie eben gezeigt ist, bunten Geschäftskreis noch mehr und mehr zu erweitern. Die Ministerien sollen nach der Idee der Central-Verwaltung, nach der Bestimmung der früheren Geschäfts-Ordnung und der Natur der Sache den Vereinigungs-Punkt bilden, von welchem die ganze Leitung ausgeht. Sie sollen auf die Ausführung der Gesetze und Anordnungen wachen, sie sollen sich in der Uebersicht des Ganzen erhalten und über die Reclamationen der Regierten, wenn diese sich durch die Verwaltungs-Behörden für verletzt halten, entscheiden; sie sollen aber nie selbst verwalten.

Jetzt ist es zum Theil anders. Die Ministerien dehnen immer mehr ihren Verwaltungskreis aus und bewirken dadurch eine Störung in dem regelmäßigen Gang der Geschäfte, verlieren sich in der Masse der Arbeiten, woraus oft Verzögerungen entstehen müssen; den administrirenden Behörden wird hierdurch die zu ihrer Wirksamkeit so nöthige Selbständigkeit mehr oder weniger entzogen.

Die Regierungen sind die eigentlichen Verwaltungs-Behörden, und müssen es immer allein bleiben, sie sind dazu bestimmt, sie sind dazu am geeignetsten, da sie sich mitten unter den Administrirten befinden, und sich am leichtesten eine Uebersicht von der Lage der Dinge verschaffen können.

Die Störungen, welche die eben angeführten Verhältnisse veranlassen, machen, daß eine gewisse Unsicherheit in den Maßregeln der Regierung eintritt, und vermehren ihren Geschäftskreis oft so sehr, daß sie die wichtigen Sachen darüber zurücksetzen müssen, weil sie durch Berichte über Berichte dem Ministerio Auskunft über Dinge zu geben haben, über welche diese direct entscheiden wollen, ohne daß sie zur eigentlichen höheren Leitung gehören. *)

Wenn die Regierungen in dem Kreise ihres Wirkens freiere Hand hätten, wie es in der Absicht des Königs lag, so würden sie sich viel vollständiger ausbilden, weil sie dann sich nur an die gesetzlichen Normen zu halten hätten, und für ihre Handlungen selbst verantwortlich wären; jetzt wissen sie oft, weder was sie thun sollen noch wollen.

Nicht minder nachtheilig wirkt es auf die würdige Stellung der Regierungen, daß die Besetzung der untern Stellen in ihren Regierungs-Bezirken nicht mehr, wie es sonst war, von ihnen, sondern in der Regel von Berlin aus erfolgt. Dieß scha-

*) Es giebt Fälle, wo sich wiederum das Verhältniß umkehrt. Da oft über ein und dasselbe Ressort bei der Abweichung der Einheit in der Verwaltung mehrere Ministerien zu bestimmen haben, so trifft es sich, daß den Regierungen ganz widersprechende Verfügungen ertheilt werden. Die Vorstellungen der Regierungen, die Ministerien möchten sich zuvörderst über das Princip einigen, bleiben häufig unberücksichtigt. Hieraus folgt, da die Regierung doch nur einer Ansicht Folge geben kann, daß sie die wählt, welche sie für die richtige hält und dadurch Richterin der zwischen den Ministerien schwebenden Streitfragen wird.

det offenbar dem Ansehen der Regierungen. Jetzt läuft Alles nach Berlin, weil man glaubt, dort sei die einzige Quelle, wo Hülfe zu finden sei, und veranlaßt in den Provinzen die Meinung, daß es nur darauf ankomme, sich dort eine Bevorwortung zu sichern.

Vorher ist aufmerksam darauf gemacht worden, wie wichtig es ist, daß die Verwaltung stark sei; dieß kann sie nur sein, wenn sie die Macht hat und geachtet ist.

Wenn nun aber das Volk wahrnimmt, wie gering der Einfluß der Regierungen ist, wie oft die Behörden selbst in Conflicte gerathen, so fällt der Nimbus fort, mit welchem die Verwaltung umgeben sein sollte, und dies muß vermieden werden.

Doch wir bekennen offen, daß manche Regierungen nur zu oft das ihnen von Oben gegebene Beispiel nachzuahmen die Lust zeigen. Besonders ist es die geistliche Abtheilung, die unaufhörlich bemüht ist, den Kreis ihres gesetzlichen Wirkens über diese Grenze hinaus zu erweitern. Da, wo sie nur die obere Staats-Aufsicht führen soll, will sie auch noch administriren, was zu Weitläufigkeiten und Reclamationen führt, die zwar von der hohen Behörde in der Regel gewürdiget werden, aber immer viel Zeit fortnehmen und Unmuth veranlassen.

Ein dritter wichtiger Punkt, der nicht übersehen werden darf, und zum Theil aus den eben gerügten Fehlern entspringt, ist der bedenkliche Anwachs der Geschäfte, der aber noch mehrere Wurzeln hat, als die bereits angeführten, wie gezeigt werden soll.

Wer näher mit den Verhältnissen bekannt ist, dem wird es nicht entgangen sein, daß vielen unserer Gesetze und Verordnungen eine gewisse Schärfe fehlt, und daß sie dadurch einer verschiedenen Auslegung unterliegen. Hieraus entstehen nun manche Streitpunkte, die, weil sie aus einer undeutlichen Fassung entspringen, zu immer erneuerten Reclamationen Anlaß geben, die in vielen Fällen bis in die höchsten Instanzen verfolgt werden.

Diese Uebelstände sind nun noch dadurch vermehrt, daß die jetzige Verwaltung andere Ansichten über manche Dinge hat, als sie dem Gesetzgeber ursprünglich vorschwebten, wodurch sich die Widersprüche häufen.

Es sei uns gestattet nur einen Punkt herauszuheben — er betrifft die Gewerbefreiheit; welche Untergrabung hat diese nicht schon erfahren, welche Beschränkungen sind nicht eingetreten, die der Art sind, daß sie nothwendig zu neuen Abänderungen führen müssen u. s. w. Eine eben so starke Vermehrung der Geschäfte entspringt aus den zu weit getriebenen Controllen und durch die Breite in der Ausführung, mit der Geschäfte behandelt werden; wenn man aus zehn vollgeschriebenen Bogen einen Extrakt lieferte, der eine Seite füllte, so würde man wenigstens erfahren, was durch selbige gesagt werden soll. In den vielen Worten wird der Gedanke nur zu oft begraben.

Von allen Gütern der Erde giebt es eins, welches einmal verloren, nicht wieder zu ersetzen ist — die Zeit —. Dem Erfindungsgeiste der Menschen ist es jetzt geglückt, ein unendliches Papier zu fertigen, unendliche Federn sind längst im Gebrauch; nun ist nur nöthig, sich unendliche Zeit zu verschaffen. Etwas dieser Art ist schon vorhanden, denn denen, deren Wohl und Wehe oft von der Beendigung einer Sache abhängt, erscheint die Zeit des Wartens unendlich. Die Nachtheile, die aus der weitschweifigen Führung und dem Uebermaße der Geschäfte entstehen, sind sehr bedeutend und ganz allgemein.

Unleugbar erfreut sich Preußen eines durch Fleiß und Intelligenz ausgezeichneten Beamten-Personals; allein da ihre Hauptbeschäftigung im Lesen dicker Aktenstöße besteht, da sich unter hundert Gegenständen der nichtssagendsten Art kaum einer findet, der mit Geist behandelt zu werden braucht, so gehen die tüchtigsten Beamten in den Geschäften unter, verlieren ihre Gesundheit, verzehren ihre Geistesgaben und beides ohne Nutzen für den Dienst.

Noch ein anderer Nachtheil beruht darin, daß die höchsten Verwaltungsspitzen so von den currenten Geschäften erdrückt werden, daß keine Zeit zur Beobachtung, zum Fortschreiten in der Zeit übrig bleibt; daher kömmt es, daß an keine Verbesserungen gedacht wird und werden kann, wenn sie auch noch so dringend im Bedürfniß liegen.

Nur hierin liegt der Grund, daß so Manches nicht geschieht, was geschehen müßte, und was längst beabsichtigt ist, es fehlt zu Allem an Zeit.

Wir glauben nun hieraus den Schluß ziehen zu müssen, daß nichts wichtiger sei, als solche Einrichtungen zu treffen, durch welche die Verwaltung wieder Herr über ihre Zeit werde, und in die Lage komme, sie fruchtbringender zu verwenden, als es ihr jetzt oft möglich ist. Vielleicht tritt in naher Zukunft in dieser Beziehung eine Krisis ein. Sind wir gut unterrichtet, so steht auf mehreren bedeutenden Punkten ein Geschäftsstillstand nahe bevor, und mit Freuden wird man eine Unmöglichkeits-Erklärung vernehmen, weil in selbiger eine Bürgschaft der Reform liegt.

In dem Vorhergehenden glauben wir die Mängel richtig geschildert zu haben, welche jetzt allgemein empfunden werden, nur fragt es sich, wie ist hier abzuhelfen.

Einige scheinen daran zu denken, ob nicht vielleicht der Grund in dem Centralisations-System liege; ihnen schwebt hierbei so etwas vor, was ihnen nicht gefällt, sie glauben, daß dadurch zu sehr auf eine Generalisirung eingewirkt werde, auf eine allgemeine Nivellirung und so weiter.

Allein hierauf ist nur zu erwidern, daß die Ursachen der Mängel, welche eben gerügt sind, nicht im System, sondern in der Entfernung von demselben liegen.

Es ist nicht zu leugnen, daß die Einführung eines allgemeinen Centralisations-Systems in einem Reiche, wo es nicht schon bestand, und in welchem zwischen den einzelnen Provinzen und ihren Bewohnern eine große Verschiedenheit herrschte, mit wesentlichen Uebelständen verbunden war, aber einmal sind die bereits überstanden und zum andern so mancherlei Rücksichten genommen, welche die Nachtheile fast gänzlich entfernt haben.

Eine Rückkehr zu Provinzial=Verwaltungen würde jetzt mit den größten Schwierigkeiten für den Augenblick verbunden sein, und mit unendlich großen für die Zukunft. Jetzt ist der schleppende Gang in den Geschäften nur ein momentaner, dann wird es ein systematischer, der zugleich eben so nachtheilig auf die Zustände der Nation als auf die Macht und Kraft des Staats einwirken würde; doch wir werden auf diesen Gegenstand in dem nächsten Abschnitt über das Ministerium des Innern zurückkommen und dort Gelegenheit haben zu zeigen, wie in den früheren Organisations=Plänen Alles das bedacht war, wodurch die Nachtheile der Central=Verwaltung zu vermeiden sind, ohne die großen Vortheile zu verlieren, die sie gewährt.

Wir wenden uns von diesen allgemeinen Betrachtungen zu den einzelnen Ministerien, und zwar zum

Ministerium des Innern und der Polizei.

Zuvörderst sei es uns gestattet, eine kurze Uebersicht des Verwaltungs=Organismus vorauszusenden, aus welcher der nicht mit selbigem bekannte Leser dieser Schrift ersehen wird, welche große Kraft er einem Lande giebt.

Die untersten Verwaltungsbehörden sind in den Städten die Magisträte, auf dem Lande die Rittergutsbesitzer und die

Königlichen Domainen-Beamten und in den Dörfern die Schulzen;*) — sie verwalten die Polizei-, die Kirchen- und Schulsachen und so weiter, aus eigenem Recht oder als Delegirte unentgeldlich, und alle außerordentlichen Ausgaben treffen sie.

An der Spitze eines jeden der Kreise, in welche das ganze Land getheilt ist, steht der Kreis-Landrath. Dieser von den Rittergutsbesitzern in der Regel aus ihrer Mitte gewählte, und von der Regierung bestätigte Staatsbeamte besorgt die ganze Verwaltung im Kreise, gleichviel, ob es die Polizei, die Steuern, die Militair-Verhältnisse, die Kirchen- und Schul-Sachen, die Kommunal- und ständischen Verhältnisse betrifft; zugleich beaufsichtigt er den Wirkungs-Kreis der untersten Verwaltungs-Behörden, und bildet die erste Recurs-Instanz. Der Landrath muß als ein beständiger Commissarius der Regierung betrachtet werden. Durch diese Einrichtung wird nun die eigentliche Verwaltung büreaumäßig, und gewinnt dadurch an Kraft und Schnelligkeit der Ausführung.

Diese Organisation der untersten Behörden, durch welche die ganze Verwaltung aus der Mitte der Administrirten hervor geht, und aus practischen, mit den Verhältnissen ganz vertrauten Personen besteht, verbindet mit großen Annehmlichkeiten für die Regierten auch den doppelten Vortheil, daß selbige wenig kostbar ist und der Verwaltung Stärke giebt.

*) Es würde den Leser ermüden, wenn wir die mancherlei kleinen Abweichungen von der allgemeinen Regel hier mit aufführen wollten; sie sind zu unbedeutend, um eine Erwähnung zu verdienen.

In den früheren Kriegen hat sich dies merkwürdig bewiesen.

Es hat sich in Pommern ereignet, daß während des Krieges zu Zeiten alle hohen Behörden fehlten, selbst die Gerichtshöfe, und dennoch ging alles seinen ruhigen Gang wie im tiefsten Frieden.

Nur durch Hülfe dieser eben bezeichneten Organisation ist es möglich, daß Preußen in acht Tagen ein schlagfertiges Heer von 240,000 Mann ausrüsten, und in acht Tagen 50 bis 60,000 brauchbare Kavallerie-, Artillerie- und Train-Pferde stellen kann.

Was nun die weitere Organisation betrifft, so bildet eine Anzahl Kreise ein Regierungs-Departement, an dessen Spitze eine Regierung steht, die in drei Abtheilungen zerfällt, in die der Polizei und Gewerbe, der geistlichen und Schul-Angelegenheiten und der Domainen und Forsten. Die indirecten Steuern bilden noch eine besondere Verwaltung, mit einem Provinzial-Director an der Spitze.

In den Regierungen werden nun alle Gegenstände collegialisch behandelt; die von speziellen Interessen von der Abtheilung, — die wichtigen, besonders alle Principien-Sachen, im Pleno der ganzen Regierung.

Die Regierungen bilden eine Recurs-Instanz, von welcher der sich betheiligt Glaubende wieder an das Ministerium zu gehen befugt ist. — An der Spitze der sämmtlichen Regierungen einer Provinz steht der Ober-Präsident, der zugleich

Chef-Präsident derjenigen Regierung ist, bei welcher er seinen Wohnsitz hat. — In diesen Regierungen, als Districts-Verwaltungs-Behörden, findet sich nun eine wesentliche Abweichung von einer Central-Verwaltung, welche statt dessen nur einen Präfecten oder Ober-Landrath, in ihrem System gestatten würde, allein ganz besonders war es die Stellung des Ober-Präsidenten, durch welchen der Gesetzgeber sich eine Bürgschaft schaffen wollte, daß die Verwaltung eine väterliche bleibe. Die Stellung der Ober-Präsidenten scheint aber nicht diejenige geworden zu sein, welche der Gesetzgeber in der Instruction vom 23. September 1817 beabsichtigte, sondern fast möchte man behaupten, nur eine wenig nützende Mittel-Instanz.

Die unverkennbare Absicht des Gesetzgebers war, daß sie ganz besonders die Vertreter der Interessen der Provinz, die ihrer Sorge anvertraut war, werden sollten, und zugleich gewissermaßen die Vermittler zwischen der höheren rein leitenden, und den rein verwaltenden Behörden. — Durch die höhere Stellung, welche man ihnen einräumte, wollte man das Gewicht ihrer Ansichten den Ministern gegenüber verstärken. Diese Zwecke sind jedoch dadurch, wie es scheint, verfehlt, daß man ihnen bloß einen hohen Titel und nicht eine etwas höhere Wirksamkeit gegeben hat. Wenn die Ober-Präsidenten Mitglieder des Staats-Ministeriums mit einer Stimme in wichtigen Angelegenheiten der Provinz geworden wären, und wenn die Instruction vom 31. December 1825 vielleicht noch die Bestimmung enthielte:

„Es wird den Ober-Präsidenten zur Pflicht gemacht, wenn sie sich nicht über gewisse Gegenstände oder Grundsätze mit den Ministerien vereinigen können, den streitigen Gegenstand zur Allerhöchsten Entscheidung zu bringen;"

so würde der Zweck des Gesetzgebers vielleicht schon mehr erreicht worden sein. Zwar steht es jetzt den Ober-Präsidenten frei, sich unmittelbar an den Monarchen zu wenden. Indem sie dies thun, wird es aber eine Beschwerde gegen die vorgesetzten Behörden, und führt oft zu einem gespannten Verhältniß zwischen den Ministern und dem Chef der Provinz, worunter die Provinzen leiden müssen.

Es giebt viele Fälle, wo den Provinzen durch Versagung von Wünschen, die sie haben, große Nachtheile entstehen, ohne daß es Gründe giebt, sich wegen der Zurückweisung höheren Orts zu beschweren. Diese Rücksicht ist es, welche die Ober-Präsidenten so häufig bestimmt, jede Verstimmung zu vermeiden.

Ist es den Ober-Präsidenten zur Pflicht gemacht, solche Gegenstände, über welche sie anderer Meinung sind, zur höchsten Entscheidung zu bringen, so dürfen sie nicht schweigen, und da es den Ministern sehr angenehm sein würde, wenn häufig Gegenstände zur höchsten Entscheidung kämen, so würden sie solche Fälle, die im Drange der Geschäfte jetzt oft übersehen werden, entweder selbst, oder wenigstens durch ihre Räthe einer reiflichen Prüfung unterwerfen.

Ueber den Regierungen stehen nun die verschiedenen Sach-Ministerien, welche bei der ersten Organisation weit zweckmäßiger bestanden, als es jetzt der Fall ist. Ihnen steht die höhere und allgemeine Leitung der Geschäfte zu. In jedem Ministerium befinden sich wiederum so viele Abtheilungen, als es besondere Geschäfts-Partieen giebt. Die Räthe der Ministerien haben bei den Sitzungen keine Stimme, sondern die Entscheidung hat allein der Minister.

Sämmtliche Minister bilden zusammen das Staats-Ministerium, in welchem jedoch, in Folge der Bestimmung des Königs, der nächste Thronfolger Sitz und Stimme hat. Die Ministerien bilden zugleich, wie bereits erwähnt, die Recurs-Instanz bei Beschwerden über die Regierungen, nnd von diesen geht es weiter an das Kabinet des Königs. Auch hiermit ist der Instanzen-Zug noch nicht beendigt, denn nun bleibt es noch den angeblich Betheiligten frei, sich die Bevorwortung ihres Rechts von den Provinzial-Ständen zu erbitten, die überhaupt nur dann erst gewährt wird, wenn der, welcher sie wünscht, alle Instanzen-Züge durchgemacht hat.

Aus dem Vorhergehenden ergiebt sich, mit welcher Liebe und väterlichen Sorgfalt der Monarch, von welchem diese Organisation der Behörden ausging, theils für eine kräftige Leitung in den höheren Regionen sorgte, theils es so einzurichten wußte, daß die Verwaltung durch ein berathendes Collegium, welches zwischen dem Landrath und den Ministerien stand, nicht zu willkürlich wurde; ganz besonders spricht sich der Gerechtigkeitssinn des Monarchen in der Bildung so vieler Recurs-Instanzen aus, auf welchen die Unterthanen ihr Recht bis zu ihm selbst verfolgen konnten. Nur eins scheint dabei übersehen zu sein, daß er selbst sich nicht in die Lage versetzt hatte, in vielen Fällen einen begründeten letzten Spruch thun zu können. Wenn irgend eine Beschwerde im Kabinet eingeht, so bleibt dem Monarchen bei der jetzigen Lage der Dinge doch nichts übrig, als von derselben Behörde Bericht zu verlangen, gegen welche die Beschwerde eingereicht ist.

Diese nun hat in der Regel nicht Unrecht thun wollen, sondern wenn sie Unrecht gethan hat, so ist Irrthum oder häufiger eine einmal vorgefaßte Meinung der Grund davon.

Ganz natürlich ist es nun, daß dem Monarchen in dem Bericht dieselben Scheingründe vorgetragen werden, durch welche die frühere Abweisung motivirt ist; denn die Behörde wird nicht sagen wollen: „wir sind im Unrecht.“ Es liegt aber in der Unmöglichkeit, daß der Monarch selbst und sein Kabinet so specielle Einsicht in alle innern Verhältnisse haben können, die tausend und abermals tausend Sachen dieser Art selbst zu erforschen. Der Bittsteller wird daher oft abgewiesen werden müssen, weil der Entscheidungs-Grund fehlt. Das wirksamste Mittel zur Abhülfe würde darin liegen, wenn der Monarch, wie derselbe in den großen Staatsangelegenheiten ein Gutachten des Staatsraths fordert, hier irgend eine Commission von vertrauenswürdigen, nicht direct dabei betheiligten Personen wählte, welcher Derselbe, wenn es ihm nöthig erschiene, solche Beschwerden zur Untersuchung und Berichterstattung zuwiese.

Hieraus würde ein dreifacher Nutzen entspringen: einmal, daß der Monarch den letzten Spruch mit voller Ueberzeugung sprechen könnte: zum andern, daß die Behörden sehr viel vorsichtiger werden würden als jetzt; drittens, daß die Zahl der Reclamationen sich sehr bald um wenigstens fünf Sechstheil verminderte, und der Monarch selbst dadurch für die großen Geschäfte die Zeit gewönne, die er jetzt mit Prüfung von Beschwerdesachen verliert.

Was nun das Ministerium des Innern und der Polizei betrifft, so ist es unstreitig eines der wichtigsten Ministerien. Bei der jetzt bestehenden Organisation liegt demselben die Verwaltung aller inneren Verhältnisse ob, namentlich die innere Sicherheit und Ordnung. Zu seinem Ressort gehören die Gewerbe-Polizei, die Communal-Angelegenheiten, die ständischen Verhältnisse, der Ackerbau, die General-Commission und die landschaftlichen Credit-Institute. Wir müssen hier darauf aufmerksam machen, daß bei dieser Eintheilung ein bedeutender Uebelstand stattfinde, nämlich, daß der Ackerbau vom Handel und von der Fabrikation, mit welcher er so innig verbunden ist, getrennt diesem Ministerium zugeordnet worden sei. Der Punkt ist so wichtig, und verdient daher genau beleuchtet zu werden. Eine allgemeine und gewiß sehr begründete Ansicht ist es von denen, die dem höheren Staatsleben ihre Aufmerksamkeit schenken, daß es ein festes Prinzip bleiben müsse, das

Gleichartige zu verbinden, das Ungleiche zu trennen. Die Regel von der Theilung der Arbeit, die das Grundprinzip des gewerblichen Lebens ist, muß auch hier als Grund-Norm angenommen werden, denn jede Abweichung bestraft sich unfehlbar, da jene in der Natur ihre Begründung findet.

Der Ackerbau ist die Hauptquelle der Macht und des Reichthums jedes Staats, und vor Allem des unsrigen. Die Würdigung, welche ihm gebührt, kann ihm aber nicht werden, wenn er gleichsam in einer fremden Pension, von seinen Geschwistern getrennt gehalten wird. Diese seine rechten Geschwister sind der Handel und die Gewerbe; sie repräsentiren die Fabrikation und den Umtausch, die beide wieder von der Production abhängig sind.

Diese drei Factoren bilden zusammen die Achse, um die sich der gesammte Erwerb dreht; sie spielen gegenwärtig eine zu große Rolle in dem Leben der Völker, um nicht die ganze Aufmerksamkeit und die volle Sorge der Regierung zu verdienen.

In der preußischen Administration erblicken wir zwölf Minister, aber keinen für den Ackerbau und dessen Verwandtschaft, die doch gemeinschaftlich dem Staate und allen seinen Gliedern die Mittel zu ihrer Existenz liefern müssen. Mit einem solchen Ackerbau-Ministerium würde, wenn es gebildet werden sollte, die Post-Verwaltung zu verbinden sein, da der Hauptzweck dieser Partie, die jetzt vereinzelt dasteht, nur sein kann, den Verkehr zu beleben. Alle Mängel, die jene Verwaltung bei sonst so vorzüglichen Leistungen zeigt, entspringen einzig und allein daraus, daß dieser Hauptzweck nicht berücksichtigt wird, wie dies weiterhin gezeigt werden soll. Man könnte hiergegen höchstens einwenden, daß die Einheit auch dadurch hergestellt werden würde, wenn man diese Zweige dem Ministerium des Innern zulegte.

Theoretisch wollen wir zugeben, daß man den Umfang des Wirkungskreises des Ministeriums des Innern so weit ausdehnen könnte, daß der Ackerbau, der Handel, die Gewerbe, die Post und die Kunststraßen noch diesem Ministerio zugeordnet würden, allein praktisch ist, und bleibt es unausführbar. Welcher Minister würde es wagen, sich die verschiedenartigen Kenntnisse und Eigenschaften zuzutrauen, um außer seinen übrigen wichtigen Geschäften eine Verwaltung zu leiten, die in so directer Beziehung das Wohl und Wehe des ganzen Landes umfaßt. Schon jetzt ist der Umfang der Geschäfte des Ministers des Innern so groß, daß derselbe und seine Räthe davon erdrückt werden, ohne dennoch die Sachen so fördern zu können, als es gewiß ihr eigener Wunsch ist, und das Interesse des Landes es fordert. Was würde und müßte entstehen, wenn nun noch so bedeutende Partieen diesem Ministerio zugelegt werden sollten?

Selbst wenn man annehmen wollte, daß durch eine Vereinfachung der Geschäfte mehr Zeit gewonnen würde, so bedarf das Ministerium schon jetzt dieser Vereinfachung, um sich seinem eigenen Beruf vollkommen widmen zu können.

Auf die Ansicht, daß der Minister doch nicht im Stande

sei, Alles selbst zu thun, sondern durch tüchtige Directoren zu ersetzen sei, ist irrig, denn dann ist der Director der Minister, dann besteht ein zweites Ministerium in dem ersten; da wäre es doch besser, den Director gleich zum Minister zu machen. Wenn der Director Alles sein soll, und der Minister nur Figurant, wie soll letzterer die Ansichten seines Directors im Staats-Ministerium und vor dem Monarchen geltend machen, wenn er weder die Kenntnisse noch die Fähigkeiten hat, die Leitung zu übernehmen, sich im Besitz der Uebersicht zu erhalten?

Nun sind aber diese Partieen des Ackerbaues, der Gewerbe und des Handels solche, die nicht still stehen, sondern stets vorschreiten, denn in ihnen ist das Leben. Der Chef dieser Verwaltungszweige muß daher viel beobachten, dem Gange der Dinge im Innern des Staats und außer demselben folgen, um sie mit Nutzen zu verwalten. Preußen bildet keinen isolirten Handelsstaat, sondern Preußen befindet sich mitten in der Welt, und muß Alles anwenden, um in dem Wettstreit der materiellen Interessen und deren Entwickelung mit den übrigen Staaten den Kampf bestehen zu können. Dies kann nicht so gelegentlich nebenher betrieben werden, sondern es gehört dazu eine ganz geeignete Persönlichkeit und große Thätigkeit; dabei darf endlich nicht übersehen werden, daß zwischen den Interessen des Ackerbaues, des Handels und der Gewerbe, und dem der Gewerbe-Polizei öfter sehr wichtige Controversfragen entstehen können, welche das Staats-Ministerium zu begutachten hat, und nur der Monarch selbst entscheiden kann; diese würden, wenn jene Verwaltungszweige unter dem Minister des Innern stehen sollten, nie zur Sprache kommen, weil der Minister schon bei den Vorträgen in den Abtheilungen sie nach seiner Ansicht beseitigen würden. Das streitet gegen die Sorge, welche man so wichtigen Zweigen der Verwaltung schuldig ist, gegen die Wohlfahrt des ganzen Landes und gegen alle Administrations-Grundsätze.

Schon das jetzt bestehende Verhältniß beweist, wie stiefmütterlich der Ackerbau behandelt worden ist. Zur Belebung der Gewerbe und des Handels werden jährlich wenigstens eine halbe Million Thlr. verwendet. Zur Unterstützung des Ackerbaues sind, so viel uns bekannt ist, für die ganze Monarchie, von über 5000 □Meilen, 5000 Thaler ausgesetzt, das macht auf die □Meile Einen Thaler. Eine Million und viermal hundert tausend Thaler stehen dagegen im Budget für den Handel und die Gewerbe. Große Summen werden für den Unterricht verwendet, und dies ist höchst lobenswerth; für den Ackerbau geschieht aber in dieser Beziehung fast nichts. Ja nur zwei Anstalten im preußischen Staate giebt es (Eldena und Möglin), die zur Ausbildung von Landwirthen aus den reichen Klassen bestimmt sind, allein mit höchst unbedeutenden Zuschüssen aus Staatsfonds; für den Unterricht und die Ausbildung von Ackerwirthen aus den mittleren und unteren Ständen besteht in der ganzen preußischen Monarchie keine einzige Anstalt. So stiefmütterlich wird der Ackerbau behandelt, dessen Production, genau berechnet, auf sechs bis acht hundert

Millionen des Jahres angeschlagen werden kann, während die ganze Fabrikation vielleicht kaum den zwanzigsten Theil davon ausmacht. Wenn wir nach der Ursache forschen, so liegt der Grund gewiß allein darin, daß man die Bedürfnisse nicht kennt. Wer hat denn je daran gedacht, daß durch Verbesserungen eines Acker-Instruments (Säemaschine) hunderte von Millionen Capital für die Monarchie gewonnen werden können? Wo ist es je zur Sprache gebracht, wie wichtig es sei, die Vieh-Racen im Lande zu verbessern? Diejenigen Privatleute, die es thun, müssen noch einen bedeutenden Einfuhr-Zoll (eine Pön) bezahlen, statt daß ihnen eine Prämie gebührte. — Was ist der Grund? weil ihnen die gehörige Vertretung fehlt.

Die Vereinigung der Abtheilung für Handel und Gewerbe mit der Steuer-Partie, so unzweckmäßig sie an und für sich ist, hat den Nutzen gewährt, daß diese Partie doch in Hinsicht des Geldes nicht vergessen ist, und daß bei den Verhandlungen mit den Zollverein-Staaten und mit den auswärtigen Mächten wenigstens die gewerblichen und Handels-Interessen berücksichtiget worden sind; — die des Ackerbaues sind es nie. Es scheint, man habe nicht daran gedacht, daß es dergleichen Interessen gebe. Wo liegt die Ursache davon? darin, daß Gegenstände, welche auf den Flor des Ackerbaues von dem größten Einflusse sind, an einem dritten Orte geordnet werden, ohne daß der Minister der Polizei vielleicht einmal davon in Kenntniß gesetzt ist.

Die Exportationen der Erzeugnisse des Landes betragen 83 Procent von der ganzen Brutto-Einnahme desselben. Wie viel mehr könnten sie betragen, wenn nicht die Einfuhr so mancher Produkte des Grundes und Bodens in den meisten andern Ländern verboten wäre.

Welche Concessionen könnte Preußen England ohne Nachtheil für die Fabrikation anbieten, wenn es unseren thierischen Produkten, unserem Spiritus, unserem Holze u. s. w. den Eingang gestattete. Wer soll diese Fragen entscheiden, wenn jene Zwecke nicht unter Einer Verwaltung stehen?

Ist es der Regierung bekannt, daß allein in Pommern noch über 100 □Meilen Grund und Boden vorhanden sind, die ganz wüste liegen, daß diese culturfähig sind, und zum Theil aus Brüchen bestehen, die einen so hohen Ertrag liefern würden, daß auf diesen 100 □Meilen 150,000 Pommern sich ernähren könnten? Ist seit Friedrich II., der selbst Minister des Ackerbaues war, je wieder von der Cultur des Leba-Bruchs die Rede gewesen? welche schon dieser große König beabsichtigte.

Wir könnten hier noch eine lange Reihe Fragen von gleich wichtigem Interesse folgen lassen; inzwischen wird dies genügen, und wir wollen nur noch hinzufügen, daß es doch wohl sehr natürlich ist, daß, wo der Ackerbau so unberücksichtigt blieb, die Stände sich dem Könige mit der Bitte um Berücksichtigung desselben nahen.

In dem Vorstehenden haben wir nun gezeigt, wie unerläßlich es ist, daß der Ackerbau, der Handel und die Gewerbe jedenfalls wieder vereinigt werden; die Interessen des Staats und die des ganzen Volkes fordern es, und gewiß wird durch die Berücksichtigung dieses dringenden Bedürfnisses der Monarch sich die ganze Nation zu dem allergrößten Danke verpflichten.

Wenn wir in dem Vorhergehenden die nachtheilige Stellung geschildert haben, in welche der Ackerbau bisher versetzt gewesen ist, so haben wir keinesweges dadurch die Verwaltung dieser Partie tadeln wollen; die Ursache liegt hier nicht in der Person, sondern in den Sachen. Eine solche Zerstückelung der Partieen lähmt alle Fortschritte, und wir müssen, um gerecht zu sein, darauf aufmerksam machen, welche erfreuliche Resultate die Arbeiten der diesem Ministerium untergeordneten General-Commission gehabt haben. Hier war ein bestimmter Zweck vorgezeichnet, hier alle Mittel gewährt, um die Leitung vollständig eintreten zu lassen, und für eine ordnungsmäßige tüchtige Ausführung zu sorgen. Was aber vor Allem für die Ansicht spricht, daß das Ministerium des Innern ganz außer Stande sich befunden habe, auf den Ackerbau und dessen höheren Flor kräftig einzuwirken, geht auch schon daraus hervor, daß man diesem nicht nur alle Geldmittel zur Beförderung der Agricultur-Zwecke entzogen hat, sondern auch das Organ, wodurch es in den Stand gekommen wäre, sich eine Uebersicht zu verschaffen. Schon vor dreißig Jahren sollte die Landes-Oeconomie-Commission gebildet werden, um den Minister des Ackerbaues theils mit den übrigen Ministerien in dieser Beziehung bei collidirenden Fällen in direkte Verbindung zu bringen, theils um es ihm möglich zu machen, den Zustand des Ackerbaues kennen zu lernen und auf denselben einwirken zu können, endlich um von einer technischen Deputation sich Gutachten geben zu lassen, wenn die Verhältnisse es fordern sollten.

Bis jetzt sind diese Landes-Oeconomie-Collegien nicht ins Leben gerufen, wodurch sich zum Theil die Zurücksetzung der Ackerbau-Interessen erklärt, und erst jetzt werden selbige durch die Huld des Königs gebildet, wie die den Ständen gemachten Mittheilungen erweisen.

Wie es nun höchst wünschenswerth sein würde, die Verwaltung des Ackerbaues mit der des Handels und der Gewerbe zu verbinden, so nothwendig ist es, mit der Gewerbe-Polizei die Medizinal-Abtheilung zu vereinigen, welche jetzt dem Ministerium des Cultus zugeordnet ist. Alles dies Durcheinanderwerfen der verschiedenen Verwaltungszweige kann nicht länger bestehen, wenn eine Einheit und eine zweckmäßige Behandlung eintreten soll.

Von allen den verschiedenen, zum Ressort dieses Ministeriums gehörenden Wirkungskreisen sind unstreitig die Censur und die höhere Sicherheits-Polizei die erfreulichsten.

Der Minister des Innern muß, vor allen andern, die öffentliche Meinung für sich haben; soll er wirken, so muß er beliebt sein. Der Chef dieser beiden oben genannten Partieen kommt aber, besonders wenn die Preßgesetze strenge sind, in so viele unangenehme Conflicte, daß ihn dies einer ganz schiefen Beurtheilung bloß stellt, und dem Lande verfeindet; denn es liegt außer der Beurtheilung des Publikums, ob höhere Vorschriften oder seine eigenen Ansichten seine Handlungen leiten. Was die geheime Polizei betrifft, so ist sie ihm vielleicht nicht ganz zu entrücken, allein es würde besser sein, sie einem besonderen Chef direct zu übertragen, der nur dem Minister im Allgemeinen Rechenschaft zu geben hat, und seinen oberen Ansichten Folge zu leisten verpflichtet ist. Die unangenehme specielle Leitung aus dem Ministerium selbst müßte nicht stattfinden, und da bei uns die geheime Polizei noch mehr ein Luxusartikel, als ein dringendes Bedürfniß ist, so möchte sie am besten mit dem Polizei-Präsidium von Berlin zu verbinden sein, da sich ihr Wirkungskreis doch wohl nur hauptsächlich auf die Residenz beschränkt.

Was dagegen die Censur betrifft, so sollte sie, so lange sie überhaupt noch besteht, jedenfalls von diesem Ministerium getrennt bleiben. Außer den oben angeführten Gründen giebt es deren noch viele andere, vorzüglich aber ist zu berücksichtigen, daß, wenn eine Censur bestehen soll, diese in letzter Instanz einem unabhängigen, gleichsam Spruch-Collegio, übertragen werden muß, nicht aber einem einzelnen Rath im Ministerium; denn daß der Minister sich selbst damit beschäftigen sollte, ist wohl bei seinen überhäuften Geschäften völlig unmöglich.

Das literarische Eigenthum ist ein eben so beachtenswerthes als jedes andere, und kann daher unmöglich von der Willkühr einer einzelnen Person abhängig gemacht werden; auch spielt die Presse eine viel zu bedeutende Rolle, um nicht eine fortgesetzte Aufmerksamkeit zu verdienen. Durch den Monarchen sind die in letzter Zeit so übermäßigen Beschränkungen der Presse aufgehoben, und die im Jahre 1819 gegebenen Gesetze wieder in Kraft getreten. Das damals bestehende Ober-Censur-Collegium stand in allgemeiner Achtung, so lange seine Selbständigkeit ihm gelassen wurde. Was nun die Censur selbst betrifft, so ist es sehr zweckmäßig, sie nach und nach freier werden zu lassen, denn jeder allmälige Uebergang ist einem zu plötzlichen vorzuziehen; allein eine freie Presse ist ein dringendes Bedürfniß, und keine Regierung, die es wohl meint, darf ihr engere Fesseln anlegen, als nöthig ist, zu verhindern, daß sie nicht in Zügellosigkeit ausarte.

Ganz besonders fühlbar zeigen sich die Folgen der zu großen Beschränkungen der Presse an dem beklagenswerthen Zustande, in welchem sich unsere politischen Zeitschriften befinden. Er verdient gewiß die ganze Aufmerksamkeit einer Regierung, der die allgemeine Meinung nicht gleichgültig sein kann. Jetzt ist man gezwungen, will man etwas Näheres von den Weltbegebenheiten erfahren, sich die auswärtigen Zeitungen zu halten. Was in Preußen selbst vorgeht, erfährt der Preuße nur vollends erst durch diese. Da sie oft nicht unparteiisch sind, da ihnen die Kenntniß der Verfassung und der Verhältnisse abgeht, so werden die Thatsachen in der Regel entstellt vorgetragen und von schiefen Raisonnements begleitet.

Der Mangel an guten freimüthigen Tagesblättern hat Preußen sehr in der Meinung des Auslandes geschadet, und auch dies ist nicht gleichgültig. Die Meinung spielt jetzt eine zu große Rolle, um unbeachtet zu bleiben; daher müssen die Regierungen, und vor Allen die preußische, in jeder Beziehung einer öffentlichen Besprechung keine Fesseln anlegen wollen, sondern sich der Macht, die darin liegt, das erste Wort selbst zu führen, zu ihren Zwecken bedienen, zu diesem Ende eine halbofficielle Zeitung errichten, und deren Redaktion einer geschickten Hand anvertrauen; so kann sie ruhig jeden öffentlichen Angriff erwarten.

Werden Mängel oder Mißgriffe in irgend einer Schrift gerügt, und sind sie wahr, so kann die Regierung nichts Besseres thun, als darauf Rücksicht zu nehmen; sie gewinnt dadurch unendlich in der öffentlichen Meinung, denn es wird ihr viel höher angerechnet, als wenn sie selbst aus eigener Veranlassung die Mängel beseitigt hätte. Sind die der Regierung gemachten Beschuldigungen unwahr, so läßt sie dieselben widerlegen, und gewinnt dadurch wiederum in der öffentlichen Meinung. Jedenfalls ist es wichtig, in Preußen selbst eine Zeitung erscheinen zu sehen, die so gut redigirt ist, daß sie verdient, auch auswärts gelesen zu werden, und durch welche es möglich wird, sowohl politische als auch andere Gesichtspunkte dem übrigen Europa aus dem preußischen Gesichtspunkte zu zeigen.

Der größte Vortheil, der überhaupt aus einer freien Presse hervorgeht, liegt darin, daß durch ihre Erörterungen die falschen Ansichten, die immer den meisten Schaden bringen, hervortreten, und dann widerlegt werden können. Die confusen Köpfe, welche eine ziemlich bedeutende Corporation bilden, und die unklaren Begriffe sind es, die beim Abstimmen gewöhnlich den Ausschlag geben, die aber, wenn sie vor den Richterstuhl der Oeffentlichkeit gezogen werden, in der Regel ihre Stimme verlieren.

Die preußische Regierung kann nur wünschen, daß eine klare richtige Einsicht sich allgemein verbreite, — wir sagen vor Allem die preußische. — Wer so viel für das Volk, für geistige Entwickelung, für das Wohl des Ganzen gethan hat, kann sich auch sicher in der Welt der Oeffentlichkeit aussetzen, und braucht nicht empfindlich zu werden, wenn man ihm Mängel vorhält. Daß wir selbst von dieser Ueberzeugung ausgehen, werden wir im nächsten Kapitel beweisen.

In der Anlage A. ist das Verzeichniß aller der Institute enthalten, welche vom Ressort dieses Ministeriums abhängen.

Ministerium der Finanzen.

Der Zustand der Finanzen eines Staats steht in so inniger Berührung mit dem Reichthum des Landes, dem Wohlstande seiner Bewohner und mit der Sicherheit des Reichs nach außen und nach innen, daß selbiger die größte Fürsorge verdient, daher halten wir uns verpflichtet, diesem Gegenstand eine besondere Aufmerksamkeit zu widmen.

Es ist nicht zu verkennen, daß die Finanzen der preußischen Regierung weit günstiger sich zeigen als die anderer europäischer Mächte. Deshalb brauchen wir noch nicht stolz zu werden, denn dies will wenig sagen, da selbige sich zum Theil in einem beklagenswerthen Zustand befinden; auch bedarf Preußen ganz besonders geordneter Geldverhältnisse, um seine politische Stellung zu behaupten, und der geistigen und materiellen Entwickelung diejenigen Unterstützungen zu gewähren, welche dieselbe braucht, wenn Preußen den Weg verfolgen will, auf welchem allein es groß bleiben kann.

Nicht weniger ist es anzuerkennen, daß die Finanz-Verwaltung mit Umsicht geführt wird, daß große Ordnung vorherrscht, daß sich das Verwaltungs-Personal in mehr als einer Beziehung auszeichnet, daß ein großer Theil der Steuern nach richtigen staatsoeconomischen Grundsätzen auferlegt ist; allein es ist zu erwiesen, daß viele und wesentliche Mängel bestehen, daß es uns an einem durchgreifenden Finanz-System, an einer zweckmäßigen Organisation der obersten Verwaltung fehlt, daß wir uns über den wirklichen Zustand unserer Finanzen in einer Täuschung befinden, daß mit den großen Mitteln, die durch die Abgaben der Regierung zu Gebote stehen, bei weitem nicht das bewirkt wird, was bewirkt werden könnte, und daß es durchaus nöthig scheint, die bedeutenden bestehenden Mängel zu reformiren, wenn der National-Reichthum und die Macht des Staats nicht darunter leiden, und der Monarch seine hochherzigen väterlichen Absichten verwirklichen soll. Daß bei uns ein eigentliches Finanz-System vorhanden sei, wird niemand behaupten wollen, und eben so wenig, daß es unnütz sei, sich ein solches zu schaffen.

Ein Finanz-System besteht nicht darin, daß der Staats-Haushalt geordnet sei, daß die Staats-Einnahme und Staats-Ausgabe sich ausgleiche oder einen Ueberschuß gewähre, sondern diese Worte haben eine viel allgemeinere und tiefere Bedeutung, welche wir näher bezeichnen zu müssen glauben, da dies in der finanziellen Praxis der meisten Staaten ganz fremde Worte geworden zu sein scheinen.

Die Worte Finanz, System umfassen, im weitern Sinne genommen, die ganzen Geldverhältnisse eines Landes. Wenn die Finanzen der Unterthanen blühen, so ist dies ein unversiegbarer Quell für die Bedürfnisse der Regierung. Daher um den National-Reichthum zu fördern, und um den Eingang der Steuern zu sichern, muß die Verwaltung sich bemühen, nach einem festen Plane den Wohlstand des Landes in stetem Fortschritte zu erhalten, sowohl durch Belebung des Erwerbs, als durch Entfernung dessen, was diesen stören und hemmen kann. Um ersteres zu können, muß sie für das Vorhandensein der dem Verkehr so unentbehrlichen Circulations-Mittel sorgen, und um letzteres abzuwenden, ist es nöthig, daß die Abgaben, möglichst gleichmäßig vertheilt, niemals solche Gegenstände treffen, die den Verkehr schwächen, im Gegentheil — daß durch selbige der Verkehr erweckt und befördert werde, welches in vielen Fällen ausführbar ist; ferner muß sie nicht blos einnehmen, sondern da ausgeben, wo es Früchte trägt. Sie muß vom Lande so viel Steuern fordern, als der regelmäßige Dienst erheischt, allein sie muß alle unfruchtbaren Ausgaben beschränken, und vor allem sich so bedeutende Hülfs-Quellen offen zu erhalten wissen, als zu Noth- und Kriegsfällen erfordert werden möchten, — sie muß auf alle Ereignisse vorbereitet sein.

Wenn nun das Finanz-Ministerium, sich aller dieser Aufgaben bewußt, sie in einen allgemeinen Plan vereinigt, und diesen zu einer festen Unterlage seines finanziellen Wirkens erhebt, so wird dies das System der Finanzen genannt, welches wieder in zwei Haupt-Abtheilungen zerfällt, in die höhere Leitung der finanziellen Zustände des Landes nach diesem System, und in die Administration der Staats-Einnahmen und Ausgaben.

So viel besser es ist, wenn man in allen Dingen, und besonders in solchen, die verwickelt sind, sich eine klare Uebersicht des Zustandes verschafft, wohl überlegt, was gut und nützlich sei, was vermieden werden müsse oder nicht, und nun eine feste Ansicht darüber faßt, mit welchen Mitteln man das Ziel am sichersten erreiche, so ganz besonders ist es die Pflicht der Regierung und ihr eigenes Interesse, in so hochwichtigen Dingen sich feste Normen zu bilden *).

Daß wir nun kein Finanz-System haben, steht fest; allein es liegt bis jetzt auch in der Unmöglichkeit, ein System zu bilden, da wir keine Finanz-Verwaltung besitzen, die sich in der Uebersicht des Ganzen befindet, und diese doch erst vorhanden sein muß, bevor sie sich ein Finanz-System schaffen kann. Unser sogenanntes Finanz-Ministerium ist nichts weiter, als die Steuer-Verwaltung. Die so wichtige Partie der Geld-Institute — die der Staatsschulden, des Staatsschatzes und der Domainen, sind von selbigem getrennt.

Diese müssen mit dem Finanz-Ministerium nothwendig

---

*) Ganz von Preußen abstrahirt ist es merkwürdig, wie wenige Regierungen auch nur etwas einem Finanz-System Aehnliches haben, — es liegt hierin ein Beweis der Gleichgültigkeit und Oberflächlichkeit unserer Zeit.

Die National-Oeconomie hat in neuester Zeit sich immer mehr und mehr von früheren Irrthümern und von Einseitigkeit gereinigt.

Das Geld spielt mit jedem Tage eine größere Rolle in der Welt, — es ist eine Macht geworden, die alles Irdische beherrscht, und dennoch versäumt man es, sich dieser Macht zu bemeistern, und sich darüber zu belehren, wie dies geschehen kann. Merkwürdig scheint es ferner, aber wohl erklärlich, daß die Großen der Erde, und selbst die Geistreichsten unter ihnen, sich keinen Begriff vom Gelde und der Rolle machen können, welche es in der Welt spielt. Erklärlich ist diese Erscheinung durch die Stellung derselben; alle Anderen müssen das ihnen fehlende Geld selbst verdienen. Bei den Großen ist es umgekehrt.

vereinigt sein, bevor ein System geschaffen werden kann, ohne welches unsere Finanzen nicht blühen werden *).

Aber wirft man uns vor, wozu ist es denn nöthig, daß bedeutende Reformen in der Finanz-Verwaltung vorgenommen werden, da seit dem Jahre 1820, wo die Schulden-Tilgung durch das Gesetz vom 17. Januar desselben Jahres festgesetzt ist, 62,777,912 Thlr. Staatsschulden abgetragen sind, — da seit dieser Zeit die Staats-Einnahme so bedeutend zugenommen hat, und da Preußen sich einen bedeutenden Baar-Schatz gesammelt, und außerdem noch in dem kurzen Zeitraume von neun Jahren 61 Millionen zu nothwendig gewordenen außerordentlichen Zwecken verwandt hat, wie dies den Provinzial-Ständen mitgetheilt ist.

Diese Angaben sind zum Theil richtig, zum Theil unrichtig. Die Verminderung der Staatsschulden um 62,777,912 beruht offenbar auf einem Irrthum. Preußens Activa haben sich seit dem Jahre 1820 nicht vermehrt, sondern durch den Verkauf der Domainen bedeutend verschlechtert. Die Staats-Einnahmen haben sehr zugenommen, und betragen jetzt viele Millionen mehr, als 1820 angegeben worden sind, welche Angabe auch schon eine ungenaue war, und die jetzige Staats-Einnahme, welche im Budget von 1841 zu 55,867,000 Thlr.

*) Wer über diesen Gegenstand und über die Mittel zur Verbesserung der finanziellen Zustände Preußens sich näher zu unterrichten wünscht, den verweisen wir auf: Bülow-Cummerow über die Finanzen Preußens. Berlin 1841, bei Besser.

angegeben wird, beläuft sich mindestens auf 70 bis 75 Millionen Thaler Brutto. Wenn nun bei einer so großen Zunahme der Staats-Einnahmen — die Folge eines langen Friedens, günstiger Conjunctionen und der so rasch zunehmenden Bevölkerung, doch so wenig erfreuende Resultate herbeigeführt sind, so ist es wichtig, die Ursachen und den eigentlichen Zusammenhang näher zu kennen. Diese Ansicht und die Ueberzeugung, daß nichts gefährlicher sei, als sich Täuschungen zu überlassen, und daß dem Herrscher und Volke kein größerer Dienst geleistet werden kann, als ihnen die Dinge in ihrer wahren Gestalt zu zeigen, bestimmt uns, zuvörderst diese unsere Angaben zu erweisen, und dadurch die uns entgegengestellte Behauptung zu berichtigen, nämlich, daß wir kein Finanz-System bedürften, und eben so wenig eine andere Organisation der Finanz-Behörden, da die Resultate schon so günstig wären. Erst nachdem dies geschehen und die Leser den jetzigen wirklichen Stand der Geldverhältnisse kennen werden, wollen wir die Betrachtungen über die Nützlichkeit eines Finanz-Systems und einer Central-Finanz-Verwaltung fortsetzen.

Die Aufgabe, die wir hier übernehmen, ist keine ganz leichte; wir wollen die Resultate öffentlicher Bekanntmachungen berichten, und da wir unsere Anführungen glaubhaft belegen müssen, so haben wir dazu keine anderen Beweise, als die, welche wir in jenen Documenten selbst finden. Zwar könnten wir aus eigener Wissenschaft vielleicht noch manches zur Erläuterung hinzufügen, allein theils würden wir es nicht erweisen können und wollen, theils wird das, was wir zur Unterstützung unserer Behauptung anführen, zu dem uns vorgesetzten Zwecke hinreichen.

In Folge der Bestimmung des Königs, daß eine Nachweisung der Einnahmen und Ausgaben des Staats der Nation vorgelegt werden sollte, sind mehrere Budgets bekannt gemacht; — auch ein Bericht der Staatsschulden-Verwaltung an Seine Majestät den König vom 1. Juni 1833. Diese Piecen, so wie die neuesten Mittheilungen an die Stände und andere öffentliche Bekanntmachungen sind die Quellen, aus welchen wir das Material zu einer näheren Beleuchtung der Frage schöpfen, ob sich wirklich die Schulden-Masse um 62 Millionen vermindert, mithin das Staatsvermögen um diese Summe verbessert habe. Den 17. Januar 1820 erschien ein Gesetz, in welchem die Höhe der Staatsschulden angegeben und für geschlossen erklärt wurde, und der Monarch sich selbst die Verpflichtung auflegte, keine neuen Schulden zu contrahiren.

Das Gesetz vom 26. Novbr. 1822 und die Berichte der Haupt-Verwaltung der Staatsschulden vom Jahre 1833 und 1841 ergänzen die in jenen enthaltenen Angaben.

Nach dem eben angeführten Gesetz vom Jahre 1820 war die Staatsschuld mit Einschluß von 11,242,347 Thlr. unverzinslicher Schulden auf die Höhe von 191,334,067 Thlr. festgesetzt, und durch das Gesetz vom 26. Novbr.

Transport	191,334,067 Thlr.
1822 sind die ständischen Staatsschulden hinzugekommen mit	25,914,694 =
Nach dem Bericht der Staatsschulden-Verwaltung vom 1. Januar 1833 ist durch Ausgleichung der höheren Valuta selbige um	596,796 =
erhöht, und laut Bericht vom 18. Februar 1841 aus gleichem Grunde ferner um . .	129,959 =
so daß die Summe der Staatsschuld .	217,975,517 Thlr.
beträgt. Auf diese Summe sind in Folge der den Ständen auf dem letzten Provinzial-Landtage gemachten Mittheilung abbezahlt	62,777,912 =
bleibt	155,197,605 =

Ob nun durch diese Abzahlung das Activ-Vermögen des Staats sich um eben so viel verbessert habe, oder um wie viel weniger, wollen wir näher erörtern.

Laut Bericht der Staatsschulden-Verwaltung sind in dem Zeitraume vom 1. Januar 1820 bis 31. December 1832

abbezahlt	42,976,728 Thlr.
und laut Mittheilung derselben Behörde an die Provinzial-Stände vom 1. Januar 1833 bis 31. December 1840	19,801,184 =
und die darüber sprechenden Documente eingelöst. Zusammen	62,777,912 Thlr.

Die Fonds zu diesen Abzahlungen sind genommen:

Transport 62,777,912 Thlr.

a) aus dem Verkauf der Domainen von 1820 bis 1833 23,818,475 Thlr.

b) aus dem Verkauf der Domainen von 1833 bis 1840 11,860,478 = 35,678,953 =

Da die für verkaufte Domainen eingelösten Staatsschulden nur die Ausgleichung zwischen Activ= und Passiv=Vermögen bilden, so hat sich das Activ=Vermögen dadurch nicht verbessert, sondern, wie wir zeigen werden, sehr verschlechtert, und diese Summe muß daher, wenn von einer wirklichen Verbesserung der Schulden=Verhältnisse des Staats die Rede ist, von der obigen Summe abgezogen werden. Es bleibt daher . . . . 27,098,959 Thlr.

Aus den Staats=Einnahmen sind dazu verwendet:

vom Jahre 1820 bis zum Jahre 1833 . . . 4,973,307 Thlr.

vom Januar 1833 bis ult. 1840 . . . . . . 7,940,706 =

in Summa 12,914,013 Thlr.

An Zinsen von den durch den Verkauf der Domainen

Transport	12,914,013 Thlr.
erworbenen und nicht gleich abgezahlten Kapitalien, so wie der Reste vom Jahre 1818 und 1819 u. s. w.	9,268,003 =
(siehe den Bericht der Staats-schulden-Verwaltung vom 1. Juni 1833 und das Gesetz vom 17. Januar 1820).	
Nicht abgeforderte Zinsen	15,901 =
Aus verschiedenen Titeln	1,131,122 =
An Geschenken	2,335 =
	23,331,374 Thlr.

Der Rest, welcher zur Ausgleichung jener Summe erforderlich, ist durch den niedrigen Cours der Staatspapiere bei Einlösung derselben gewonnen.

Um diese Summe von 27,098,959 Thalern ist nun die Staatsschuld vermindert; allein es sind dagegen wieder neue Schulden hinzugekommen, und namentlich:

1) Die Prämien-Anleihe*), ursprünglich

---

*) Die Zinsen von dieser Anleihe und die Amortisation derselben erfolgt nicht aus dem Amortisations-Fonds, sondern ihre Deckung ist in den 3,000,000 Thalern enthalten, welche Tit. 12 des Budgets aufgeführt stehen.

von 12,600,000 Thlr., jetzt noch mit einem Reste von . . . . . 10,749,902 Thlr.*)

2) Durch die Einziehung sämmtlicher Fonds der Wittwen-Kassen, durch die Annahme der Caution der Staatsdiener, der Domainen-Pächter u. s. w. Wie groß diese Schuld ist, geht aus der zur Deckung der Zinsen derselben im Budget von 1841 Tit. 15 angesetzten Summe von 684,000 Thlr. hervor, welche à 4 Proc. capitalisirt ein Kapital giebt von . . . . 17,100,000 „

Die neu gemachten Schulden belaufen sich somit auf . . . . 27,849,902 Thlr.

Die abbezahlten betragen . . 27,098,959 „

so daß, statt 62,777,912 Thlr. getilgt zu haben, noch hinzugekommen sind . . . . 750,943 Thlr.

Aus dem Vorhergehenden geht nun hervor, daß keine wirkliche Verminderung der Staatsschuld auf dieser Seite erfolgt ist, sondern vielmehr eine Erhöhung von 750,943 Thlrn.

Ob durch den Verkauf der Domainen eine Vermehrung

*) Wir haben diese Summe so aufgenommen, wie die Seehandlung diese selbst angiebt. Nach unserer Berechnung ist die Schuld noch bedeutend höher, inzwischen könnten über die Grundlage der Rechnung verschiedene Ansichten herrschen, und daher ziehen wir es vor, uns an die höhere Autorität zu halten.

oder Verminderung des Activ-Vermögens bewirkt ist, wollen wir genau prüfen, jedoch die Untersuchung voransenden, welche Summen nach der Bestimmung in dem Gesetz vom 17. Januar 1820 denn nun wirklich zur Tilgung der Schulden aus den Staats-Einnahmen verwendet sind, und ob in dieser Beziehung der so bestimmt ausgesprochene Wille des Königs zur Ausführung gekommen sei oder nicht.

Durch jenes Gesetz ist festgestellt, daß bei den auswärtigen Anleihen die Tilgung nach dem in der Schuldverschreibung enthaltenen Versprechen erfolgen sollte, bei andern sind 2 Proc. vom Nennwerthe, und bei den übrigen 1 Proc. als Minimum bestimmt. Die Schuld war auf 217,845,558 Thlr. festgesetzt, und da die ersten beiden Categorieen eine höhere Amortisation als 1 Proc. bestimmten, so wollen wir rund die aus den Staats-Einnahmen zu leistende Tilgung auf 1,200,000 Thaler annehmen, mithin einschließlich der Domainen auf 2,200,000 Thaler, wobei wir unter der wirklichen Höhe uns halten; denn im Budget von 1841 war selbige auf 2,700,000 Thaler von der Behörde selbst berechnet, ohne die Tilgung der Prämien-Anleihe hierin zu begreifen, die aus dem Zuschuß der 3 Millionen zu den Chaussee-Ausgaben erfolgt. (Siehe das Budget von 1841.)

Vom 1. Januar 1820 bis 31. December 1839 sind 20 Jahre; es hätten daher, wenn das Gesetz erfüllt werden sollte, 24,000,000 Thaler*) aus den Staats-Einnahmen zur

*) Nach der Angabe der Behörde 36,000,000.

Tilgung verwendet werden müssen. Dies ist aber nicht geschehen, denn es sind dazu, wie aus der obigen Berechnung hervorgeht, nur . . . . 12,914,013 Thlr. verwendet worden. Die übrigen Posten waren durch Zinsen von den für die Domainen eingenommenen Capitalien, die nicht gleich zur Tilgung verwendet wurden, und aus andern Titeln genommen, welche nach den Bestimmungen des Gesetzes vom 17. Jan. 1820 nicht auf die regelmäßige Tilgung in Anrechnung gebracht werden dürften, sondern eine außerordentliche bewirken sollten. Allein auch zu vorstehender Summe von 12,914,013 Thlr. brauchte nur ein sehr geringer Theil von den dazu speciell verschriebenen Staats-Revenüen verwendet zu werden, da durch geschickte Operationen der Schulden-Verwaltung, welche die auswärtige Anleihe von 5 auf 4 Proc. heruntersetzte, jährlich (laut Bericht vom Juni 1833) 658,771 Thaler an Zinsen gespart wurden, mithin in einem Zeitraume von 8 Jahren die Summe von circa 5,270,168 Thlrn., die nun, da in dem Gesetz von 1820 die Einnahmen aus dem Salz-Monopol

Transport 5,270,168 Thlr. 12,914,013 Thlr.

und den Domainen speziell zur Verzinsung und Tilgung verschrieben waren, zur Amortisation verwendet werden konnten.

Ein ähnlicher Fall trat ein, indem durch eine neue Ausgabe von 6 Millionen Kassenscheinen jährlich 240,000 Thlr. an Zinsen gewonnen wurden, da für selbige eine gleiche Summe Staatsschuldscheine eingelöst ward. Die Zinsen von diesen Staatsschuldscheinen betragen in 14 Jahren . 3,360,000 =

in Summa 8,630,168 =

Mithin bedurfte es aus der Staats-Einnahme nur eines Zuschusses von . . . . . . 4,283,845 Thlrn. und auch dieses nicht einmal, denn es wurden durch anderweitige Ausgaben von Kassenscheinen, und durch die Heruntersetzung der Kurmärkischen Obligationen auf 3½ Procent, neue, nicht unbedeutende Ersparungen an den Zinsen gemacht. Soviel geht wenigstens jedenfalls hervor, daß die in dem Gesetz vom 17. Januar 1820 bestimmte Amortisation aus den Revenüen der Domainen und Forsten und des Salz-Regals, welche zugleich für die Zinsen und Amortisation verpfändet waren, eben so wenig erfüllt ist, als die vorgeschriebene Amortisation von nur 1 Million aus dem Domainen-Verkauf und eben so wenig die zugesicherte Controlle der Stände; dagegen sind die den Staatsgläubigern gemachten Versprechungen pünktlich gehalten worden, und in dieser Beziehung ist das Wort erfüllt; auch steht es unzweifelhaft fest, daß in Gegenwart der glaubwürdigsten Behörden die eingelösten Schuld-Documente verbrannt sind, welches jedoch in Hinsicht des Effekts ziemlich gleichgültig ist, da man wieder neue Schulden gemacht hat.

Wenn wir nun unsern Blick auf die Domainen zurückwenden, in wiefern das Activ-Vermögen des Staats durch den Verkauf derselben eine Veränderung erfahren hat, so treffen wir auf einen höchst unerfreulichen Gegenstand. Bis zum Jahre 1820 sind für 20 Millionen Domainen verkauft. Diese haben jetzt durch den Bogen wenigstens einen zweimal höheren Werth, wie es sich nöthigenfalls leicht erweisen lassen würde. Seit dem Jahre 1820 sind für 35,678,953 Thlr. verkauft, welche, obgleich unter diesen ansehnliche Summen für Ablösungen vorkommen, doch im Durchschnitt jetzt mehr als noch einmal so viel werth sein mögen. Wenn nun beide Summen zusammengeworfen werden, so hat die Regierung im Ganzen für 55 Millionen Domainen verkauft, und dabei nach dem niedrigsten Anschlag durch den Verlust ihres Besitzes gegen fast 50 bis 70 Millionen an dem Staats-Vermögen verloren.

Durch viele Beispiele läßt sich diese Angabe bestätigen. Das Publikum kennt selbige und die Verwaltung auch. Es giebt Fälle, besonders aus früheren Zeiten, wo Domainen mit gewissen Servitut-Rechten verkauft sind. Später erschien das Gesetz wegen Ablösungen der Servituten, und da hat häufig der Fiskus eine höhere Summe für diese Ablösung derselben den Domainen-Käufern zurückzahlen müssen, als diese für die Domainen mit Einschluß der Servituten bezahlt hatten. Die Regierungs-Acten von Potsdam, Stettin ꝛc. werden diesem nicht widersprechen.

Wenn wir nun bei der Annahme stehen bleiben, daß durch den Domainen-Verkauf die Regierung, oberflächlich überschlagen, ein so ungeheueres Capital verloren hat, und nun untersuchen: „war dieser Verlust ein nothwendiger — mußte dies Opfer gebracht werden oder nicht?“ so finden wir auch keinen einzigen Grund dazu. Denn abgesehen davon, daß, wenn die Regierung eine bedeutende Schuldentilgung für nothwendig erachtete, die Fonds dazu durch Ersparung so mancher ganz unnützer und unfruchtbarer Ausgaben gewonnen werden konnten; so fragt es sich ferner, war es denn überhaupt im Interesse des Königs und des Landes, durch den Verkauf der Domainen*) die Abzahlung der Staatsschuld zu übereilen, oder

*) Ob es überhaupt gerathen sei, die Staats-Domainen zu verkaufen oder nicht, darüber sind die Meinungen sehr getheilt, und wir wollen die Richtigkeit der deshalb aufgestellten Theorien ununtersucht lassen; so viel ist

war es nicht vortheilhafter, diese nur in dem Maße eintreten zu lassen, wie durch die weitere Entwickelung des Wohlstandes sich die Mittel dazu in den vermehrten Staats-Einnahmen vorfanden? Das Erstere muß entschieden verneint, das Letztere entschieden bejahet werden.

Durch die Abtragung der Staatsschuld in Folge der Domainen-Veräußerung und durch den Ankauf der Staatsschuld-Verschreibungen auf der Börse wurde wenigstens viel dazu beigetragen, den Cours dieser Staats-Papiere in dem kurzen Zeitraume von wenigen Jahren von 66 Procent auf pari zu bringen, und hierdurch die Staatsschuld der That nach um 34 Prozent zum Nachtheil der Regierung vermehrt.

Wenn durch den wachsenden Reichthum und durch die geschickte Leitung der Geldverhältnisse der Monarchie nach und nach ein Steigen der Staats-Papiere hervorgebracht worden

aber gewiß, daß die Regierung ihre schönen Domainen in einer Zeit verkauft hat, wo der Grund und Boden fast werthlos geworden war, und daß dies jedenfalls keinen Beifall verdient, zweitens, daß in dieser Beziehung die Verhältnisse in Preußen ganz von denen anderer Länder verschieden sind. Bekanntlich hat unsere Dynastie, als ihr die Mark Brandenburg verliehen wurde, dem vorigen Markgrafen seine Domainen abgekauft und aus ihrem Privat-Vermögen bezahlt. Aus diesen Gründen ist ein Theil der Domainen für Familiengut erklärt und bildet das Kron-Fidei-Commiß. Diese sind jedenfalls unveräußerlich und die Staatsforsten müssen es auch bleiben. Eine Domainen-Verwaltung wird daher fortbestehen müssen, und die Kosten bleiben ziemlich dieselben, ob der Umfang der Verwaltung etwas größer oder kleiner ist. Dazu kommt, daß eine Monarchie, wie die Preußische, wenn selbige im Kriege Darlehen machen muß, in den Domainen ein sicheres Pfand besitzt, auf welches sie sich Credit zu verschaffen im Stande ist, wäre, so war es den Staatsgläubigern zu gönnen, daß mit der Zunahme des allgemeinen Wohlstandes auch ihr Kapital anwuchs; allein die Operation war jedenfalls keine gute zu nennen, durch einen übereilten Domainen-Verkauf den Cours der Staats-Papiere um 34 Prozent zu steigern, um so viel mehr bei der Einlösung zahlen zu müssen.

So nachtheilig nun dem Staate diese Operationen zu stehen gekommen sind, so nützliche Schlußfolgen lassen sich aus selbigen ziehen.

Niemand wird bezweifeln, daß der Preußische Monarch gewiß so nachtheilige Operationen nicht geduldet haben würde, wenn er sich in der Lage befunden hätte, die Folgen, die sie haben mußten, zu übersehen. Wäre das Wort des Königs in Erfüllung gegangen, daß die Controlle darüber von den Ständen geführt werden solle, wie dies in dem Gesetz vom 17. Januar 1820 bestimmt ausgesprochen ist*), so hätten diese unstreitig das Nachtheilige einer solchen Operation dem Monarchen klar zu machen gewußt, und ohne alle Frage wäre derselbe noch im Besitze eines großen Theiles der späterhin veräußerten Domainen, oder er hätte sie wenigstens nicht so

*) In jenem Gesetze steht zwar „Reichsstände", da inzwischen an deren Stelle Provinzial-Stände ins Leben gerufen sind, so wird dies wohl in Beziehung der Mit-Controlle als gleichbedeutend angesehen werden müssen; denn der Sinn des Monarchen war doch immer unzweifelhaft, daß den Ständen eine solche Controlle zustehen sollte.

verschleudern lassen dürfen, wie es der Fall gewesen ist *). In dem vorliegenden Falle spricht es sich nun wieder aus, wie sehr es im Interesse des Monarchen selbst liege, seine Stände zu hören, und es nicht von der Ansicht und den Theorieen der Verwaltung allein abhängig zu machen, wie mit dem Vermögen des Landes geschaltet werden soll. Die Hauptopposition, den Ständen eine Einsicht in den inneren Staatshaushalt zu gestatten, und ihre Rathschläge zu hören, findet sich häufig in der höheren Verwaltung. Nur zu oft wird diese dadurch gezwungen, ihre Theorieen zu erweisen, und mit dem Stand der Dinge klar hervorzutreten, welches leicht zu Reclamationen führen kann, die ihr jedenfalls Mühe verursachen und sie dem Tadel aussetzen.

Der Verwaltung ist daher eine solche Zuziehung der Stände sehr lästig; da sie dies aber nicht aussprechen kann, so wird gewöhnlich eine Theilnahme der Stände an der Controlle als ein Eingriff in die Rechte des Monarchen geschildert, während durch selbige der Monarch nur in den Stand gesetzt wird, sich von der übermäßigen, ihm und dem Lande gleich nachtheiligen Dictatur der Beamten frei zu machen **).

---

*) Wir haben bekanntlich vor mehr denn zwanzig Jahren gegen den unzeitigen Verkauf der Domainen in mehreren Druckschriften geeifert, aber vergebens.

**) Es ist hier das Wort „Dictatur" wohlbedächtig gewählt und dem „Verwalten" entgegengestellt. Welche wichtige Rolle die Verwaltung in dem Leben der Völker spielt, welche Kraft sie der Monarchie giebt, welchen

Allein aus den vorhergeschilderten Nachtheilen, welche aus dem Verkauf der Domainen und einer künstlichen Steigerung des Courses der Staats-Papiere hervorgegangen sind, lassen sich noch mehrere sehr nützliche Schlußfolgen ziehen.

1) daß es höchst wichtig sei, die Verwaltung der Finanzen in eine Hand zu legen, weil dadurch nur die Uebersicht des Ganzen gewonnen werden kann, die es allein möglich macht, einen richtigen Operationsplan zu entwerfen und auszuführen.

Wenn eine Behörde die Staats-Einnahmen und Ausgaben verwaltet, eine zweite die Staatsschulden und eine andere die Geldoperationen besorgt, und eine wieder die Schätze sammelt, so denkt jede dieser verschiedenen Behörden nur daran, die ihr anvertraute Partie zu heben, und so löblich dies ist, so entstehen hieraus wiederum oft die nachtheiligsten Folgen für andere Partieen, weil aller Zusammenhang fehlt und deren verderbliche Folgen erst, wie es bei den Domainen der Fall war, sichtbar werden, wenn die Abhülfe nicht mehr möglich ist, und ungeheure Summen verloren gegangen sind *);

Antheil sie an den socialen Verhältnissen hat, ist schon vorhin erwähnt; allein die Völker bedürfen es, und wollen es, daß die Verwaltung eine Verwaltung sei und bleibe, und nicht eine dictatorische Gewalt bilde.

*) Wir tragen kein Bedenken, es offen auszusprechen, daß es unverantwortlich sein würde, wenn nicht endlich auf so wichtige Gründe Rück-

2) daß nur ein festes Finanz-System vor Mißgriffen der Art zu schützen im Stande ist, weil bei demselben nicht die zufällige Ansicht, sondern Grundsätze und Normen entscheiden, die vorher wohl erwogen und mit Rücksicht auf alle dabei concurrirenden Interessen gefaßt, einen sichern Weg vorschreiben.

In dem Vorhergehenden haben wir nun einen allgemeinen Blick auf den durch den Domainen-Verkauf veranlaßten Kapitals-Verlust gerichtet; jetzt wollen wir untersuchen, wie viel an Revenüen dadurch verloren gegangen ist. Ueber den vor dem Jahre 1820 erfolgten Verkauf gehen wir fort. Das Gesetz vom 17. Januar jenes Jahres bestimmt eine jährliche Veräußerung von Domainen zum Belauf von 1 Million Thaler zur rascheren Tilgung der Staatsschuld. Es sind aber in

den ersten zwölf Jahren für	23,818,475	Thlr.
und in den folgenden acht Jahren für .	11,860,478	=
verkauft, mithin in Summa	35,678,953	Thlr.
Es sollten veräußert werden für . . .	20,000,000	=
mithin mehr . .	15,678,953	Thlr.

Um diese Summe ist nun der gesetzlich bestimmte Verkauf überschritten. Durch diese Abweichung von der

---

sicht genommen werden sollte, und eine Vereinigung der Finanz-Verwaltung erfolgte. Geschieht dies nicht, so beweiset es nur, daß diejenigen, die darauf hinwirken können, die Wichtigkeit nicht einsehen, oder mit andern Worten keinen Begriff von den Wirkungskreisen einer Finanz-Verwaltung haben.

Vorschrift des Jahres 1820 verliert nicht die Verwaltung, welche dieselbe für gut befunden hat, sondern das Land, welches die Bedürfnisse des Staats zu decken hat, und daher alle Ausfälle trägt. Uebrigens scheint es gewiß, daß selbst vom Jahre 1820 ab die Domainen weit unter dem Reinertrage, den sie brachten, verkauft sind, wie sich dies aus der Vergleichung des Budgets vom Jahre 1821 mit dem von 1841 ergiebt; denn nach Letzterem ist die Staats-Einnahme aus den Domainen und Forsten um 1,584,000 Thlr. geringer als im Jahre 1821.

Wenn nun berechnet wird, wie viel der Staat an Zinsen durch die von den Domainengeldern erfolgte Einlösung der Staatspapiere spart, so würde dies von 35,678,953 Thlr. zu 4 Prozent gerechnet, eine Summe von 1,427,158 Thlr. ergeben. Dieser eben angegebene Verlust an der Einnahme der Domainen des Jahres 1841 mit dem von 1821 verglichen, würde eine Verminderung von 156,842 Thlrn. nachweisen *). Wenn ferner erwogen wird, daß gleichzeitig die ganze Mehreinnahme der Domainen und Forsten, der dem Staate verbliebenen Grundstücke in dieser Berechnung mit verschlungen ist, so zeigt sich ein ungeheurer Verlust. Jeder Landwirth in den Provinzen der Monarchie, wo der Staat seine Domainen

---

*) Da die Säcularisations-Güter nicht zu den Domainen geschlagen sind, und die im Budget von 1841 aufgeführte Summe für Competenzen u. s. w. 1,308,000 Thlr. beträgt, so müßte diese Summe wenigstens zum größten Theil obigem Verluste noch theilweise hinzugerechnet werden.

besitzt, wird es gewiß bezeugen müssen, daß seit 1820 die Einnahme aus Grund und Boden sich mindestens um $\frac{1}{3}$ erhöht hat, theils durch den höheren Werth der Produkte, theils durch die Zunahme des Geldes u. s. w. Wenn wir nun diesen Satz, daß die Grundstücke jetzt $\frac{1}{3}$, oder was gleich ist, $33\frac{1}{3}$ Prozent mehr tragen als 1820, als richtig annehmen können, und nach diesem Maaßstabe eine Berechnung anlegen, um den Verlust, der wirklich erfolgt ist, in Zahlen auszudrücken, so wird man aus der nachfolgenden Berechnung die Höhe desselben erkennen.

Die Domainen und Forsten trugen im Jahre 1841	4,020,000 Thlr.
Sie trugen laut Budget im Jahre 1821 mehr	1,584,000 „
also überhaupt im Jahre 1821	5,604,000 Thlr.
Diese Domainen würden 1841 höchst wahrscheinlich $\frac{1}{3}$ mehr einbringen, weil dieß als Minimum der stattgefundenen Steigerung betrachtet werden kann	1,868,000 „
in Summa	7,472,000 Thlr.

Nun sind mittelst Domainen-Verkäufe an Staatsschulden getilgt 35,678,953 Thlr., wodurch man an Zinsen, à 4 Prozent, erspart hat	1,427,158 Thlr.	
Der Ertrag der Domainen beläuft sich 1841 auf .	4,020,000 „	
		5,447,158 „

Diese von der obigen Summe abgezogen, um
den fehlenden Ertrag zu ermitteln, bleibt 2,024,842 Thlr.

Diese Summe, à 4 Prozent, zu Kapital gemacht, ergiebt einen Verlust von 50,621,050 Thalern.

Gegen diese Berechnung und den Verlust, den sie nachweiset, läßt sich noch mit Grund einwenden, daß zum Vortheil des Domainen-Conto noch die Grundsteuer, welche die Domainen-Käufer zu zahlen haben, in Rechnung gestellt werden müßte; allein die dadurch aufkommenden Summen sind nur geringe, und treten ganz in den Hintergrund, wenn man dagegen die bedeutenden Summen ins Auge faßt, die, um den Kapitals-Verlust zu berechnen, bisher noch nicht aufgeführt sind. So z. B. befinden sich unter den Domainen auch die sämmtlichen säcularisirten Güter, deren Werth nicht angegeben ist; wie bedeutend dieser aber sein muß, ergiebt sich aus dem Budget von 1841, in welchem für lebenslängliche Pensionen und Competenzen für die aufgehobenen geistlichen Corporationen und noch einige unbedeutende Gegenstände allein 1,308,000 Thlr. in Ausgabe gestellt sind. Doch wir wenden uns von diesem Gegenstande ab, der, je tiefer man den Blick in selbigen wirft, desto betrübender wird.

Wenn wir nun die Resultate der Staatsschulden-Tilgung zusammenfassen, so ergiebt sich daraus:

> daß die verbriefte Staatsschuld sich zwar gegen 1820 und 1822, verglichen mit 1841, um 34,928,010 Thlr. vermindert, dagegen aber das Activ-Vermögen nicht

nur den vorhin nachgewiesenen großen Verlust an den Domainen erlitten hat, sondern noch um 750,943 höher belastet ist, und daß jedenfalls aus den Staats-Einnahmen nicht die Summen zur Tilgung verwendet sind, welche das Gesetz vom 17. Januar 1820 vorschreibt,

und es bleibt uns nur noch übrig zu prüfen, wie bedeutend die Staats-Einnahmen in dieser Zeit zugenommen haben, ohne daß man im Stande gewesen wäre, eine so große Verzehrung des Activ-Vermögens des Staats zu hindern.

Eine genaue Vorlegung der Höhe der Einnahmen und Ausgaben des Staats zu liefern, ist uns eben so wenig möglich, als eine völlig klare Uebersicht der Staatsschuld-Verhältnisse zu geben. Inzwischen wird der Leser bei Beleuchtung der Staats-Einnahmen und Ausgaben doch, wie bei der Untersuchung des Activ- und Passiv-Zustandes der preußischen Finanzen, über manchen Punkt sich eine feste Ansicht verschaffen können, es wird manches hervortreten, was zu heilsamen Resultaten führen kann, wenn man es benutzen will.

Auf Befehl des hochseligen Königs sollte dem Lande die Uebersicht der Staats-Einnahmen und Ausgaben vorgelegt werden, auch ist durch die Verfügung vom Jahre 1829 dem Finanz-Minister befohlen, Erläuterungen darüber zu geben. Allein die Budgets und Erläuterungen haben bisher zusammen kaum den alleroberflächlichsten Nachweis geführt, und nur die Ueberzeugung hervorgerufen, daß das Budget nichts weniger als den wahren Stand der Einnahmen und Ausgaben zeigte.

Zuerst müssen wir anführen, daß diese sogenannten Budgets weder die Brutto-, noch die Netto-Einnahme nachweisen, daß manche Einnahmen nicht aufgeführt stehen, daß die einzelnen Positionen nicht richtig sein können, daß die Summe der Einnahme weit größer sein muß, als sie angegeben ist, und daß diejenigen Einnahme-Rubriken, bei welchen das Land ein Interesse hat, sie näher zu kennen, sich mit so vielen andern zusammengeworfen befinden, daß immer das versteckt bleibt, was man aufgedeckt zu sehen wünschen muß.

Das Budget vom Jahre 1821 giebt die Einnahme zu 50,000,000 Thlr.? an, das vom 21. Febr. 1829 zu 50,796,000 Thlr.?, das von 1832 weiset den Eingang von 51,287,000 Thlr.?, das von 1835 — 51,740,000 Thlr.?, das von 1838 — 52,681,000 Thlr.? und endlich das von 1841 — 55,867,000 Thlr.? nach. Es geht hieraus hervor, daß im Jahre 1841 sich die angebliche Einnahme gegen das Jahr 1821 um 5,867,000 Thlr. verbessert hat, und wenn wir den Ausfall an der Domainen-Einnahme hinzurechnen, welcher 1,584,000 Thlr. beträgt, so belaufen sich die Abgaben, die das Land direkt nach diesen Budgets mehr trägt auf 7,451,000 Thlr. Diese Vermehrung ist aber weit größer, oder vielmehr die Staats-Einnahme muß bedeutend höher sein, als das Budget von 1841 es behauptet, wie wir zeigen werden.

Der Hauptgrund der so großen Vermehrung der Revenüen liegt entschieden in dem zunehmenden Verkehr, dem daraus entspringenden Wohlstande und dem in dessen Folge stärkern Verbrauch; inzwischen ist es auch nicht zu leugnen, daß Preußen bisher statt einer Verringerung der Steuern, eine Vermehrung erfahren hat, die theils aus der Deutung der Steuergesetze und der scharfen Anwendung derselben entsprungen ist, theils aus der direkten Erhöhung der Steuern selbst, wie es bei der Branntweinsteuer und der im Jahre 1824 erfolgten Steigerung des Briefporto's der Fall ist. Durch letztere allein hat sich die Einnahme des Staats um 600,000 Thlr. vermehrt, obgleich von dieser Verwaltungs-Partie sehr große Summen zu allgemeinen Zwecken verwendet werden.

Die Behauptung, daß das Budget weder die Brutto-, noch die Netto-Einnahme nachweise, auch in selbiger manche Einnahmen gar nicht berechnet sind, rechtfertigt sich schon dadurch, daß keine ersten Erhebungs-Kosten bei der Ausgabe aufgeführt sind, also nothwendig abgezogen sein müssen, und sie betragen wahrscheinlich zwischen 10 und 20 Prozent. Inzwischen können wir diesen indirekten Beweis mit einem direkten verstärken. Aus den Mittheilungen an die Stände über die Einnahme aus dem Salz-Regal geht hervor, daß in dem Budget von 1841 nur die reine Einnahme aufgeführt ist, und daß theils durch den Einkauf eines Theiles des Salzes, theils durch die Transport- und Erhebungskosten und durch die Ausgabe für Salz-Faktoreien die Brutto-Einnahme ungefähr 2,800,000 Thlr. mehr beträgt, als das Budget besagt.

Ein Budget, welches, wie das unsrige, nur Fragmente liefert, sollte in einer Monarchie, wie die Preußische, nie die Censur passiren, denn es verdächtigt dadurch eine Verwaltung, die unstreitig nur in der Meinung gewinnen kann, wenn man ihre Schritte zu verfolgen in den Stand gesetzt wird.

Was den Punkt betrifft, daß ganze Einnahmen fortgelassen sind, so bedarf es nur einer Hinweisung auf die Gerichtssporteln. Diese bilden offenbar eine indirekte Steuer, und eine sehr bedeutende, wie weiterhin gezeigt werden wird. Ihr Ertrag ist bestimmt die Kosten der Rechtspflege, also eines der wichtigsten Verwaltungszweige theilweise zu decken, welcher nach dem Budget von 1841 aus den Staats-Kassen einen Zuschuß von 2,219,000 Thlrn. erhielt. In dem Theil der Monarchie, wo das preußische Landrecht eingeführt ist, belaufen sich die jährlichen Sporteln gegenwärtig wahrscheinlich auf mehr als 4,000,000 Thlr., mithin würde, dies vorausgesetzt, die Verwaltung der Rechtspflege allein in den östlichen Provinzen, wo das Landrecht gilt, circa 6,219,000 Thlr. betragen; dazu kommen die Kosten der sämmtlichen Privatgerichte, unter deren Jurisdiction sich drei Millionen Einwohner befinden, ferner die Mandatarien-Gebühren, welche sich sehr wohl auf dritthalb Millionen Thaler belaufen können, die Gebühren der Executoren, Sequestratoren u. s. w. u. s. w. Dieser ungeheure Kosten-Aufwand, welcher lawinenmäßig fortzuwachsen droht, fordert unstreitig die größte Aufmerksamkeit der Regierung *).

Da hier durch die Gerichte vom Lande eine Summe erhoben wird, deren Höhe die Gerichtshöfe erst nach ihrem Ermessen festsetzen, so haben diese offenbar eine Funktion, die dem Finanz-Ministerium zukommt, und bilden sie mithin die fünfte Abtheilung dieses Ministeriums.

Es liegt uns jetzt vor Allem ob, das Budget von 1841 näher zu betrachten, um daraus die Richtigkeit oder Unrichtigkeit unserer weiteren Behauptung zu ermitteln. In demselben sind folgende Punkte zusammengeworfen, die eine Einnahme von 22,543,000 Thlrn. gewährt haben. Diese sind nun:

1) die Eingangs-, Ausgangs-, und Durchgangs-Abgaben;
2) die Verzehrungssteuer von inländischen Erzeugnissen;
3) die Wege-Gelder;
4) die Abgaben von der Schifffahrt bei Benutzung der Häfen, Kanäle, Schleusen, ferner die Brücken- und andern Communications-Abgaben;
5) die Stempel-Steuer.

---

*) Ganz besonders erhält dieser Punkt eine Wichtigkeit durch die Mittheilungen, welche den Ständen zur Beurtheilung der Frage wegen des Steuer-Erlasses gegeben sind, und in welchen gesagt wird, eine Heruntersetzung sei schon erfolgt (???) und eine weitere könne erst nach erfolgter Revision (?) der Gesetzgebung für die östlichen Provinzen eintreten. Es ist richtig, in einzelnen Punkten ist eine Heruntersetzung erfolgt, in vielen andern eine Erhöhung im Großen, oder ist das Hinzutreten der Werth- und Geschäfts-Stempel zu dem Maximum der Sportel-Taxe, welches gewöhnlich angewandt wird, für eine Heruntersetzung zu achten?

Diese verschiedenen Einnahmen sind zusammengeworfen, und gewähren mithin auch nicht die allerentfernteste Einsicht, was die einzelnen Steuern gebracht haben.

Allein wir bestreiten vor allem die Richtigkeit der Hauptsumme, weil selbige mit anderen offiziellen Mittheilungen nicht übereinstimmt, welche durch die Loyalität des Monarchen den Ständen zugekommen sind.

Die zu 1 ist bekannt; alle Zollverband-Staaten und auch Preußen haben eine Einnahme von 1 Thaler pro Kopf aus diesen Titeln bezogen,

a)	mithin Preußen circa . . .	14,000,000 Thlr.
b)	Was die Ausgangs- und Durchgangsabgaben betrifft, so können wir dieselben, da sie uns unbekannt sind, hier nicht in Rechnung bringen, und die Stellen bleiben unausgefüllt zu 2.	
c)	Für die Branntweinsteuer ist nach offiziellen Mittheilungen eingekommen über, (wie viel wird nicht gesagt)	5,000,000 "
d)	Für die Brausteuer. . . .	1,250,000 "
e)	Weinsteuer	118,000 "
f)	Tabackssteuer	133,000 "
	Latus	20,501,000 Thlr.

	Transport	20,501,000 Thlr.
g)	Mahl- und Schlacht-Accise .	2,832,966 „
h)	Stempel	3,503,000 „
i)	Die Elb-, Weser- u. Rhein-Schifffahrts-Abgaben . . .	388,000 „
k)	Hafen-, Canal- und Schleusengelder	544,000 „
	in Summa	27,768,966 Thlr.
	hiervon abgezogen, die im Budget angeführten	22,543,000 „
	so ergiebt dies eine Mehreinnahme von	5,225,966 Thlrn.

zu welcher die unbekannten Einnahmen mehrerer Rubriken zu b, noch hinzukommen würden.

Da die Mittheilungen, wie schon erwähnt, eben so offiziell und noch authentischer sind, als die des Budgets von 1841, so glauben wir unsere Rechnung für die richtige annehmen zu können; allein die Summe muß nothwendig noch weit höher sich belaufen, da die Einnahmen aus den Aus- und Durchgangsgefällen, die ganze Brutto-Chaussee-*) Einnahme, die Brückengelder und noch manche andere uns unbekannt sind, und

*) Da in dem Budget vom Jahre 1840 für Chausseen Tit. 12. allein 3,000,000 Thlr. in Ausgabe gestellt sind, und Tit. 15. zu extraordinairen Chaussee-, Strom-, Hafen- und sonstigen Bauten und zu Landes-Verbesserungen (?) wiederum 2,500,000 Thlr. angesetzt stehen, so muß nothwendig die ganze Brutto-Einnahme, die hier fehlt, sehr hoch sein. Man hat auf das Activum der Chausseen ein großes Darlehn gemacht und die Revenüen derselben den Gläubigern verpfändet; ein Activum, welches jährlich 3 Millionen Zuschuß fordert, ist schwerlich als solches zu buchen.

daher hier nicht mitgerechnet werden konnten, wodurch jedenfalls die Mehreinnahme von 5,225,966 Thlrn., welche wir schon erwiesen haben, sich noch bedeutend erhöhen muß.

Doch wir beabsichtigen nicht, hier eine Kritik des Budgets zu liefern und alle einzelnen Theile durchzugehen, daher wollen wir nur noch einen Punkt berühren, zu welchem uns der Tit. 7. der Einnahme auffordert. Derselbe lautet: „An verschiedenen unter obigen Titeln nicht begriffenen Einnahmen 321,000 Thlr." Welche diese Einnahmen sind, wird nicht gesagt.

Wenn man nun auf das Budget vom Jahre 1821 Tit. 8. einen Blick wirft, so findet sich, daß damals die Einnahme aus denselben Titeln 1,536,700 Thlr. mehr betragen hat, als im Jahre 1841. Da mit Ausnahme der Domainen alle übrigen Einnahmen günstiger sind und sein müssen, so ist man gespannt zu wissen, welcher Einnahme-Zweig eine solche Abnahme erlitten haben kann, und welches die Gründe davon sind?

So viel ist offenbar, daß die Einnahmen aus diesen Titeln auf sehr wechselnde Verhältnisse hindeuten, und sie dürften daher wohl die Ueberschüsse der Königlichen Bank und Seehandlung umfassen, die wir auch sonst nirgends im Budget aufgeführt finden, und die als Geld-Institute doch jedenfalls einen Platz in diesem einnehmen müßten. Was diese Ansicht besonders unterstützt, ist der Umstand, daß im Budget von 1841 in der Ausgabe die Kosten der Staatsschulden-

Verwaltung, welche nach den Mittheilungen an die Stände 149,381 Thlr. betragen, nicht aufgeführt sind, und daher wahrscheinlich aus den Einnahmen der Bank und Seehandlung bestritten werden. Oder giebt es noch andere Quellen der Einnahmen, die das Land überhaupt nicht kennt? Wenn die Art, wie Dänemark und wie Preußen der Nation Rechnung legen, verglichen wird, so weiset ersteres nach, wie viel jeder Acten-Austräger bekömmt; letzteres hat für ein ganzes Ministerium keine Rubrik in der Ausgabe.

Wenn die Schlußfolge, daß die hier in Rede stehende Einnahme von der Bank und Seehandlung herrühre, richtig ist, so muß die im Jahre 1821 so ausnahmsweise stattgehabte Mehreinnahme von über $1\frac{1}{2}$ Millionen sehr willkommen gewesen sein, denn ohne dieselbe würde das Budget von 1821 keinen dem Credit förderlichen Prospect gezeigt haben.

Daß die Staatseinnahme in einzelnen Punkten viel höher ist, als das Budget diese angiebt, haben wir vorhin nachgewiesen, indem bei einer Rubrik allein die wirkliche Einnahme die angebliche um mindestens 6, ja vielleicht 8 Millionen überschreitet. Wie viel größer jedenfalls die wirkliche Einnahme sein muß, geht auch schon daraus hervor, daß der Hauptreserve-Fonds und der Staatsschatz höchst wahrscheinlich die baaren Mittel besitzen, um die Armee in jedem Augenblick mobil zu machen, und daß den Ständen vom Monarchen die Mittheilung geworden ist, daß in einem Zeitraum von 9 Jahren eine außerordentliche Ausgabe von 61 Millionen stattgefunden habe. Wenn nun der Reserve-Fonds und der Staatsschatz etwa 30 bis 40 Millionen, wie die öffentliche Meinung glaubt, enthalten sollten, so würde hieraus folgen, daß in 9 Jahren ungefähr 90 bis 100 Millionen mehr eingenommen worden sind, als im Budget aufgeführt stehen; allein das kann wiederum nicht der Fall sein. Es erklärt sich aber auch ganz einfach dadurch, daß in diesem Zeitraume und namentlich zur Bestreitung der vom Monarchen angegebenen außerordentlichen Ausgaben die Prämien-Anleihe, die Fonds der Wittwen-Casse und die Cautionen, welche zusammen ursprünglich circa 30*) Millionen betragen haben, aufgenommen sind. Ist diese Vermuthung eine richtige, so wäre es freilich sehr viel wünschenswerther gewesen, wenn man dies dem Lande gesagt hätte, wodurch die Regierung sich in die gewiß ihr selbst angenehme Lage versetzt haben würde, für die Folge in Hinsicht der Finanz-Darlegung eine offene Sprache führen zu können. Die wahrscheinliche Höhe der Brutto-Einnahme zu berechnen, ist uns nicht möglich, sie kann aber wohl auf 70 bis 74 Millionen angeschlagen werden.

Wenn nun bei so sehr vermehrten Einnahmen der Regierung, in einem Zeitraume von 20 Jahren, keine Schulden abgezahlt sind, das Capital-Vermögen der Monarchie so ungeheure Verluste erlitten hat, wenn bei einem so bedeutenden Anwachs der Staats-Einnahme dem Lande noch neue Abga-

*) Die Ursache, daß dieser Betrag jetzt nicht mehr die ursprüngliche Höhe hat, liegt darin, daß von der Prämien-Anleihe schon ein Theil zurückgezahlt ist.

ben aufgelegt sind, so wird dies gewiß die Aufmerksamkeit einer Regierung ganz in Anspruch nehmen, die mit jugendlicher Kraft Erbe der vielen trefflichen Einrichtungen ist, aber auch der Mängel, die nicht ausgeblieben sind. Die Ursachen dieses unerfreulichen Zustandes liegen, wie schon angedeutet, in dem Gesetz vom 17. Januar 1820, wo Versprechungen gemacht worden sind, die man theils nicht halten wollte, theils nicht halten konnte.

Die Verlegenheit, in welche die Verwaltung dadurch gekommen ist, hat dieselbe gewissermaßen gezwungen, dies Gesetz zu umgehen, einen größern Verkauf der Domainen anzuordnen, versteckte Darlehne aufzunehmen und die wirkliche Staats-Einnahme in ein Dunkel zu hüllen, um die neueren Verpflichtungen wieder abtragen zu können.

Wenn wir uns bewogen gefühlt haben, den wahren Zustand unserer Finanzen so klar hinzustellen, als es dem Privat-Manne aus den vorliegenden Daten möglich ist, so ist es nur geschehen, um die Besorgnisse zu zerstreuen, die über diesen Gegenstand verbreitet sind, und zugleich zu zeigen, wie befriedigend die jetzige Lage unserer Finanzen durch die Vermehrung der Einnahme geworden ist, und welche glückliche Aussichten sich für die Zukunft ergeben, wenn dieselben so verwandt werden, wie es die allgemeine Wohlfahrt wünschenswerth macht.

Wenn auf den Grund zurückgegangen wird, aus welchem manche unerfreuliche Verhältnisse entsprungen sind, so finden wir ihn in Folgendem.

Der hochselige Monarch, der mit schwerem Herzen seinen Unterthanen während des Kampfes um die eigene Existenz große Lasten auferlegen mußte, erließ in der wohlmeinendsten und väterlichsten Absicht das Gesetz vom 17. Januar 1820, in welchem drei Hauptbestimmungen enthalten waren.

1) Daß die Staatsschuld unwiderruflich als geschlossen erklärt werde.
2) Daß eine feste Amortisation stattfinden,
3) Daß den Reichsständen deren Controlle übertragen werden sollte.

Was die beiden ersten Punkte betrifft, so sind dies Zusicherungen, die, so wohlmeinend sie waren, nie gegeben werden sollten, weil Verhältnisse eintreten können, die die Erfüllung unmöglich machen.

In Hinsicht des dritten Punktes, wegen der den Reichsständen zu ertheilenden Controlle bei den Staats-Finanzen, hatte sich ziemlich allgemein die irrthümliche Idee verbreitet, daß Reichsstände mit Rechten begabt werden müßten, die die Kraft der Monarchie beschränken. Die Idee von Reichsständen, von Constitution, von Theilung der Gewalt, hatte sich als ein Universal-Heilmittel gegen alle vermeintlichen Uebel in den Köpfen Vieler eingewurzelt, und das Wort „Reichsstände" und „Theilung der Staatsgewalt" hatte sich in ihnen als gleichbedeutend zu einer fixen Idee festgesetzt*). Daß der Monarch

*) Wir haben schon bei der Verfassungsfrage uns darüber ausgesprochen, daß in dem Ausdrucke „Reichsstände" keineswegs diese Bedeutung liegt.

solche Reichsstände nicht wollte, das war weise und ist dankbar anzuerkennen. Jetzt aber, wo ein neuer Regent den Thron bestiegen hat, wo es unmöglich ist, das, was der Vergangenheit angehört, wieder ungeschehen zu machen, würde es unrecht sein, sich in einer Lage zu erhalten, die eine Menge Nachtheile erzeugt und der Regierung Schaden bringt.

Es wird ganz zweifelsohne der Pietät des Monarchen wohlthuend sein, den Grundgedanken jenes Gesetzes von 1820 in Ausführung zu bringen, die Finanzen zu verbessern, die Schulden zu tilgen, und den Ständen die Einsicht der Einnahmen und Verwendung der Abgaben zu gestatten und ihr Gutachten darüber zu hören. Es ist der Würde des Preußischen Staats angemessen, die Geldverhältnisse klar und unumwunden, und wie sie wirklich sind, der Nation vor Augen zu legen. Dazu kömmt, daß es auch keinen Grund giebt, dies nicht thun zu wollen.

Die Freimüthigkeit, mit welcher wir unsere Ueberzeugung über Mängel und Mißgriffe ausgesprochen haben, welche der Vergangenheit angehören, wird von uns jeden Verdacht von Neben-Rücksichten fernhalten, wenn wir es aussprechen, daß nach dem, was wir auf offiziellen und sonstigen Wegen von den Geldverhältnissen der Monarchie erfahren haben, diese günstiger stehen, wie die der großen Mehrzahl der europäischen Reiche, und daß Preußen alle Mittel besitzt, nicht nur seine Verpflichtungen zu erfüllen, und sich eine große Reserve zu schaffen, sondern auch bedeutende Summen zur Förderung aller der Zwecke zu verwenden, durch welche die geistige und industrielle Entwickelung gesteigert wird, wenn die reichen Hülfsquellen, die es besitzt, gehörig benutzt und verwendet werden, und dies alles unter fortwährender Erleichterung des Druckes der Abgaben.

Wir wollen versuchen, die Zahlen sprechen zu lassen.

Die jetzige Schulden-Masse, einschließlich der unverzinslichen Staatspapiere beträgt laut obiger Berechnung	155,197,605 Thlr.
Davon ab die Kassenscheine	11,242,347 „ *)
bleibt als verzinsliche Schuld	143,955,258 Thlr.
ferner ab die wahrscheinliche Tilgung in den Jahren 1831 und 1842 mit . . .	5,472,513 „
bleibt für 1843	138,482,645 Thlr.

*) Von den anderweitig ausgegebenen circa 16 Millionen Kassenscheinen sind nach den Mittheilungen an die Stände, 8,500,000 Thlr. für Rechnung der Seehandlung, der Königlichen Bank und der pommerschen Bank ausgegeben; ferner ist für 7,500,000 Thlr. neu ausgegebene Kassenscheine eine gleiche Summe von Staatsschuldscheinen eingelöst, und mußten die Zinsen davon hier eigentlich in Anrechnung gebracht werden; da man aber dagegen einwenden kann, dies sei nur eine temporaire Einnahme, weil sie möglicherweise zur Realisation der dafür ausgegebenen Kassenscheine wieder ausgegeben werden müßte, so wollen wir dieselbe hier nicht in Rechnung stellen, müssen uns jedoch noch eine Bemerkung erlauben. In den Mittheilungen an die Stände ist gesagt, daß von den ausgegebenen Kassenscheinen 8,500,000 Thaler für die Seehandlung rc. ausgegeben waren. Zugleich wird die deshalb erlassene Königliche Ordre vom 5. Decbr. 1836 angeführt, allein in selbiger steht statt 8,500,000 Thlr. 5,500,000 Thlr. Hier zeigt sich mithin eine Abweichung von 3,000,000 Thlrn.

Transport 138,482,645 Thlr.

Dazu tritt die Prämien-Anleihe zu Anfange des Jahres 1843 mit . . . 10,749,902 „

Die Fonds der Wittwen-Kassen, Cautionen der Staatsdiener, der Dom.-Pächter so die Regierung an sich genommen hat, mit 17,100,000 „

Folglich beträgt die verzinsliche Schuld zu Anfange des Jahres 1843 . . . 166,332,547 Thlr.

Aus welchen verschiedenen Schuldverschreibungen diese entspringt, welches der Zinsfuß ist, und in welchen jährlichen Raten sie getilgt wird, davon gewährt das Nachstehende eine Uebersicht.

Verzinsliche Staatsschuld	Capital. Thlr.	Sg.	Pf.	Verzinsung. Thlr.	Sg.	Pf.	Tilgung. Thlr.
A. Anleihen vom Auslande	20,591,325	—	—	823,653	—	—	377,806
B. Central-Schulden im Lande.							
a. Staatsschuldscheine	99,209,050	—	—	3,968,362	—	—	1,411,013
b. Domainen-Pfandbriefe.	824,935	—	—	32,997	12	—	18,619
c. Antheil an d. Kriegsschuld							
α. der Kurmark	2,364,411	—	—	82,754	11	7	33,357
β. der Neumark	440,007	—	—	15,400	7	4	6,200
C. Provinzial-Staatsschulden	15,052,917	—	5	422,186	3	7	379,505
D. Schuld für eingezogene Capitalien und Dienst-Cautionen. .	17,100,000	—	—	684,000	—	—	
E. Schuld auf die Prämien-Anleihe . . .	10,749,902	—	—	537,495	—	—	272,509
	166,332,547	—	5	6,566,848	4	6	2,499,009

Was nun das Budget vom Jahre 1841 betrifft, so wollen wir versuchen, dasselbe, so weit uns dies aus den vorliegenden Daten möglich ist, in mehreren Positionen berichtiget zu liefern.

Ausgabe.

Die Verzinsung der gesammten Staatsschuld	6,566,848 Thlr.
Die Tilgung	2,499,009 „
	9,065,857 Thlr.
Kabinet	306,000 „
an Pensionen ꝛc.	2,284,000 „
an Entschädigungen, Renten ꝛc.	327,000 „
Für das Ministerium des Cultus, und Regierungen	4,728,000 „
Ministerium des Innern	2,569,000 „
„ „ der Auswärtigen	668,000 „
Kriegs-Ministerium	23,721,000 „
Justiz- „ „	2,219,000 „
Für die Finanzen, einschließlich der Domainen-Verwaltung	244,000 „
Für Handel und Gewerbe, einschließlich der Land- und Wasserbauten	1,434,000 „
*)	
Für die Landgestüte	173,000 „
Zur Ablösung kleiner Passiv-Renten . .	100,000 „
Zur Umprägung von Münzen	200,000 „
Zu extraordinairen Chaussee-, Strom-, Hafen- und sonstigen Bauten	2,500,000 „
Für die wahrscheinliche Unterhaltung der Chausseen **)	660,000 „
in Summa	51,198,857 Thlr.

*) Für die Staatsschulden-Verwaltung fehlt im Ausgabe-Budget die Rubrik.

**) Im Budget finden sich 3,000,000 aufgeführt zur Unterhaltung und perodischem Neubau der Chausseen und für die Verzinsung und Tilgung der Prämien-Anleihe. Letztere erfordert jedoch nur, wie eben gezeigt worden ist, 272,509 Thlr., und da der periodische Neubau auch zu den Unterhaltungskosten gehört, so ist es klar, daß eine so ungeheuere Summe von

Einnahme.

a) aus den Domainen und Forsten	4,020,000	Thlr.
b) Bergwerke	917,000	=
c) Post	1,400,000	=
d) Lotterie	929,000	=
e) Grundsteuer	9,889,000	=
f) Klassensteuer	6,693,000	=
g) Gewerbesteuer	2,180,000	=
h) Eingangssteuer	14,000,000	=
i) Branntwein= und Braumalzsteuer	6,250,000	=
k) Wein= und Tabackssteuer	251,000	=
l) Stempel	3,503,000	=
m) Mahl= und Schlacht=Accise	2,832,966	=
n) Elb= ꝛc. Schifffahrts=Abgaben	388,000	=
o) Hafen=, Canal= ꝛc. Geld	544,000	=
p) Einnahme aus den Ausgangs= und Durchgangszöllen, den Brückengeldern	1,000,000	=
q) aus dem Salz=Regal	5,975,000	=
r) aus verschiedenen Titeln	321,000	=
in Summa	61,092,966	Thlr.

3,000,000 Thlr. nicht zu jenen Zwecken verwandt werden kann, da auch die Chaussee=Einnahmen nirgends in Einnahme gestellt sind, und da noch an einer andern Stelle im Budget 2,500,000, zum Theil für Chaussee=Neubauten ausgesetzt sind. Es ist daher gewiß, daß in dieser Summe noch andere Ausgaben enthalten sein müssen, die man nicht hat namhaft machen wollen, und wenn daher noch 660,000 Thlr. zur Unterhaltung außer den Chaussee=Einnahmen und außer den Neubauten angesetzt sind, die nur sehr beschränkt stattfinden, so wird dies die wirkliche Ausgabe gewiß vollkommen erreichen.

Daß die hier berechnete Einnahme weit hinter der Wirklichkeit zurückbleibt, ist wohl außer Zweifel. Bei den Aufgaben haben wir die Sätze des Budgets im Allgemeinen beibehalten und uns aller Zweifel oder Bemerkungen über die dabei wünschenswerthen Ersparungen enthalten, da es zu jeder gründlichen Beleuchtung an einem Anhalt fehlt.

Wenn nun von der hier berechneten Einnahme von . . . . 61,092,966 Thlr.
der Bedarf abgezogen wird, für die Verwaltung, Verzinsung, Amortisation u. s. w. mit 51,198,857 „
so bleibt zur Disposition des Staats ein Ueberschuß von . . . . 9,894,109 Thlrn.
die nun verwendet werden können

a) zu Neubauten aller Art;
b) zur Landes-Verbesserung;
c) zur Ausgleichung und Verminderung solcher Steuern,
   1) die ungleich und gegen das Princip sind,
   2) die die niederen Volks-Klassen drücken,
   3) die auf die Moralität schädlich einwirken;
d) zur Verstärkung der Haupt-Reserve-Fonds, oder wozu es sonst nöthig erscheint.

Es ist schon oben bemerkt worden, daß vorstehende Berechnung nicht genau sein kann, da dieselbe nur das Budget von 1841 in einigen Punkten abändert. Gleichwohl gewährt sie doch die Ueberzeugung, daß ein Land, welches die Fonds zu so vielen Institutionen und einer so ausgebreiteten Verwaltung herzugeben vermag, wie das Preußische, und noch 9,894,109 Thlr., und wahrscheinlich noch weit mehr jährlich zur freien Disposition behält, daß ein Reich, in welchem die Verschuldung, auf die Kopfzahl vertheilt, noch nicht volle 13 Thlr. ergiebt, wo der Monarch und dessen Familie von den Familien-Gütern und Kapitalien ihre Ausgaben bestreiten, mithin keinen Zuschuß von den gewöhnlichen Einnahmen fordern, daß ein solches sich in einer sehr guten finanziellen Lage befindet. Ja, Preußen ist von den großen Mächten Europa's vielleicht das einzige, welches, wenn es wollte, durch seine Domainen, Forsten, Bergwerke und durch die Aufopferung seiner disponiblen Fonds, seine ganze Staatsschuld zu tilgen im Stande wäre. Wenn nun, im Vergleich zu einer so günstigen finanziellen Lage, die Resultate bisher nicht diesem Zustande entsprechend gewesen sind, so liegt der Grund allein in dem Mangel einer zweckmäßigen Organisation der obersten Behörden, und einer das Ganze umfassenden Leitung, in dem Mangel eines festen Systems, auf richtigen staatsöconomischen Ansichten nnd den besonderen Zuständen des Landes gebaut, und in dem einer heilsamen Controlle Seitens der Stände.

Doch wir glauben im Vorhergehenden klar genug erwiesen zu haben, daß die Ansicht derer, die mit den Resultaten unserer seit 20 Jahren bestehenden Finanz-Verwaltung zufrieden sind, sich im Irrthum befinden, und daß es unmöglich so bleiben kann, wie es jetzt ist.

Allein die Nation kann auch mit vollem Vertrauen eine

Aenderung hoffen und erwarten. Die Bürgschaft liegt in der Person, in den Gesinnungen und den erhabenen Eigenschaften des Monarchen, der sich freimachen wird von den Hindernissen, die sich der Verwirklichung seiner landesväterlichen Absichten entgegenstellen, — Hindernissen, die nicht blos sächlich sind.

Ein Monarch, der vor Gott und seinem Volk, und vor ganz Europa in dem feierlichsten Act seines Lebens so begeisternde Worte gesprochen hat, wie Preußens König — nicht Worte, die in einem Minister-Rathe vorher discutirt und abgewogen worden sind, sondern die der reine Ausdruck der innern Seele waren, Worte, die aus dem Herzen kamen und in die Herzen übergingen; ein Monarch, der bewiesen hat, wie er die große und schöne Aufgabe, die ihm Gott auferlegte, zu würdigen weiß, der wird Sorge tragen, daß nicht durch eine mangelhafte Behandlung der Finanzen des Staats die Nation leide, der wird seinem Volke eine gewissenhafte Rechnungslegung von der Verwendung ihres seinen Händen übergebenen Geldes nicht versagen, der wird seinen Kindern, seinem Volke, sein Ohr nicht verschließen, der wird die Thür, sich ihm zu nahen, ganz öffnen.

Mit vollem Vertrauen sprechen wir dies aus, und mit einem gewissen Unwillen fügen wir hinzu, daß wir den Geist der preußischen Nation in manchen Theilen der alten Provinzen ganz verkennen, wo Zeichen von Ungeduld sichtbar werden, die im Widerspruch stehen mit dem herrlichen Geist, der sie bisher ausgezeichnet hat, und der vor Allem darin bestand:

„mit Liebe und vollem Vertrauen das Ende abzuwarten.“

Zwar ist es nicht zu leugnen, daß mancherlei religiöse Wirren wohl geeignet sind, eine augenblickliche Mißstimmung hervorzurufen.

Das preußische Volk der alten Provinzen hat einen Punkt, in welchem es nicht verletzt sein will, dieser betrifft seine Glaubensfreiheit, und wenn es diesen bedroht glaubt, und wäre es noch so sehr aus der Ferne, so sind die Gemüther erregt, und ein erregtes Gemüth ist nicht gerecht.

Das evangelische Volk Preußens will weniger eine äußere formelle Gottesverehrung, mehr eine innerliche. Es bestrebt sich, die Verkündigung seiner geheiligten Religion im Geist und in der Wahrheit zu erfassen, und durch Gehorsam gegen Gott und den König, und durch Liebe zu seinem Nächsten zu bethätigen, allein es hat Erinnerungen, von welchen es sich nicht loszumachen vermag.

Wenn wir nun ehrlich fragen, welche Veranlassung giebt es zu solchen Besorgnissen, so müssen wir erwidern — gewiß nichts mehr als scheinbare.

Aller Grund zur Mißstimmung beruht auf Anstellung einzelner Personen, welchen die öffentliche Meinung mißtraut, und daher höchstens auf einer Verkennung von Persönlichkeiten, die immer vorkommen werden und immer vorgekommen sind, und keine Norm für die Zukunft abgeben. Wie tritt dagegen dieser angebliche Grund zurück, wenn in die Wageschale die Thatsachen gelegt werden, die so laut sprechen.

Der Huld des Königs verdankt das Land einige sehr wesentliche Schritte zur endlichen Entwickelung der ständischen Verfassung, es verdankt ihr die Oeffentlichkeit der ständischen Berathungen, die Zusicherung eines Steuer-Erlasses, der wenigstens auf den Willen deutet, den Unterthanen die Lasten zu erleichtern, mancherlei Mittheilungen, die einen weitern Blick, als bisher, in die finanziellen Verhältnisse des Landes gestatten, und die Hoffnung erwecken, die Nation werde sich einer offenen Darlegung der finanziellen Zustände des Landes bald erfreuen können; wir verdanken ihr endlich den ersten Schritt zur Rückkehr zu einer freieren Presse.

Dies alles sind Thatsachen, wenigstens als Vorboten bedeutungsvoll, daher kann die Nation mit festem Vertrauen der Zukunft entgegensehen.

Wenn wir nun zu den Mitteln und Wegen übergehen, von welchen sehr wesentliche Verbesserungen zu erwarten stehen, so glauben wir, daß es vor Allem wichtig sei, eine klare Einsicht zu gewinnen; und um diese zu erhalten, scheint es wünschenswerth, wenn die Regierung dnrch eine Kommission von sachverständigen Männern aus der Administration sich eine genaue Uebersicht zu verschaffen suchte,

1) über den jetzigen Zustand der Finanzen in allen ihren Zweigen (welches bei der so vortrefflichen Controlle, die bei uns geführt wird, nicht schwierig sein würde);

2) über diejenigen Steuern, die jetzt nicht nach richtigen staatsöconomischen Grundsätzen erhoben werden, das heißt, die ungleich vertheilt sind, oder den Verkehr beschränken, desgleichen über die, welche zu drückend für die unteren Klassen sind, oder die auf die Moralität nachtheilig einwirken;

3) über die Ersparungen, welche gemacht werden können, ohne dem Staatsdienst zu schaden (die mithin nicht auf eine Beschränkung des Gehalts der Staatsdiener auslaufen).

Diese Untersuchungen müssen jedenfalls vorausgehen, bevor man sich zu einer festen Norm für die zukünftige Steuererhebung entschließt, die jedoch immer so zugeschnitten werden muß, daß sie ohne Störung des Systems eine zeitgemäße Entwickelung zuläßt. Es wird nur durch eine völlig klare, alle einzelnen Theile umfassende Uebersicht möglich, ohne Hemmung des Verkehrs einen allmähligen planmäßigen Uebergang zu machen, der besonders in Geldangelegenheiten eine erste Bedingung ist.

Das nächste Bedürfniß liegt in der Rückkehr zur Central-Verwaltung, welche in keinem andern Zweige so Noth thut, als in dem der Finanzen; der wichtigste Punkt ist und bleibt jedoch die Controlle der Stände.

Schon bei der Verfassungs-Frage haben wir erwähnt, wie es nicht zweckmäßig sei, den Ständen ein jährliches Steuerbewilligungsrecht einzuräumen, da es weder die Verfassung schützt, noch gegen hohe Abgaben bewahrt, wohl aber, ihnen die Einsicht der Rechnung von den Einnahmen und Ausgaben zu gestatten, um über diejenigen Punkte, in denen sie das Interesse der Nation gefährdet glauben, ihre Gravamina anbringen zu können.

In fast allen Monarchien, und namentlich in allen deutschen Staaten, haben die Stände jederzeit das Recht gehabt, die Steuern zu bewilligen; wenn nun mit solchem Recht oft Mißbrauch getrieben wird, und zugleich sehr leicht Mißhelligkeiten aus ihm entspringen können, die eine Schwächung der Macht herbeiführen, so darf Preußen sich am wenigsten in einen Zustand versetzen, wo dergleichen möglich wird.

Allein anders verhält es sich mit der Bewilligung außerordentlicher und neuer Steuern, mit der Garantie von Darlehen und mit der Controlle der Ausgaben. Diese den Ständen vorzuenthalten, giebt es keine Gründe. In diesem Punkt tritt das wohlverstandene Interesse des Fürsten und des Volks in innige Berührung.

Dazu kommt, daß der hochselige König es dem Lande in dem Gesetz vom 17. Januar 1820 bestimmt verheißen hat, und daß es in dem historischen Recht aller deutscher Volksstämme liegt, und außerdem in der Natur der Sache so begründet ist, daß der Monarch, der aus eigener Machtvollkommenheit die Steuern fordert, wenigstens dem Volke nachzuweisen verpflichtet ist, wie dieselben zu seinem Besten verwandt sind.

Soll aber die Rechnungslegung eine gründliche sein, soll

die Nation sich überzeugen, daß die Verwendung nicht dem Gutdünken der Beamten überlassen wird, so muß sie speciell und belegt sein. Die Budgets, welche bis jetzt publizirt wurden, beweisen weniger als nichts, wohl aber, wie wenig die Preußische Verwaltung die Befehle des Monarchen, dem Lande Rechnung zu legen, beachtet.

Als Muster einer Rechnungslegung müssen wir diejenige ansehen, welche der absolute König von Dänemark seinen Ständen im Jahre 1841 vorgelegt hat.

Unser Budget füllt kaum ein halbes Quartblatt aus, das des Dänischen Monarchen 550 Folio-Seiten. Es stützt sich auf einen feststehenden Normaletat; in ihm wird nicht nur die Einnahme, sondern auch die Ausgabe bis in das kleinste Detail gewissenhaft nachgewiesen, und jede Abweichung von diesem Normaletat genau dargelegt, ja, die Großherzigkeit des Königs geht so weit, daß derselbe, da die Ausgaben seines Hofes und seiner Person nicht wie bei uns aus dem Familien-Vermögen genommen, sondern von der Nation getragen werden müssen, auch diese ganz speciell seinem Volke vor Augen legt. (Die Reisegelder des Königs und die von ihm gemachten Geschenke sind nicht vergessen.)

In der Anlage B. findet sich eine kurze Uebersicht, nach welchem Schema die Rechnung gelegt wird.

Eine solche Rechnungslegung giebt zugleich die Ueberzeugung von der zweckmäßigen Verwendung der Staats-Einnahmen und stärkt dadurch das Vertrauen der Nation zur Regierung, als dieselbe Gelegenheit giebt, auf etwa unnütze Ausgaben aufmerksam zu machen.

Am wenigsten greift sie in das monarchische Princip störend ein, es sei denn, daß man eine gewissenhafte Pflichterfüllung auf der einen Seite und die dankbare Anerkennung auf der andern für antimonarchisch erklären wollte.

Die preußische Regierung hat außer der moralischen Verpflichtung zu einer solchen Rechnungslegung auch den größten Nutzen davon, nicht nur durch das Vertrauen, das sie weckt, sondern weil sie das sicherste Mittel ist, die Finanzen in den blühendsten Zustand zu versetzen und darin zu erhalten. Wenn dem Lande die Rechnungen vorgelegt werden, so muß dies zur ersten Folge haben, daß die Verwaltung ihre ganze Aufmerksamkeit darauf verwendet, nicht nur alle unnöthigen Ausgaben zu vermeiden, sondern auch die Steuern gleichmäßig zu vertheilen, ganz besonders aber sie nicht auf Gegenstände zu legen, durch deren Besteuerung die Gewerbe gedrückt werden. Sollten sich dennoch Punkte finden, wo eine Aenderung im allgemeinen Interesse nöthig erscheint, so werden die Stände die Regierung aufmerksam machen und die practische Seite der Theorie entgegenstellen. Bei dieser Behandlung der Sache, wenn intelligente Männer aus der Verwaltung, und practische Personen aus allen Ständen in ruhiger Discussion die Einnahme und Ausgabe beleuchten, können nur erfreuliche Resultate hervorgehen.

Da nun die Regierung kein anderes Interesse hat und haben kann, als die Fonds zu besitzen, durch welche sie in den Stand gesetzt wird, die Macht des Staats nach Außen und die Ordnung im Innern zu erhalten, desgleichen dem Lande nach allen Richtungen hin diejenigen Einrichtungen zu sichern, welche die geistige und die materielle Entwickelung fördern, so kann keine Regierung mehr wünschen, als daß ihr diese Mittel auf eine Weise zukommen, welche das Volk am wenigsten drückt; ja, wir gehen noch weiter und behaupten, daß hierdurch dem Herrscher erst recht eigentlich die Ausübung eines seiner wichtigsten monarchischen Attribute gesichert wird.

Das Wesen der Monarchie besteht vor Allem darin, daß der Regent die höchste Instanz ist, in welcher der letzte Spruch erfolgt; wie soll nun ein gewissenhafter Herrscher von diesem höchsten Spruchrecht Gebrauch machen, wenn nicht die entgegenstehenden Ansichten und Interessen gründlich erörtert ihm vorliegen?

Ohne eine solche Erörterung, ohne eine Feststellung der Controvers=Punkte fehlt ihm jede Möglichkeit, die ihm zukommende höchste Entscheidung mit gewissenhafter Ueberzeugung selbst auszusprechen. Ohne sie bleibt ihm in den meisten Fällen nichts übrig, als das Siegel auf das zu drücken, was die Verwaltung ihm vorschlägt; daher ist diese auch so oft der eigentliche Souverain, der Herrscher nur der Souverainetäts-Repräsentant. Dies ist es, was die Völker nicht wollen, weil dadurch das Wesen der eigentlichen Monarchie verwandelt wird, und es kann nur abgewendet werden, wenn allgemeine Stände bestehen und in allen wichtigen Dingen gehört werden.

Erst dadurch wird der Regierer ein Monarch und Selbstherrscher, im höheren Sinn des Worts, und nur ein knechtischer Sinn und eine totale Verfinsterung des Geistes gehört dazu, die Fürsten bereden zu wollen, daß die monarchische Größe in der isolirten Stellung des Herrschers und in der Abhängigkeit von seinen Dienern beruhe.

Ein König ohne Volk und außer Zusammenhang mit seinem Volke ist weiter nichts, als der Chef der Verwaltung; da er selbst nicht ein willkührliches Regiment wird führen wollen, so repräsentirt er nur das Königthum.

Wenn wir uns bisher über mehrere Punkte weitläufig verbreitet haben, so wird der Leser gewiß berücksichtigen, daß die Wichtigkeit derselben eine gründliche Darlegung erforderte. Jetzt wenden wir uns noch zu einem andern interessanten Punkte, die Schuldentilgung betreffend.

So wie alles in der Welt sich innerhalb bestimmter Grenzen bewegen muß, so haben auch das Schuldenmachen und das Schuldentilgen die ihrigen*), wenigstens wo sie aufhören vortheilhaft zu bleiben.

Ein Finanz-Minister, wie wir uns ihn denken, muß mehr verstehen, als Schulden zu contrahiren und dieselben wieder zu tilgen. In dem Schuldenmachen liegt zugleich das Mittel, ein Land zu Grunde zu richten und seinen Wohlstand zu heben.

*) Sollten ein Spanier oder auch einige gute andere Leute aus sonstigen Theilen von Europa dies lesen, so fürchten wir, sie werden diesen Satz angreifen.

Durch das Schuldenmachen wird ein Land bedingungsweise reich und arm.

Schuldenmachen kann bei geschickter Anwendung eine Capitalien-Schaffung werden, umgekehrt werden durch dasselbe die Kräfte des Landes geschwächt, der Erwerb künftiger Geschlechter verzehrt.

Wenn das Mark des Landes durch unnütze Kriege, durch Unordnung in den Finanzen, durch einen nachtheiligen Administrations-Luxus oder durch ganz unpraktische Calculationen, wie deren einige vorhin namhaft gemacht sind, verzehrt wird, und dieses nun in Schulden geräth, so ist dies eine große Kalamität.

Wenn Schulden gemacht werden, um wüste Ländereien zu cultiviren, den Verkehr im Lande zu erleichtern und zu beleben, die geistige Entwickelung zu fördern, durch den Mechanismus die arbeitenden Hände zu verzehnfachen, so ist dies Schuldenmachen eine Capitals-Erschaffung, und der Credit, auf diese Weise gebraucht, kann aus einer Million imaginairen fünf Millionen wirklichen Capitals hervorbringen.

Wer das Leben der gewerblichen Production kennt, und die Wahrheit, die in dem eben Gesagten liegt, einsieht, der wird sich überzeugen, daß ein Finanz-Minister mehr sein muß, als ein Receveur général, oder ein Banquier, oder ein guter braver Mann.

Allein auch wiederum der Act der Schuldentilgung hat eine viel tiefere Bedeutung und weit größeren Einfluß, als man gewöhnlich glaubt, da die praktische Anwendung mancher wichtiger staatsöconomischer Ansichten noch keinen Börsen-Cours erhalten haben.

So gewiß es ist, daß jede Regierung da, wo die Verschuldung eine gewisse Höhe erreicht hat, verpflichtet ist, dieselbe zu vermindern, eben so gewiß ist es, daß eine blind fortgesetzte Tilgung bedeutende Nachtheile direct und indirect in der Gegenwart und in der Zukunft hat und haben kann, welches wir und besonders mit Bezug auf Preußen zu erweisen suchen werden. Um uns kürzer fassen zu können, wollen wir uns selbst die Fragen zur Beantwortung vorlegen:

Wann ist der Zeitpunkt gekommen, wo die Tilgung eingestellt werden muß, um nicht schädlich zu werden, und welche Nachtheile hat eine über denselben hinaus erfolgte Tilgung? Ferner:

Befindet sich Preußen jetzt in diesem Fall, und wie soll der Tilgungsfond anderweitig verwendet werden?

Die Staatsschulden sind Capitalien, auf der Hoffnung gebaut, daß das Land, welches dieselben contrahirt hat, die Mittel besitzt, die Zinsen (besser gesagt die Renten) jederzeit mit Sicherheit zu bezahlen, das heißt mit andern Worten, daß die Nation außer den übrigen Abgaben so viel mehr mit Leichtigkeit aufzubringen vermöge, als diese Rente an die Staatsgläubiger beträgt.

Hieraus folgt, daß eine Regierung, von der man annehmen kann, daß sie sich in der Uebersicht des Ganzen befindet, so lange mit der Amortisation fortfahren muß, bis die Schuld auf diesen Punkt heruntergekommen ist. Allein es giebt auch noch andere Zeichen, die andeuten, wann die Periode eintritt, wo im Interesse des Ganzen mit der Tilgung eingehalten werden muß. Diese ist, wenn die durch die Tilgung ausgegebenen Capitalien nicht gut wieder untergebracht werden können, desgleichen wenn durch die Leichtigkeit, Geld zu bekommen, die Speculanten zu sehr gewagten Geschäften angeregt werden, oder die frei gewordenen Capitalien ins Ausland wandern. Endlich, wenn durch eine fortgesetzte Tilgung diejenigen, die ihr Capital nur auf gewisse gesetzlich bestimmte Sicherheit unterbringen dürfen, oder ihrem Verhältniß nach nur unterbringen können, nun mit der Wiederbelegung in große Verlegenheit gerathen. Da dies alles Nachtheile sind, die einen wesentlichen Einfluß auf den allgemeinen Wohlstand und auf die regelmäßige Benutzung der Capitalien haben, so muß eine vorsorgliche Regierung sie zu entfernen suchen, und es fragt sich nur, ist der Zeitpunkt bei uns eingetreten, wo die Verhältnisse es erlauben, ja selbst fordern, mit der Tilgung einzuhalten? Unbedenklich glauben wir dies bejahen zu können, und fürchten nicht, durch diese Behauptung in den Verdacht zu kommen, mit uns selbst in Widerspruch zu gerathen.

Wir selbst haben erst vor Kurzem nachgewiesen, daß seit dem Jahre 1820 keine erhebliche Schuldentilgung erfolgt sei, und daß das Activ-Vermögen des Staats sich wenigstens um 50 Millionen durch den Verkauf der Domainen verschlechtert habe, und dennoch behaupten wir, und in voller Consequenz, daß die Periode, die Tilgung zu beschränken, schon eingetreten sei.

Ob eine Schuld zu groß oder nur mäßig sei, hängt von den Verhältnissen ab, in welchen die Mittel des Staats zu der Höhe der jährlichen Renten stehen, welche die Staats-Gläubiger beziehen.

Nun ist mit Bestimmtheit anzunehmen, daß die Staats-Einnahme seit dem Jahre 1820 um wenigstens 14 Millionen angewachsen ist, ungeachtet der Verminderung, welche selbige durch den Verkauf der Domainen erlitten hat. Aus der oben gegebenen Uebersicht der jetzigen Staatsschulden geht hervor, daß in Folge der Abzahlungen aus dem Erlös der Domainen und der stattgehabten Zinsreduction die im Jahre 1843 zu zahlenden Zinsen bedeutend weniger betragen, als im Jahre 1821, daß mithin das Verhältniß der Zahlungs-Fähigkeit zu der Zahlungs-Pflichtigkeit gegen die Staatsgläubiger sich ungemein günstiger gestellt hat. Auch der hohe Cours der Staatspapiere bestätigt dies, obgleich derselbe durch die jährliche Verlosung gedrückt wird.

Die erste Bedingung scheint daher eingetreten zu sein, aber eben so gewiß ist es, daß die jährliche Abzahlung der Staatsschuldscheine, alle milde und andere Stiftungen, die Vormünder, die Pupillen und diejenigen Personen, die durch Alter oder sonstige Verhältnisse bewogen ihre Gelder nur gegen gute Sicherheit unterbringen dürfen und wollen, und in deren Händen sich etwa fünf Sechstheile der Staatsschuld-Verschreibungen befinden, jedesmal in große Verlegenheit und Verlust versetzt werden, wenn bei der Verloosung ihr Kapital gezogen wird, da eine anderweitige sichere Unterbringung sehr schwer fällt.

Hierzu kommt, daß, wenn diejenigen Staatsschuldscheine, die Privat-Personen besitzen, zurückgezahlt werden, diese auf Speculationen verfallen, die sie und andere ins Verderben führen; dies ist um so mehr der Fall, da auch durch glückliche Handels-Conjuncturen sich viel neues Kapital bildet.

Schon jetzt finden sich Zeichen von einem Schwindel in Actien-Zeichnungen, in dem Güter- und Häuser-Kauf*), der in der weitern Fortsetzung zu Kapitals-Auflösungen führen kann und wird, sobald die Zeiten sich ändern.

Da alles dies, was hier angeführt ist, auf notorischen

*) Wir wollen nur auf das übertriebene Bauen von Häusern in der Residenz verweisen, wo die Speculations-Sucht den höchsten Gipfel erreicht hat. Der erste Krieg, wo sich das Militair, die diplomatische Welt und die Fremden von Berlin entfernen, der Verkehr weniger lohnend wird, der große Luxus, der jetzt herrscht, eine allgemeine Einschränkung erfährt, wird darüber eine traurige Belehrung geben, und wie leicht zu berechnen ist, viele Millionen Kapital vernichten. Zwar entgegnet man, daß in Beziehung auf Berlin wirklich ein Bedürfniß vorhanden, zu bauen, weil die Miethen noch viel zu hoch seien, und dieser Uebelstand nur durch eine Vermehrung der Wohnungen ausgeglichen werden könne. Die Richtigkeit dieser Behauptung wollen wir auf der einen Seite keineswegs bestreiten, allein demohngeachtet wird der Berliner Häuser-Bau und Kauf, mehr als Speculations-Schwindel betrieben, als in dem Sinne, dem wirklichen Bedürfniß abzuhelfen, welches sich besonders in den weniger bemittelten und unteren Klassen zeigt. Da man aber beim Bau nur auf Miether aus den reicheren Klassen speculirt, so bleibt dies ohne Folgen für das eigentliche Bedürfniß.

Verhältnissen beruht, so bleibt kein Zweifel, daß eine fortgesetzte Tilgung nur nachtheilig auf manche einzelne Theile des Ganzen einwirkt. Wir halten uns um so mehr für verpflichtet, diesen Gegenstand zu erörtern, da sich die Meinung verbreitet, die Regierung wolle, um sich der Fonds zu entledigen, die sich baar angesammelt haben, im nächsten Jahre zu einer außerordentlichen Tilgung von 10 Millionen Thalern schreiten. Geschieht dies, so wird der größte Theil zu der neuen österreichischen Anleihe oder zu der in Kurzem zu erwartenden russischen Anleihe verwandt werden, das Kapital wandert fort, und, wenn es demnächst gebraucht werden soll, fehlt es.

Wenn nun ferner untersucht witd, ob die Regierung außer dem vorherbezeichneten auch ein specielles Interesse dabei hat, die Tilgung einzustellen, und auf welche Weise der Tilgungs-Fond am Zweckmäßigsten anderweitig verwendet werden kann, so scheint es ausgemacht, daß die Regierung ein sehr direktes Interesse hat, die Tilgung einzustellen, um im Stande zu sein, durch die dazu bestimmten Fonds sich für den Fall des Krieges, eine starke Reserve zu sammeln.

Die bedeutenden Summen, welche jetzt schon baar im Schatz der allgemeinen Meinung nach angehäuft liegen sollen, noch zu vermehren, streitet durchaus gegen alle Regeln einer gesunden National-Oeconomie; es fragt sich daher, auf welche Weise ist eine solche Reserve am nützlichsten unterzubringen, ohne sie zu fest hinzulegen, mithin im Stande zu bleiben, selbige im Fall eines Krieges bald wieder mobil machen zu können. Diesen Reserve-Fond auf dem gewöhnlichen Wege auf Zinsen auszuleihen, würde, da jetzt Hypotheken schwer zu haben sind, nicht möglich sein; es würden sich auch noch andere wesentliche Bedenken dagegen erheben lassen; wenn aber diese Fonds zum Einkauf in die Grundsteuer in den alten, im Mittelpunkt der Monarchie belegenen Provinzen, die nur eine geringe Grundsteuer zahlen, verwandt werden könnten, so würde dies ein vorzügliches Auskunftsmittel sein. Daß die Regierung sich deshalb mit den Ritter- und andern Grundbesitzern einigen würde, ist nicht zu bezweifeln, es müßten für diesen Fall Grund-Rentenbriefe ausgefertigt werden, die au porteur lauteten.

Wenn Preußen alle seine Schulden bezahlt hätte, und müßte im Falle eines Krieges zu bedeutenden Anleihen schreiten, so würde ohne alle Frage die Negocirung bei Banquiers und auf fremden Plätzen nur mit ungeheuern Opfern zu bewirken sein. Bei solchen Anleihen kommt es dann wenig auf die Sicherheit des Staats an; auch den unsichersten wird Geld geborgt, wie die Erfahrung lehrt. Allein die Unsicherheit der Zinsenzahlung ist es, die die Capitalisten, besonders die vielen kleinen, vom Beitritt zurückschreckt. Die Erfahrung lehrt, daß die Staaten im Kriege beim besten Willen keine Zinsen zahlen können, und besonders der Gedanke, daß man eine Regierung nicht wie einen Privatmann zur Zahlung zwingen kann, macht alle diejenigen besorgt, die von ihren Zinsen leben müssen, und schreckt sie vom Ankauf zurück. Nur bei den großen Kapitalisten findet sich dann die Kauflust wegen des großen Gewinnes, der sich ihnen in Hoffnung zeigt. Dieser große Gewinn, den die Kapitalisten machen wollen, kömmt zu den ohnehin schon ungeheuern Kriegslasten hinzu, und dies ist, was die Nation erdrückt, und was eine Regierung wie die Preußische im Voraus überlegen und abzuwenden suchen sollte. Wenn die Regierung aber, wie es eben vorgeschlagen ist, Kapitalien mit den Vorrechten der Steuer begabt, auf die größte Sicherheit, die es giebt, auf Rittergüter eingetragen, ankauft, so würde sie diese jederzeit ohne allen Verlust selbst mitten im Kriege anzubringen im Stande sein, weil der Inhaber eines solchen Papiers außer der großen Sicherheit, sich auch noch im Falle nicht prompter Zinsenzahlung an einen Privatmann zu halten berechtigt wäre, gegen welchen mit Execution eingeschritten werden kann*).

---

*) Wir haben schon öfters auf die großen Hülfsmittel, welche darin liegen, die Grundsteuer in der ganzen Monarchie zu verbreiten, aufmerksam gemacht. Durch eine solche Operation bekäme die Regierung eine unter allen Verhältnissen gültige Kapitals-Repräsentation von 250 Millionen, welche unter Garantie und mit Verschluß der Stände niedergelegt, damit sie dem Lande gesichert bleiben, Preußen um 20 Prozent höher in der politischen Wageschale von Europa stellen würde. Zugleich läge hierin für das preußische Volk eine Bürgschaft, daß wenn selbiges sich in Masse zur Vertheidigung des Vaterlandes erhebt, nicht sein Vermögen zu Hause in Masse zu Grunde gerichtet würde. Ein wahrhafter Finanz-Minister im hohen Sinne des Wortes ist nicht zu bezahlen, und findet man in Preußen keinen, so suche man ihn anderswo, und sollte man sein Gehalt verfünffachen, — man macht doch ein lucratives Geschäft.

In dem Vorhergehenden haben wir gezeigt, wie direkt der Staat bei einer so veränderten Verwendung des Staatsschulden-Tilgungsfonds betheiligt ist. Ihn zu einer Heruntersetzung der Abgaben zu verwenden, ist nicht rathsam, dazu bleiben ihm noch anderweitige Mittel übrig und in einem Staat wie Preußen, der seine Stärke in der Concentration seiner Kräfte suchen muß, ist die Sicherung der Mittel zur Führung eines Krieges wichtiger, als es je ein kleiner Erlaß der Abgaben werden kann.

Wenn wir nun unsern Blick auf die vorhin mitgetheilte Uebersicht der Staatsschulden werfen, so versteht es sich von selbst, daß eine der bei der auswärtigen Schuld eingegangenen Verpflichtung entgegenstehende Veränderung nicht gemacht werden darf.

Nur fragt es sich, ob dieselbe nicht in eine Staatsschuld zu verwandeln sein würde.

Mit welchen Schwierigkeiten dies verbunden ist, wissen wir nicht, allein wir glauben, daß der Staatsmann, der an der Spitze der Schulden-Verwaltung steht, und der bisher verstanden hat, mit vielem Geschick im Großen und Kleinen die Geldgeschäfte der Regierung zu leiten, die Umwandlung, wenn er dazu den Auftrag erhielte, leicht und glücklich bewirken würde. Was nun in jener Tabelle die Staatsschuldscheine betrifft, so würde es im Interesse liegen, die Tilgung derselben von jetzt an ganz aufhören zu lassen und für geschlossen zu erklären.

Sollten die auswärtigen Anleihen eine Verwandlung in Staatsschuldscheine erfahren, so würde die Summe der beiden eben bezeichneten Gattungen 119,800,375 Thlr. betragen, die eine jährliche Ausgabe von circa 5,000,000 Thlrn. forderte*), eine Summe, die etwa den vierzehnten Theil der wahrscheinlichen Brutto-Einnahme des Staats ausmacht, und daher unbedeutend ist; auch darf hierbei nicht übersehen werden, daß die Fonds, die in Folge einer solchen Maßregel statt zur Tilgung der Schuld, zum Ankauf von Rentbriefen verwendet werden, das Activ-Vermögen des Staats im gleichen Verhältnisse wie bisher vermehren. Was dagegen die übrigen Schulden betrifft, so könnte bei denselben die Tilgung immer fortgesetzt werden. Nur in Hinsicht der aufgeführten Provinzial-Staatsschuld wäre eine Aussetzung der Tilgung wegen des geringen Zinsfußes (wenn die Gläubiger sich damit zufrieden erklären) besonders rathsam, da der Staat den für diese Schulden bestimmten Amortisations-Fonds noch zu höheren Zinsen unterbringen würde, als er selbst dort zu zahlen hat.

Wenn wir uns nun auch keinesweges der Hoffnung hingeben, daß die hier ausgesprochene Ansicht für jetzt besondere Folgen haben werde, so zweckmäßig es auch sein würde, so glaubten wir wenigstens, einen so wichtigen Gegenstand

---

*) Es ist sehr wahrscheinlich, daß, wenn die Regierung erklärte, wer mit $3\frac{1}{2}$ Prozent zufrieden sein wollte, sollte von der Auslosung befreit sein, die Mehrzahl der Staats-Gläubiger darauf antragen würde.

einer reiflichen Erwägung unterwerfen zu müssen. Allein wie viele Gegenstände haben wir nicht schon berührt, die eine Aenderung dringend fordern. Obgleich dies nun von vielen einsichtsvollen Personen erkannt ist, so möchte doch wenig Wahrscheinlichkeit vorhanden sein, daß mehr geschehen wird, als daß man das Tagewerk abarbeitet, so lange die Verwaltung noch in dem Uebermaße ganz nutzloser Geschäfte begraben bleibt, die ihr alle Lust und Zeit rauben, um an Verbesserungen zu denken, so lange noch die eigentlich leitende Behörde sich auch mit dem Verwalten beschäftigt, so lange die jetzige unzweckmäßige Vertheilung der obersten Verwaltungszweige besteht.

Jetzt liegt uns noch die Pflicht ob, auf die Abtheilung für Handel und Gewerbe überzugehen, welche nebst dem Chausseebau und dem Bergwerke diesem Ministerium beigelegt sind, um die Steuer-Verwaltung gleichsam dafür zu entschädigen, daß ihr die wesentlichsten Zweige des Finanz-Ministeriums genommen sind.

Das Unpassende einer solchen Eintheilung der Geschäfte liegt klar vor; es würde nicht weniger wunderbar erscheinen, wenn man dem auswärtigen Departement diese Partie anhängen wollte. Wenn man aber den Handel und die Gewerbe, wie es die Meinung sein soll, von den Finanzen trennen und einem besondern Minister unterordnen wollte, ohne den Ackerbau mit selbigem zu verbinden, so wäre dies eine ganz nutzlose Veränderung. Dann wäre es immer noch besser, das Ganze mit dem Ministerium des Innern in Verbindung zu bringen, obgleich wir die daraus entspringenden Nachtheile vorhin so klar bewiesen zu haben glauben.

Die sehr kostbare Sammlung von Maschinen und Modellen in dem Gewerbe-Institute zu Berlin nimmt die Aufmerksamkeit mancher hohen Personen und vieler vornehmen Fremden, die diese Residenz besuchen, sehr in Anspruch, und sie bekommen dadurch einen hohen Begriff von dem Grade der Vollkommenheit, bis zu welcher man es in Preußen gebracht haben muß, da man doch voraussetzen kann, daß dies nicht bloß eine Sammlung zum Beschauen sein soll.

Sollten endlich die Domainen vom Finanz-Ministerium getrennt bleiben, so müßten wenigstens die Bergwerke mit diesem verbunden werden.

Die von den verschiedenen Abtheilungen dieses Ministeriums ressortirenden Institute sind in der Anlage A. enthalten. —

Von der Verwaltung des Cultus-Ministerii.

Wir wenden uns jetzt zu einer Verwaltung, durch welche Preußen in vielfacher Beziehung etwas Tüchtiges geleistet hat. Kirche, Lehre, Wissenschaft und Kunst sind es, die ihrer Sorge anvertraut sind. Wir wollen mit der erstern beginnen.

Die preußische Verwaltung des Cultus, sagt man, habe eine schwierige Aufgabe zu lösen. Preußen steht an der Spitze des evangelischen Christenthums des Continents, und unter seiner Bevölkerung befinden sich zwei Fünftel Katholiken. Daraus entspringt noch keinesweges eine so große Schwierigkeit, wie man es behauptet; leicht könnte eine viel größere in dem Zustande der evangelischen Kieche selbst liegen. Ohne alle Frage ist es schwer zu bestimmen, wohin die Wirren führen sollen und werden, welche allenthalben in unserer eigenen Kirche herrschen, und die noch immer zu vergrößern man auf dem Wege zu sein scheint, weil man die tiefer liegenden Ursachen des krankhaften Zustandes der evangelischen Kirche noch eben so wenig erkannt hat, als man überhaupt darüber einig sein möchte, welches Verhalten das zweckmäßigste für die Regierung sei. Wenn man zurückgeht und untersucht, wie die Freiheit des Geistes benutzt sei, welche die protestantische Christenheit durch ihren Abfall von Rom wieder gewonnen hat; wenn man fragt, wie sie von dem Bekenner des Evangeliums angewandt sei, den Geist und die tiefe Bedeutung desselben im Geist und in der Wahrheit aufzufassen, so wird man gestehen müssen, daß wir uns in Hinsicht des Erkenntnisses noch auf demselben Punkte befinden, auf welchen Luther's Reformation uns gebracht hat. Glaubt man denn aber sicher zu sein, daß nichts weiter zu reformiren war? oder hat man mit dem Ernst und mit der Freiheit des Geistes, welcher das Wesen der evangelischen Christenheit ausmachen soll, geprüft, ob denn die Reformation durch Luther so vollendet sei, daß wir uns dabei beruhigen und in unserm Gewissen es verantworten können, statt den unfehlbaren römischen Pabst einen Wittenbergschen anzuerkennen? Doch wir wollen uns nicht in dogmatische Untersuchungen verlieren, sondern an die Worte Jesu, Matth. Cap. VII. Vers 17. 18. 19. und 20. halten, wo er sagt: „daher sollt ihr sie an ihren Früchten erkennen."

Welche Früchte hat nun der Baum des reformirten Christenthums getragen? Sehr gute Früchte und böse, sie wachsen auf einem Stamm.

Welchen unendlichen Einfluß die Reformation durch Luther auf die geistige Entwickelung unseres Zeitalters, auf die Uebung eines christlichen Sinnes, auf die Anerkennung des Werthes des Menschen als solchen, auf den ganzen Zustand der Gesellschaft, ja selbst auf die katholische Kirche gehabt hat, ist zu bekannt, liegt zu klar vor, um es leugnen zu können. Allein wenn dagegen das Auge auf den Zustand der sogenannten evangelischen Kirche selbst als solche fällt, so finden wir, daß diese sich immer mehr und mehr spaltet, eine die hohe Bedeutung des evangelischen Christenthums entwürdigende Richtung nimmt, daß Aberglaube und Unglaube wetteifern, die Reihen ihrer Bekenner immer mehr und mehr zu lichten, und daß die Besorgniß nicht ohne Grund ist, daß sie sich in lauter Privat-Religionen, so möchte man es nennen, aufzulösen droht. Daß auch dieses eine Wahrheit ist, kann Niemand widerstreiten, und es fragt sich daher, was das Ministerium der geistlichen Angelegenheiten zu thun habe, um dieses Auseinandergehen zu verhindern, und zu bewirken, daß die Erkenntniß des wahren Geistes und der echte Sinn des Christenthums mehr aus dem Chaos der verschiedenartigsten Ansichten hervortrete, um als leuchtender Stern den Verirrten zu dienen*).

Die katholische Kirche bildet eine feste geschlossene Körperschaft. Ihre Lehrsätze sind keiner Frage unterworfen; sie glaubt, daß diese unter dem unmittelbaren Einfluß des heiligen Geistes stehen und gleichsam von diesem selbst eine Weihe der Unfehlbarkeit erhalten haben; sie nimmt an, daß durch ihn die Mittheilungen der Evangelisten und Apostel noch vervollständigt worden sind. Sie vereinigt in sich die höchste Consequenz und bildet dadurch einen Felsen, gegen welchen alle äußeren Angriffe nichts vermögen. Die einzige Gefahr, die

*) Vor Allem keine Zeitungs-Artikel zu verfassen. Ueberhaupt möchten wir den Rath ertheilen, bei allen öffentlichen Bekanntmachungen sich den römischen Styl in Hinsicht der Fassung zum Muster zu wählen, in welchem eben so viel Charakter liegt, als es dem unsrigen an diesem fehlt, in welchem jedes Wort abgewogen ist, während in dem unsrigen dies leider nicht ist.

ihr droht, kommt von Innen; dies weiß sie und daher kennt sie keinen größeren Feind, als den Geist der Prüfung.

So wie nun die katholische Kirche eine mehr äußerliche ist, so ist die reformirte eine mehr innerliche. Ihre Fahne ist die Selbsterforschung der Wahrheit; sie will mit eigenen geistigen Augen das Licht sehen, welches Jesus auf Erden gebracht, damit es leuchte; sie glaubt nicht, wie die katholische Kirche, an die Unfehlbarkeit der Lehrsätze, welche die Concilien aufgestellt haben, um die Zweifel, welche schon damals die Christen beunruhigten und trennten, für immer zu vernichten, sondern sie hält sich an den Rath: „prüfet Alles und behaltet das Beste," und an die Verheißung Jesu: „ich werde den Vater bitten, daß er euch den heiligen Geist sende, den Geist der Wahrheit und des Lichts, der vom Vater ausgehet, daß er bleibe bei euch ewiglich und euch leite in aller Wahrheit.

Wenn wir nun zu den Normen des Verhaltens übergehen, welche, wie es scheint, die Richtschnur für das geistliche Ministerium sein und bleiben sollten, so würden sie der katholischen Kirche gegenüber darin bestehen, ihre Bekenner auf keine Weise in der freien Ausübung ihrer Religion zu beschränken, und strenge darauf zu wachen, daß keine Reibungen zwischen den Anhängern beider Kirchen entstehen können, daher alle Uebergriffe von der einen und alle Proselytenmacherei von der andern Seite zu hindern.

Der protestantischen Kirche gegenüber muß es Norm bleiben, der Ausbildung der religiösen Ansichten ihrer Bekenner auf keine Weise entgegenzutreten, sondern eine ganz freie Besprechung zu gestatten. Die Verwirrungen, welche sich in unserer Kirche finden, können nur durch eine freie Forschung entfernt und überzeugend widerlegt werden. Sollen wir den Geist durch den Geist erkennen, so kann nur eine geistige Entwickelung zu der richtigen Erkenntniß führen; wer dies zu verhindern bemüht ist, der versetzt der evangelischen Christenheit eine gefährliche Wunde.

Ist unsere Religion eine göttliche, so darf sie die Forschung nicht scheuen, wäre sie ein Menschenwerk, so könnte ja nichts wünschenswerther sein, als dieß aufzudecken.

Die einzig wahre Anbetung Gottes ist im Geist und in der Wahrheit, und da Gott keinen knechtischen, sondern einen kindlichen Sinn fordert, so ist es ihm am wohlgefälligsten, wenn der göttliche Geist im Menschen seinen Willen, sein Gebot in der ihm gewordenen Verkündigung erfaßt, und demselben, mit Bewußtsein seiner Freiheit, folgt. Die Religion des Gemüths, wenn sie nicht durch die Erkennung der Wahrheit in den rechten Schranken gehalten wird, neigt sich nur zu leicht zum A b e r g l a u b e n oder einer A r t A b g ö t t e r e i.

Es ist wahr, daß viele der größten Geister des vergangenen Zeitalters sich mehr darin versucht haben, jede Offenbarung als solche anzugreifen, allein wohin hat der Luxus von tief philosophischen Untersuchungen geführt? Die End-Resultate haben sich in ein Dunkel verloren, welche den Beweis führen, daß die Forschung des menschlichen Geistes in seiner zeitigen Gestaltung und Verbindung eine Grenze finde, über welche hinaus sie nicht zu schreiten vermag, und daß, wenn etwas über diese Grenzen hinaus uns zu wissen nöthig thut, es uns nur durch Offenbarung zukommen kann. Dies ist ein wichtiges Resultat. Ohne alle Frage hat das philosophische Zeitalter und das Streben der Menschen, ihr eigener Gott zu werden, durch den Uebergang zum Pantheismus und so fort, den Culminations-Punkt erreicht, ein mehr religiöses ist wenigstens im Beginnen, und die Strauße werden es nicht hindern.

Das sicherste Zeichen davon sind die Bewegungen, die in den letzten Jahren eine gewisse Unruhe veranlaßten. Sich in diese von oben herab einzumischen, wäre ein entschiedener Mißgriff, vor welchem sich die obere kirchliche Behörde vor Allem zu hüten hat; und es ist in dieser Beziehung schon Manches vergriffen.

Es bleibt jetzt, wenn größeres Uebel vermieden werden soll, nichts weiter übrig, als den Kampf der verschiedenen Ansichten ruhig gehen zu lassen, und von dem Glauben tief durchdrungen zu sein, daß der große Regierer der Welt und deren Geschicke in seiner Weisheit Alles so geordnet habe, daß die göttliche Wahrheit stets den Sieg davon trage, und daß jedes menschliche Einschreiten, so wohl gemeint es auch immer sei, nur schädlich werde; denn in Gottes höheren Plan, den einer fortschreitenden Entwickelung, ist es keiner irdischen Hand einzugreifen erlaubt.

Eine weise Zurückhaltung der Regierung ist nie mehr an der Zeit gewesen, als in einem Augenblick, wo Besorgnisse, gleichviel, ob scheinbare oder wirkliche, sich der Gemüther bemeistert haben. In einer gewissen Passivität muß sie Stärke zu gewinnen suchen; nur handeln, wenn ihre Pflicht es wirklich und entschieden fordert, wenn es unerläßlich ist, damit ihr nicht zugerufen werden könne, daß im Schweigen oft die größte Weisheit läge. So wie aber die Pflicht fordert, sich von Seiten der Regierung jeder Einmischung in die Gewissens-Angelegenheiten der Nation zu enthalten, weil ihr darüber keine Gewalt zusteht, so bedarf es wohl kaum einer Erwähnung, daß sie in allen weltlichen Dingen keine Vorliebe für irgend eine Ueberzeugung, sie gehöre an, wem sie wolle, zeigen dürfe. Hier kommt es rein auf die Fähigkeit und auf die Handlungsweise, nicht auf die innere religiöse Ansicht an.

Jede Begünstigung, ja jede Vorliebe, welche von dem Einen auf das Andere übertragen würde, schadet der Religion, dem Dienst, und verstimmt das Volk.

Der Religion, weil es die innere Zwistigkeit auf die äußere überträgt, weil es Parteiungen befördert und Heuchelei erzeugt; — dem Dienst, weil es den Wahlkreis, aus welchem die Diener genommen werden, beengt; der Meinung, weil sie daraus Gefahr für die bürgerlichen und religiösen Verhältnisse der Nation besorgt.

Der Verwaltung stehen als solcher so bedeutende Mittel

zu Gebote, innerhalb der ihr angewiesenen Grenzen auf die Richtung einzuwirken, daß, wenn diese sich als eine zeigt, die von dem wahren Geist der protestantischen Kirche sich verirrt hat, sie jederzeit im Stande ist, die nachtheiligen Wirkungen zu entfernen. Eine Haupteinwirkung giebt ihr die Befugniß, die sie hat, die Lehrer und die geistlichen Obern anzustellen. Wenn sie bei diesen Wahlen von dem rein evangelischen Gesichtspunkt ausgeht, so gehört ihr die nächste Generation, wenn sie dagegen, selbst befangen, religiösen Fractionen das Lehramt überträgt, so säet sie Unkraut aus und wird Unkraut ernten.

In einem christlich-protestantischen Staat ist vor Allem eine geistige Bildung der ganzen Nation ein Haupterforderniß; wo dem Geist eine Stimme zuerkannt ist, darf eine geistige Ausbildung nicht fehlen.

In dieser Beziehung ist in Preußen Großes geleistet. Die Regierung hat nicht allein dem Volks-Unterricht ihre Aufmerksamkeit gewidmet, sondern auch auf das Umfangreichste für die höhere Ausbildung der mittleren und oberen Klassen der Nation gesorgt.

Die Anlage A enthält die Uebersicht der vielen diesem Ministerium untergeordneten Institutionen, deren sich die preußische Regierung als Mittel zum Zweck bedient hat.

Künste und Wissenschaft, Alles hat auf gleiche Weise ihre Sorgfalt in Anspruch genommen.

Die berühmtesten Namen in allen Fächern des Wissens

hat die Regierung sich eigen zu machen gesucht, sie und das Land ernten die Früchte davon.

Einer der Hauptpfeiler der Größe Preußens beruht nicht allein in kirchlichen, sondern auch in vielen anderen Beziehungen, auf der allgemeinen Entwickelung der Nation. So gewiß es nun ist, daß diese in Preußen vorangeht, eine eben so feste Bürgschaft liegt in ihr gegen ein wirkliches Zurückschreiten, welches manche besorgen, — ein thörichter Wahn, ohne irgend ein Fundament.

Was die Berufs-Ausbildung der preußischen Staatsdiener betrifft, so wird auf diese sehr strenge gehalten. Man hat behauptet, daß sie mehr eine gelehrte als practische Bildung erhielten; dies ist kein begründeter Vorwurf, wohl aber wäre in dieser Beziehung anzuführen, daß ihre Ausbildung zu allgemein sei, und daß es ihnen besser wäre, statt dessen sich eine ganz besondere Tüchtigkeit für ihr eigentliches Bestimmungsfach zu verschaffen.

In Rücksicht der Anwendung des Wissens auf die materiellen Interessen, zeigen sich die erfreulichsten Resultate. Die Chemie hat sich in dieser Beziehung besonders ausgezeichnet; sie hat nicht nur das Gebiet ihres Wissens vervollkommnet und bereichert, sondern sie hat auch durch ihre Anwendung auf den Ackerbau und auf die Manufacturen reiche Früchte getragen.

Merkwürdig zeichnen sich die Leistungen eines National-Oeconomisten aus, (des Staatsraths Hoffmann), der, mit einem ganz besondern Scharfsinn, mit bloßen Zahlen die allersinnreichsten Ergebnisse zu liefern im Stande gewesen ist, der die wichtigsten national-öconomischen Aufschlüsse über die gewerblichen und moralischen Verhältnisse der Bewohner des Staats, der verschiedensten Culturzweige und ihrer Wirkungen liefert, und daraus die gehaltvollsten Folgerungen zieht.

Wenn wir hier den ganzen wohlthätigen Wirkungskreis berühren wollten, welchen das Land dem Ministerium des Cultus während der langen Verwaltung des kürzlich verstorbenen ausgezeichneten Chefs desselben (Altenstein) dankt, so würden wir noch viel zu sagen finden; wir wollen statt dessen einen Punkt bezeichnen, der ihm entgangen ist, und den er seinem Nachfolger überlassen zu haben scheint.

So viel im Allgemeinen für die Ausbildung der Nation und auch mit Rücksicht auf ihren Beruf geschehen ist, so ganz hat man dies in Hinsicht auf den Ackerbau zu thun versäumt.

Wir haben schon vorher, in dem Abschnitt, wo vom Ministerium des Innern gehandelt wird, bemerkt, daß in der ganzen Monarchie nur zwei Ackerbau-Schulen von beschränktem Umfange, und nur für die reichen Klassen bestehen, und daß für die Unterweisung der mittleren und untern Klassen der ackerbautreibenden Bevölkerung nichts geschehen sei. Dies ist ein großer Mangel und verdient die ganze Aufmerksamkeit des Ministeriums. Eine überwiegende Hauptquelle des Wohlstandes ist entschieden der Ackerbau, und die kleinste Verbesserung in dessen Betriebe ist von dem allergrößten Einfluß. Ganz besonders aber ist es wichtig, der zahlreichen Klasse, die von der Arbeit ihrer Hände lebt, ihre Lage zu erleichtern. Zur Verrichtung der Arbeit gehört nicht blos physische Kraft, sondern vor Allem das Geschick, dieselbe anzuwenden; diese Kraft, gut verwandt, erreicht eine doppelte Wirkung.

Da nun ein bedeutender Theil des National-Vermögens in der Arbeit besteht, so wird es in dem Maße vergrößert, als diese lohnender gemacht wird; dazu kommt, daß für eine väterliche Regierung, wie die preußische ist, wohl noch ein anderer Beweggrund vorhanden wäre, so etwas zu befördern.

Die ganze Klasse der ländlichen Arbeiter und Bewohner überhaupt, welche verhältnißmäßig bedeutende Abgaben zahlt, (Kopfgeld, Salz- und Verbrauchssteuer u. s. w.), welche zur Vertheidigung des Vaterlandes wie jede andere verpflichtet ist, — welcher besonderen Begünstigung erfreut sie sich dagegen? Des Schul-Unterrichts? — den bezahlt sie selbst. Der Fürsorge des Geistlichen? — dafür zahlt sie, und hilft auch die Kirchen und Schulen unentgeltlich bauen. Der Rechtspflege? — auch die bezahlt sie, wenn sie so unglücklich ist, sie in Anspruch nehmen zu müssen. Was geschieht denn also für sie? — wir wissen es nicht!

Daher scheint es wohl billig, daß diese Klasse nicht allein nicht vergessen bleibe, sondern endlich auch für ihre Berufs-Ausbildung etwas geschehe, und namentlich mit den Landschulen eine solche Berufs-Ausbildung in Verbindung gebracht werde.

Wenn wir uns endlich zu den schönen Künsten wenden,

so hat die dramatische Kunst allein keine Fortschritte gemacht, sondern ist vielleicht eben so sehr zurückgegangen, als die Tanz-Kunst und die Pantomime sich ausgebildet haben. Wenn wir dagegen auf die Fortschritte der Malerei und Bildhauerkunst sehen, so finden wir, daß in dem letzten Vierteljahrhundert die allererfreulichsten Fortschritte gemacht sind, und daß wir, besonders in letzterer Beziehung, die früheren Jahrhunderte bald hinter uns erblicken werden.

---

a) **Ministerium der auswärtigen Angelegenheiten;**

b) **der Justiz;**

c) **der Staatsschulden- und Geld-Institute;**

d) **des Staatsschatzes;**

e) **der Domainen;**

f) **das General-Post-Amt, mit einem Minister an der Spitze.**

Da wir keine Veranlassung haben, uns über die vorbezeichneten Ministerien umständlich auszusprechen, so wollen wir selbige zusammenfassen.

Das Ministerium der auswärtigen Angelegenheiten und dessen Verwaltung liegt in politischer Beziehung außerhalb der Grenzen der Erörterungen, die den Gegenstand dieser Schrift ausmachen; nur in einer Beziehung finden wir eine Veranlassung, die Aufmerksamkeit auf selbiges zu richten. Bisher hat man, wie es scheint, bei Anstellung der Gesandten für den Friedenszustand, zu wenig darauf Rücksicht genommen, daß noch andere wichtige Interessen Beachtung verdienen, als die rein politischen.

Eine Regierung, wie die preußische, sollte es nicht unterlassen, durch ihre Gesandtschaften an den verschiedenen Höfen die genauesten Erforschungen über die inneren Verhältnisse dieser Länder, ihre organischen Einrichtungen, ihren Gewerbfleiß und ihre Handels-Verbindungen anzustellen. Nur Männer, die zu solchen Erforschungen die nöthige Ausbildung haben, und mit den inneren Verhältnissen Preußens ganz vertraut sind, müßten dazu gewählt werden. Preußen hat im Verhältniß zu andern Staaten noch eine stärkere Aufforderung dazu, in der Entwickelung seiner geistigen und materiellen Interessen nicht zurückzubleiben, denn sein Streben soll stets dahin gehen, seine Kräfte zu vermehren, und durch eine zweckmäßige Verwendung derselben, sie in ihrer Wirkung zu verdoppeln.

Viele Provinzen der Monarchie besitzen schon ein reges Fabrik-Leben, andere sind noch fast ganz auf die Production beschränkt. Erstere bedürfen für ihre Fabrikate auswärtige Märkte zum Absatz derselben, so wie letztere den Ueberschuß ihrer rohen Produkte nur im Auslande versilbern können; es ist mithin von der größten Wichtigkeit, nicht nur in diesen

Beziehungen die Verhältnisse anderer Länder zu kennen, sondern auch die Umstände zu benutzen, um durch Handels-Verbindungen aus denselben Vortheil zu ziehen. Besonders wichtig für uns ist es, auf England, Nord-Amerika, die Niederlande und Frankreich unsere ganze Aufmerksamkeit zu richten, um genau mit allen dortigen Verhältnissen bekannt zu sein und zu bleiben. Es ist nicht zu leugnen, daß es schwer werden wird, Gesandte zu finden, die mit der Kenntniß der innern preußischen Verhältnisse die übrigen Eigenschaften eines preußischen Diplomaten verbinden, wie dies bei unserm letzten Gesandten in London der Fall war. Inzwischen würde sich doch ein Auskunfts-Mittel finden lassen, wenn man der Gesandtschaft Personen zutheilte, die den Gesandten in dieser Beziehung zu unterstützen vermöchten. Eine dadurch veranlaßte Vermehrung der Kosten wird wohl nicht in Betracht gezogen werden können, denn eine fruchtbringende Ausgabe ist keine. Inzwischen würde auch diese nicht sehr bedeutend sein, wenn die Regierung selbige vermeiden zu müssen glaubte, ja es ließe sich an die Erfüllung des Wunsches, — auch die geistigen und materiellen Verhältnisse der übrigen Staaten beobachten zu lassen — noch eine andere Maßregel knüpfen, die im Interesse der Regierung die allgemeine Meinung für sich hat. Letztere vereinigt sich dahin, daß, so nützlich es auch sei, wenn die preußische Regierung ohne Rücksicht auf Stand und auf Vaterland Männer von Geist und Talent in ihren Dienst berufe, doch in Hinsicht der äußeren Vertretung, die Wahl nur auf Männer fallen sollte, die durch Geburt und Gesinnung ganz preußisch sind, und den alten Geschlechtern des Vaterlandes angehören. Die öffentliche Meinung zeigt in vielen Fällen einen sehr richtigen Takt; der preußische Gesandte, an welchem Hofe der Welt es sei, soll sich durch Charakter, durch ein gerades offenes Wesen, verbunden mit den feinen freien Sitten der höheren Gesellschaft, allenfalls auch durch ein militairisches Aeußere auszeichnen.

Die wahre preußische Politik hat eine einfache Grundlinie, — sie ist, das Rechte zu wollen, es offen und ehrlich zu sagen, Wort zu halten und ihr Wort geltend zu machen.

Um dies durchführen zu können, braucht der Repräsentant Preußens weder ein außerordentliches Genie, noch ein Gelehrter zu sein, sondern ein Mann von Kopf und Herz, seinem Herrn und dem Lande treu ergeben, der Vertrauen einflößt und Achtung verdient; dabei ist es unerläßlich, daß er, was man bei uns so nennt, einen guten Ruf habe.

Im Innern des eigenen Hauses entscheidet allein die Tüchtigkeit; wenn man bei Hofe geht, muß man geschmückt sein.

Wenn Fürst Metternich und Fürst Hardenberg mit einander verhandelten, so sprachen Gleichgestellte zusammen; wenn ersterem, den Fall möglich gedacht, ein homo novus gegenübergestellt worden wäre, so hätte sich Preußen von Hause aus im Nachtheil gegen Oesterreich befunden.

Wenn nun Preußen im Auslande vertreten werden sollte, darüber giebt es wenig verschiedene Ansichten, schwieriger scheint es, Personen mit den nöthigen Eigenschaften begabt zu finden. Eine Erweiterung des bisherigen Wahlkreises möchte zum Zweck führen.

Preußen hat dazu die Gelegenheit, in seinem Heere und unter den inactiven Militairs. Eine bedeutende Zahl von hohen Offizieren vereinigt in sich die Eigenschaften und nöthigen Kenntnisse, die zu solchen Missionen erforderlich sind. Diese können im Frieden, wie es scheint, sehr wohl vom Exercirplatz und den großen Paraden entbehrt werden. Manche unter ihnen möchten bei vorgerücktem Alter im Kriege dem Staat nicht mehr dienen können; durch einen Gesandtschaftsposten dagegen hätten sie Gelegenheit, auf eine ihnen selbst willkommene ehrenvolle Weise noch weiter Dienste zu leisten.

Doch man wähle die Gesandten, — gleichviel, aus dem diplomatischen Corps oder auf obige Weise; — jedenfalls ist es an den meisten Höfen nöthig, ihnen junge Beamte beizuordnen, die vorher in der Administration angestellt gewesen sind, und daher Preußens innere Zustände kennen; doch täuschen wir uns nicht, so ist diese Ansicht nicht neu, sondern eine von denen, die man längst gewollt hat, die aber bis jetzt nur theilweise zur Ausführung gekommen ist.

Ministerium der Justiz.

Daß die verschiedenen Theile der preußischen Monarchie ein verschiedenes Gesetzbuch und eine ganz verschiedene Gerichts-Verfassung haben, daß in den alten Provinzen an einer Revision der Gesetzgebung schon längst gearbeitet wird, ist bekannt, und eine gründliche Beurtheilung dieses Verwaltungszweiges würde wenigstens ein ganzes Buch ausmachen; außerdem fehlen uns die Kenntnisse, etwas Befriedigendes darüber sagen zu können; wir beschränken uns daher auf einige kurze und allgemeine Bemerkungen über Gegenstände, welche mehr das Leben berühren.

Unser Landrecht und die Gerichts-Verfassung in den alten Provinzen bedürfen großer Reformen, das wird allgemein gefühlt.

Die Unzahl der Gesetze und die Controversen, die daraus entstehen, lassen oft das, was eigentlich Rechtens ist, nicht mehr ermessen; dazu kommt, daß das Formwesen auf eine sehr lästige Weise überhand nimmt. Eine bestimmte Form muß bestehen, aber sie muß nicht zur Hauptsache werden, nicht in der Form die Materie untergehen.

Die Gerichtshöfe in Preußen stehen unabhängig da; dies ist eben so bekannt, als es anerkannt wird, daß dadurch der Rechtszustand eine große Bürgschaft erhält.

Die Unabsetzbarkeit der Richter wird als im Herkommen begründet betrachtet. So vortheilhaft es auf die freie Stellung des Richters wirkt, daß er nur durch Urtheilsspruch entsetzt werden kann, so sehr wäre es zu wünschen, daß durch die Gesetzgebung schärfer bezeichnet würde, welche Vergehen oder

Versehen, und welcher Grad der Unfähigkeit die Verwaltung berechtige, einen Richter abzusetzen oder zu pensioniren.

Wenn man einen unbefangenen Blick auf unsere Gerichtshöfe wirft, so wird man finden, daß in denselben viele Räthe sitzen, die alt, stumpf und zum Theil unfähig sind, und daß nur durch Hülfe der vielen unbesoldeten Assessoren die Geschäfte gefördert werden können. Das ist ein Uebelstand, und hierin liegt eine Unbilligkeit. Wenn Jemand seine Studien gemacht, sich als Auscultator und Referendarius durch alle Abtheilungen eine Reihe von Jahren hindurchgearbeitet hat, und nun auch das dritte Examen überstanden, mithin die Reife als Rath sich erworben hat, dann soll er noch vielleicht viele Jahre Raths-Stellen versehen, ohne etwas dafür zu bekommen. Der Aufwand für die Rechtspflege ist schon zu groß, und eine Vermehrung der Kosten daher nicht zu empfehlen; allein ein zu großer Mißbrauch ist und bleibt es, daß ein Theil das ganze Gehalt bezieht und wenig arbeitet, während der andere die Arbeiten verrichtet und nichts bekommt, oft der größten Noth ausgesetzt ist.

Ein anderer Gegenstand, der die größte Berücksichtigung verdient, besteht darin, daß die Gerichtshöfe nicht bloß über Rechtssachen zu entscheiden haben, sondern auch noch vielfach verwaltende Behörden sind, und eine Menge Nebengeschäfte betreiben müssen, die sie nicht kennen, und daher niemals gut führen können. Hieraus erwächst ein anderer Nachtheil, die Führung dieser administrativen Geschäfte, und die große Förmlichkeit, mit der sie besorgt werden müssen, vermehren unendlich die Arbeit, und fordern daher ein weit größeres Personal, als sonst nöthig wäre; daraus entstehen wieder mehr Kosten, und so ist auch diese Verwaltungs-Partie aus einem Schneeballe zu einer Lawine angewachsen.

Ohne alle Frage verdient diese Trennung der administrativen Geschäfte von denen, die der eigentlichen Rechtspflege angehören, ganz besonders die Aufmerksamkeit der Behörden, die mit der Reformation des Justizwesens beschäftiget sind; sie ist eben so wichtig, als die Revision der Gesetze selbst, und es wäre zu wünschen, daß sie zum Gegenstande einer Preisfrage gemacht würde.

Ein Preis von tausend Friedrichsd'or für denjenigen ausgesetzt, der einen ganz umfassenden Plan einreichte, welcher alle Anforderungen, die sich hieran knüpfen, am vollständigsten lösete, würde gerne gezahlt werden können. Es wäre das beste und wohlfeilste Mittel zu einer vielseitigen Beleuchtung, und ein Wettkampf dieser Art würde gewiß zu sehr glücklichen Resultaten führen.

Was nun endlich das Sportel-Wesen betrifft, so ist an demselben viel zu reformiren. Früher war, in der Instruction für Bestimmung der Sporteln, den Richtern ein bedeutender Spielraum bei Festsetzung derselben gelassen zwischen einem Minimum und Maximum. Als aber schon zu des Ministers Dankelmann Zeiten der Aufwand für die Justiz-Verwaltung immer größer wurde, erhielten die Gerichtshöfe, wenigstens so viel uns bekannt ist, eine Aufforderung, immer die möglichst höchsten Sätze geltend zu machen u. s. w. Daß es einer Verwaltung freistehen soll, die indirekten Abgaben, denn anders kann man die Sporteln nicht bezeichnen, nach ihrer willkürlichen Ansicht festzusetzen, geht über die Grenzen der Staats-Gewalt hinaus, und wenn dies daher noch besteht, so ist jedenfalls eine Abänderung darin höchst nothwendig.

Der höchst liberalen Gesinnung des jetzigen Ministers der Justiz, welcher die umfangreiche Mittheilung über die Kosten der Justiz-Verwaltung und die Höhe der Sporteln bekannt gemacht hat, verdanken wir es, im Stande zu sein, nicht blos dem Mangel des Budgets, welches diese bedeutende Einnahme ganz übergeht, abzuhelfen, sondern auch in der nachstehenden Tabelle eine interessante Mittheilung über diese Gegenstände vorzulegen, und zugleich einen reichen Stoff zum Nachdenken zu liefern.

Tabelle

über

die Gerichts-Sporteln und die Justiz-Verwaltungskosten im Jahre 1836.

Departement		Sportel-Soll-Einnahme nach den Büchern d. Kasse tblr.	sgr.	pf.	Sportel-Ist-Einnahme tblr.	sgr.	pf.	Verwaltungskosten überhaupt tblr.	sgr.	pf.
Kammergericht nebst Hausvoigteigericht u. Kurm. Pupillen-Coll.		113,134	9	10	99,750	19	5	169,277	13	3
Berliner Stadtgericht u. Untergerichte d. KG.		368,597	5	—	334,915	6	1	363,735	13	3
Frankfurt,	Oberlandesgericht	56,788	16	2	47,925	20	—	94,409	26	11
—	Untergerichte	205,233	26	—	186,521	17	5	200,169	14	11
Stettin	Oberlandesgericht	47,544	24	2	43,066	14	4	64,919	20	7
—	Untergerichte	126,775	15	10	106,850	—	5	117,663	13	7
Köslin	Oberlandesgericht	31,613	—	4	32,464	8	2	43,547	29	11
—	Untergerichte	51,599	7	8	49,000	1	4	54,979	14	7
Königsberg	Tribunal- und Oberlandesgericht	55,512	3	2	45,589	5	10	117,078	9	11
—	Untergerichte	175,012	20	10	163,953	4	—	221,441	27	9
Insterburg	Oberlandesgericht	26,455	21	11	23,686	7	11	67,801	15	11
—	Untergerichte	157,027	—	6	148,912	7	7	144,733	6	3
Marienwerder	Oberlandesgericht	50,026	13	3	46,127	4	3	95,363	28	5
—	Untergerichte	235,443	10	6	217,692	1	6	241,478	29	8
Breslau	Oberlandesgericht	99,040	21	10	81,518	29	1	141,159	9	6
—	Untergerichte	191,297	17	2	178,623	3	9	217,210	27	5
Glogau	Oberlandesgericht	51,500	23	7	43,876	21	5	76,297	17	1
—	Untergerichte	86,528	27	8	83,740	19	3	94,239	16	10
Ratibor	Oberlandesgericht	44,338	19	11	37,865	19	5	76,386	16	7
—	Untergerichte	103,043	14	11	84,205	15	4	102,262	5	11
Posen	Ober-Appell.- u. Oberlandesgericht	78,021	15	7	40,511	5	4	128,693	21	1
—	Untergerichte	204,435	4	4	175,120	5	11	259,839	12	4
Bromberg	Oberlandesgericht	29,013	9	7	23,236	14	4	54,891	20	11
—	Untergerichte	124,418	29	10	99,450	7	4	138,859	5	—
Magdeburg	Oberlandesgericht	42,868	11	1	33,554	24	5	93,400	9	10
—	Untergerichte	168,663	14	11	146,155	6	7	157,541	29	2
Halberstadt	Oberlandesgericht	18,812	3	3	16,687	12	6	60,276	24	8
—	Untergerichte	105,354	14	11	92,740	28	6	115,074	27	9
Naumburg	Oberlandesgericht	53,392	7	10	49,835	5	11	121,277	10	3
—	Untergerichte	234,970	22	5	209,747	11	4	238,039	18	9
Münster	Oberlandesgericht	16,061	25	1	12,831	26	10	53,789	23	4
—	Untergerichte	98,978	16	6	91,132	4	6	119,889	28	5
Paderborn	Oberlandesgericht	19,141	18	9	18.015	25	3	66,396	9	1
—	Untergerichte	153,980	15	1	133,956	14	9	155,681	18	2
Hamm	Oberlandesgericht	17,777	14	4	16,589	2	9	47,175	12	10
—	Untergerichte	154,727	11	10	142,365	24	4	137,514	—	8
Arnsberg	Oberlandesgericht	17,272	22	1	13,863	4	—	42,847	15	1
—	Untergerichte	84,956	3	10	73,844	26	4	86,752	24	5
Greifswald	Oberlandesgericht	8,103	12	9	8,103	12	9	32,918	1	5
—	Untergerichte	9,083	—	—	9,083	—	—	14,979	16	10
Geheimes Ober-Tribunal		—	—	—	—	—	—	186,095	12	6
Büreau des Justizministeriums		12,086	16	10	13,568	5	4	23,802	11	—
		3,928,663	21	1	3,476,677	15	6	5,039,894	21	9

Die Einnahmen der Justizverwaltung im Jahre 1836 haben betragen:

1) Zuschuß aus den Staatskassen	1,637,599	Thlr.	1	Sgr.	—
2) Eigenthümliche Einnahmen	22,206	=	1	=	1
3) Sporteln	3,476,677	=	15	=	6
Summa	5,136,482	Thlr.	17	Sgr.	7
Die Gesammt=Ausgaben	5,039,894	=	21	=	9
bleibt Ueberschuß . .	96,587	Thlr.	25	Sgr.	10
Ferner Ersparniß an Rest=Ausgaben	4,270	=	28	=	4
also ein Gesammt=Ueberschuß von . . .	100,858	Thlr.	24	Sgr.	2
An Sporteln sind im Jahre 1836 Rest geblieben . . .	2,506,287	Thlr.	23	Sgr.	—
im Jahre 1835 dagegen	2,842,854	=	15	=	2
also 1836 weniger . . .	336,566	Thlr.	22	Sgr.	2
An Sporteln sind niedergeschlagen im Jahre 1836 . . .	788,552	Thlr.	27	Sgr.	9
im Jahre 1835	710,465	=	18	=	11
also im Jahre 1836 mehr . . .	78,087	Thlr.	8	Sgr.	10
Die Sportel=Soll=Einnahme hat im Jahre 1835 nach den Büchern der Kasse betragen	3,823,883	Thlr.	27	Sgr.	3
und im Jahre 1836	3,928,663	=	21	=	1
also 1836 mehr . . .	104,779	Thlr.	23	Sgr.	10
Die Sportel=Ist=Einnahme im Jahre 1835 hat sich belaufen auf	3,327,533	Thlr.	19	Sgr.	—
im Jahre 1836 auf	3,476,677	=	15	=	6
also 1836 mehr . . .	149,143	Thlr.	26	Sgr.	6

Justiz-Beamten-Personal.	1836.	1839.	1836.	1839.	1836.	1839.
Etatsmäßige Beamte.						
a) Bei Obergerichten	1345	1565				
b) Bei Untergerichten	5312	5670				
Etatsmäßige Beamte überhaupt .	. . .	. . .	6657	7235		
Remunerirte Beamte.						
a) Bei Obergerichten	468	619				
b) Bei Untergerichten	1955	2779				
Remunerirte Beamte überhaupt .	. . .	. . .	2423	3398		
Also bezahlte Beamte überhaupt . .	. . .	. . .	. . .	. . .	9080	10,633
Nicht bezahlte Beamte.						
a) Bei Obergerichten	320	421				
b) Bei Untergerichten	338	363				
zusammen . .	. . .	. . .	658	784		
c) Referendare	. . .	. . .	1385	1380		
d) Auskultatoren	. . .	. . .	974	807		
Nicht bezahlte Beamte überhaupt	. . .	. . .	. . .	. . .	3017	2971
Justiz-Commissarien und Advocaten .	. . .	. . .	. . .	. . .	1140	1649
Privatrichter	. . .	. . .	. . .	. . .	523	526
Summa	. . .	. . .	. . .	. . .	13,760	15,779

Außer den angeführten Privatrichtern gab es im Jahre 1836 noch 475 Privatrichter, zugleich Königliche waren, und im Jahre 1839 deren 435.

Die Kosten der Justizverwaltung haben sich im Jahre 1836 belaufen auf 5,039,894 T
Nehmen wir an, sie seien bis zum Jahre 1839 in demselben Verhältniß gestiegen, in welchem Zahl der bezahlten Beamten gestiegen ist, so betragen sie im Jahre 1839 etwa 5,901,000 Thlr

1649 Justiz-Commissarien und Advokaten à 1500 Thlr. kosten den betreffenden Provinzen	2,473,500 „
Die Kosten der Privatgerichts-Verwaltung über 3 Millionen Einwohner betragen etwa	800,000 „
giebt in Summa	9,174,500 Thl
Hierzu treten noch die Stempel hinzu mit wenigstens	2,000,000 „
Demnach kostet die Justiz den betreffenden Provinzen im J. 1839 überhaupt etwa	11,174,500 Thl

Die Zahl der besoldeten und remunerirten Justizbeamten ist übrigens nicht in so gro Verhältniß gestiegen, als die Zahl der Gerichts-Eingesessenen. Im Jahre 1836 kam auf 878 gesessene ein bezahlter Justizbeamter, im Jahre 1839 aber auf 989 Eingesessene ein solcher. daher die obige Annahme begründet, daß die Kosten im Verhältniß der bezahlten Beamten ge gen sind, so ist auch die Erhöhung der Kosten in geringerem Verhältniß eingetreten, als der wachs der Eingesessenen. Hierbei ist von der Privatgerichtsbarkeit abgesehen.

Wir legen in folgender Tabelle noch eine Uebersicht der Anzahl der Prozesse ꝛc. in Jahren 1836 und 1839 vor:

	1836		1839.	
	Ueberhaupt.	Davon bei Privatgerichten.	Ueberhaupt.	Davon bei Privatgerichten.
I. Prozesse.				
Gewöhnliche Prozesse.				
a) Nach der allgem. Gerichts-Ordnung	101,419	14,971	85,125	12,920
b) Summarische	92,169	21,244	44,058	6,285
c) Injurienprozesse.			84,152	17,632
d) Bagatellsachen	423,026	56,250	492,098	61,618
Concurs- ꝛc..	8,473	822	7,273	643
Subhastations-Prozesse	18,948	3,256	17,344	3,516
	644,035	96,543	730,050	102,614
II. Untersuchungen.				
Kriminal-Untersuchungen	38,675	6,220	43,451	6,202
Polizeiliche	14,619	2,857	17,067	3,338
Fiscalische	22,943	2,303	24,752	2,668
wegen Holzdiebstahls	128,008	20,023	174,160	28,389
wegen Forst- ꝛc. Vergehen	40,578	11,093	35,857	12,251
	244,823	42,496	295,287	52,848
III. Vormundschaftssachen.	736,002	192,471	764,233	200,242
IV. Nachlaßsachen.	37,417	8,039	31,098	6,763
V. Freiwillige Gerichtsbarkeit.	245,076	82,004	248,015	89,951
ımme der Prozesse und Untersuchungen	888,858	139,039	1,025,337	155,462
die Sachen der Privatgerichte . . .	139,039		155,462	
ibt für die Königl. Gerichtshöfe . . .	749,819		869,875	

An Prozessen und Untersuchungen kommen hiernach auf jeden bezahlten Justizbeamten i Jahre 1836 82,5 Sachen, im Jahre 1839 81,8 Sachen, so daß sehr nahe das bezahlte Persor im Verhältniß dieser Sachen gestiegen ist.

Eine Vergleichung zwischen dem letzten und dem obigen Resultat zeigt, daß die Proz in geringerem Grade zugenommen haben, als die Bevölkerung, welches als ein Beweis von d Gedeihen des Wohlstandes gelten kann, insofern nämlich Zahlungsunfähigkeit eine große Zahl v Prozessen herbeiführt.

Wir müssen es uns versagen, für das Jahr 1841 einen beiläufigen Ueberschlag von Kosten der Justizverwaltung anzulegen, da uns alle dazu nöthigen Daten mangeln. Nur des U standes dürfen wir aus zuverlässiger Quelle erwähnen, daß die Sportel-Ist-Einnahme seit d Jahre 1836 jährlich zugenommen hat und wahrscheinlich in demselben Verhältniß gestiegen ist, welches sie im Jahre 1836 höher war, als im Jahre 1835. Daher dürfte die Sportel-Ist-Einnah des Jahres 1841 die Summe von 4,200,000 Thlr. übersteigen, und im Jahre 1843 4,500,000 T vielleicht sogar 5,000,000 Thlr. erreichen. Ein wesentlicher Grund der überaus hohen Sportel-E künfte, ihrer Fortdauer und ihrer Steigerung ist die wachsende Lebendigkeit in dem Verkehr Rittergütern und dem unbeweglichen Eigenthum überhaupt. Das Umschreiben der großen Sum trägt hohe Gebühren; interessant wäre es nun zu wissen, welchen Grund es hat, daß der be tenden Zunahme der Sporteln ohngeachtet die Zuschüsse aus den Staats-Kassen sich um 600,000 T höher im Jahre 1841, als im Jahre 1836 belaufen. Doch auch dieses Räthsel wird sich lös

Ministerium der Staatsschulden.

Die Nothwendigkeit, dieses Ministerium mit dem der Finanzen in eins zu verschmelzen, ist bei den Finanzen schon umständlich nachgewiesen; es scheint, daß die Zeit, dies zur Ausführung zu bringen, die geeignetste sei, da in dem hohen Personale des Finanz-Ministeriums eine Veränderung bevorsteht. —

Ob es rathsam sei, das Seehandlungs-Institut als solches bestehen zu lassen, ist schon oft ein Gegenstand der Erörterung geworden. Die Theorie erklärt sich ganz dagegen, die Meinung des Publikums zum größten Theile auch. Ob selbiges dem Staate nützliche Dienste als Seehandlung geleistet habe, liegt außer den Grenzen der Beurtheilung. Die Dienste, die dem Staate von dieser Seite her geleistet sind, können wohl nur auf Rechnung des Chefs und dessen persönliches Talent geschrieben werden. Die eigentlichen Resultate der Geschäfte und Operationen der Seehandlung, und was sie baar einbringt, in welchen Punkten ihrer Geschäfte sie vielleicht mit Nutzen oder mit Schaden arbeitet, ist nicht zu übersehen, da sie die Endresultate derselben nur dem Monarchen selbst vorlegt.

Das Ministerium des Schatzes und das der Domainen und Forsten, sind ebenfalls von dem Finanz-Ministerium getrennte Partieen, und müssen nothwendig wieder an selbiges zurückfallen. Ob es zweckmäßig erscheint, die Domainen für die Folge einer besonderen Intendantur anzuvertrauen, ist eine andere Frage, allein ihre Wiedervereinigung mit der Bergwerks-Partie ist ganz unerläßlich; die Gründe liegen klar vor.

Diese Theilungen in lauter kleine Inseln im Ocean unserer Verwaltung verursachen eine starke Vermehrung und Verschleppung der Geschäfte und eine Menge unnützer Kosten. Selbst für den Fall, daß man eine Intendantur für diese Partie errichten wollte, müßte dieselbe doch immer eine Abtheilung des Finanz-Ministeriums bilden.

Was endlich die Verwaltung der Post betrifft, so ist solche in vieler Beziehung eine sehr ausgezeichnete, und das große Publikum ist auch so gerecht, dies allgemein anzuerkennen. Ein Vorwurf, der sie trifft, besteht darin, daß die Post durch zu hohes Postgeld dem Verkehre schadet, und daß dieselbe sich bemüht, wo sie mit dem gewerbtreibenden Publikum in Concurrenz tritt, es selbst mit bedeutenden Opfern aus ihren Fonds zu verdrängen. Schon von alten Zeiten her ist das Postregale als eins von denen betrachtet, welches auch bedeutende Summen in die Staats-Kasse ausschütten mußte; nach dem neuesten Budget liefert es einen reinen Ertrag von 1,400,000 Thlrn. in die Staats-Kassen ab, mithin 600,000 Thlr. mehr als im Jahre 1820.

Nach allen staatsöconomischen Ansichten, die wohl keines Erweises bedürfen, ist die Bestimmung der Post: Förderung und Belebung des Verkehrs, sie hat auf denselben einen großen Einfluß. Wenn erwogen wird, welche leichte und rasche Communikation jeßt zwischen den verschiedenen Theilen der Monarchie für die Personen und Correspondenz besteht, wie viele nutzbare Geschäfte dadurch mehr gemacht werden, und wie aus jedem Geschäft immer wieder neue entspringen, so wird man erkennen, wie mächtig der Einfluß dieser Institution ist. Weil dies aber der Fall ist, so müssen möglichst auch die letzten Hemmungen entfernt werden, welche noch bestehen; dahin gehört nun vor allem die Höhe des Briefporto's, die früher nur in England ein Seitenstück fand.

Der jetzigen Verwaltung sind deshalb keine Vorwürfe zu machen, ihr ist ein bestimmter Kreis ihrer Thätigkeit angewiesen und die Vorschrift ertheilt, eine bedeutende Summe an die Staats-Kasse abzuführen. Sie hat für den Verkehr alles gethan, was in ihren Kräften stand und mehr als das Gewöhnliche geleistet. Dagegen ist es nicht ihres Amts, im Namen der gewerblichen Interessen der Monarchie aufzutreten und in demselben die Heruntersetzung zu fordern.

Hieraus erklärt sich auch eine andere Handlungsweise, die man der Post so vielfach zum Vorwurf machte, nämlich die Beschränkung des Lohnfuhrwesens, welche kürzlich aufgehört hat.

Wir finden in allem diesem einen Beweis mehr, wie nothwendig es ist, eine jede Staats-Verwaltung so zu organisiren, daß die sich berührenden Interessen, die jedoch eine und dieselbe Richtung, einen gleichen letzten Zweck haben, immer unter Einer gemeinsamen Leitung stehen, damit sie den Nutzen des Ganzen gehörig zu befördern vermögen.

Will man die Uebelstände, welche eben bezeichnet sind, gründlich reformiren, so muß diese Partie mit dem Ministerium für Ackerbau, Handel und Gewerbe in Verbindung gebracht werden, und eine Abtheilung dieses Ministeriums bilden. Für das große Publikum ist es aber vor allem wichtig, daß das jetzt bestehende übermäßig hohe Postgeld ermäßigt werde; und bei einem gewissen Grad der Heruntersetzung des Briefporto's möchte die Vermehrung der Briefzahl die Verminderung des Briefgeldes ziemlich ausgleichen, jedoch könnte man an England ein Beispiel nehmen, nicht zu weit zu gehen.

Von der Verwaltung des Heeres.

Die Selbständigkeit eines jeden Volkes ist für dasselbe das höchste Gut, und verlangt vor allem eine der ersten Berücksichtigungen. Von ihr hängt seine ganze äußere Existenz ab; nur ein selbständiges Volk kann ein wahrhaft freies sein, weil sein eigener und nicht fremder Wille das höchste Gesetz bei ihm ist.

Wenn nun Preußens König mit seinem jetzt zu 15,000,000 angewachsenen Volke sich in die Reihe der Mächte ersten Ranges stellt, so ist dies ein mannhaftes ehrenwerthes Beginnen; allein zur Behauptung der angenommenen Stellung bedarf es auch der physischen Kraft, und diese schafft Preußen sich durch eine militairische Ausbildung der ganzen Nation und die Organisation eines stets schlagfertigen Heeres, welches der Wirklichkeit nach an Stärke keinem der andern europäischen Reiche nachgiebt, wenn auf dem lieben Papier in andern Staaten auch größere Zahlen verzeichnet stehen möchten.

Die preußische Militair-Verfassung kann als die Lösung einer der wichtigsten Aufgaben der neueren Zeit betrachtet werden. Es handelt sich darum, wie muß die Vertheidigung eines Landes eingerichtet sein?

a) um mit einem möglichst starken, jeden Augenblick schlagfertigen, vollkommen eingeübten und mit Allem versehenen Heere einen feindlichen Angriff zurückweisen zu können?

b) Wie ist dies mit dem wenigsten Kostenaufwande zu bewirken, und

c) ohne die zur Vertheidigung des Landes bestimmten Glieder des Volkes mehr zu drücken, ihre bürgerliche Freiheit stärker zu beschränken, als es zur Erreichung des Zweckes unerläßlich ist?

Diese große und wichtige Aufgabe hat Preußen gelöst, und auf eine Weise, daß die Folgen davon außer aller Berechnung für die Verhältnisse des übrigen Europa liegen. Wenn wir zu den schreiblustigen Schriftstellern gehörten, so hätten wir Gelegenheit, auf die Geschichte einer weiteren Vorzeit zurückzugehen, um zu beweisen, wie unwiderstehlich die Macht eines bewaffneten Volkes ist. Die Völkerwanderung liefert das

Beispiel davon, wo bewaffnete Nationen die Kraft entwickelten, andere Länder zu erobern, welche sie zu ihrem Wohnsitze bestimmt hatten. In Preußen ist nun das ganze Volk bewaffnet, es fehlt aber die Lust, auszuwandern; und wenn es dadurch auch eine große Kraft gewonnen hat, so ist sie nur eine defensive, weil die bewaffneten Bürger Preußens zu einem Eroberungskriege weder Lust bezeigen, noch dazu anwendbar sind. Durch Ludwig XIV. ist Europa gezwungen worden, große stehende Heere zu halten; dies hat zu einem Aussauge-System der Völker geführt, und zur Folge gehabt, daß sich die Verhältnisse in der Welt umgekehrt haben: sonst erbten die Kinder das ihnen von ihren Vätern hinterlassene Vermögen, jetzt verzehren die Väter den künftigen Erwerb der Kinder. So wie nun von Frankreich das Signal zur Bewaffnung von Europa ausgegangen ist, so hat Preußen den ersten Schritt zu einer bedeutenden Verminderung der stehenden Heere gethan; und wenn das übrige Europa diesem Beispiele folgt, und, statt sich auf den Angriff zu rüsten, sich auf die Vertheidigung beschränkt, so würde dies ein großes Glück für die Völker sein.

In Preußen ist Jeder ein geborner, und durch die Militair-Verfassung ausgebildeter Soldat, ohne Unterschied des Standes und Ranges. Der erste Baron und der Sohn seines Tagelöhners fechten in der Schlacht neben einander. Die Vertheidigung des Vaterlandes kennt keinen Rang in dieser Vereinigung aller Stände zu einem Zwecke, und in dem Gemeingeiste, der dadurch erweckt wird, erhält das Heer eine große moralische Kraft. Der militairische Geist der preußischen Nation ist von des großen Kurfürsten Zeiten her geweckt; durch Friedrich den Großen auf den höchsten Gipfel gesteigert, hat er in den beständigen Kämpfen mit den übrigen Mächten seine jetzige Ausbildung gewonnen, und findet seine Nahrung in dem alten Ruhme und in dem festen Willen, Preußens unabhängige Stellung zu behaupten. Merkwürdig ist es, allein in der Natur der Sache vollkommen begründet, daß ohngeachtet dieser militairischen Richtung des Volkes, es kein friedlicher gesinntes giebt als das Preußische.

Ein Krieg, leichtfertig, oder um Eroberungen zu machen unternommen, würde nirgends weniger populär sein, als in Preußen; hierdurch unterscheidet es sich gänzlich von seinen beiden großen Nachbaren im Westen und Osten.

Die Opfer, die zur Behauptung der Selbständigkeit gebracht werden müssen, sind bedeutend, aber kein Preuße wird sie aufgeben wollen, um 1 Thlr. 21 Sgr., auf den Kopf gerechnet, weniger Steuern zu bezahlen.

Aus der sub B angeschlossenen Tabelle geht die Stärke der preußischen Streitkräfte hervor. Preußen, die kleinste unter den großen Mächten, hat das schlagfertigste Heer; vierzehn Tage, nachdem der König sein Volk in den Krieg ruft, befinden sich 330,000 Mann auf dem Marsche, mit allem versehen, was der Krieg erfordert, und vierzehn Tage später folgt die Reserve, wenn es so sein Wille ist.

Ganz irrig ist die Meinung, womit man sich im westlichen Nachbarlande oft selbst zu täuschen sucht, daß unsere Landwehr auf gleicher Stufe mit der französischen National-Garde stehe. Das stehende Heer bei uns ist die Kriegsschule, und in der Landwehr liegt der eigentliche Kern des Heeres. Die Landwehr erster Klasse macht noch die jährlichen Uebungen mit, und das Auge des kunstverständigen Beobachters wird in den militairischen Bewegungen des stehenden Heeres und der Landwehr keine Verschiedenheit erblicken.

Das zweite Aufgebot besteht größtentheils aus Soldaten, welche vom stehenden Heere zum ersten Aufgebot, und von diesem durch ihr Alter zum zweiten Aufgebot übergegangen sind.

Aus der Zahl der jungen Leute zwischen dem zwanzigsten und dem fünf und zwanzigsten Lebensjahre werden die zum Dienst des stehenden Heeres erforderlichen Mannschaften ausgehoben, alle übrigen gehen zum zweiten Aufgebot (Landwehr zweiter Klasse) über. Die Dienstzeit im Heere ist auf drei Jahre bestimmt; den jungen Leuten der höheren Stände steht es frei, statt dessen als Freiwillige auf ein Jahr, allein auf ihre Kosten, in das Heer als gemeine Soldaten einzutreten, um den Dienst zu lernen. Diese gehen nun nach einem Jahre zur Reserve über, in welcher sie zwei Jahre verbleiben; die anderen treten nach drei Dienst- und zwei Reserve-Jahren in das Aufgebot erster Klasse, und nach zwölfjähriger Dienstzeit im Heere, in der Kriegs-Reserve und in der Landwehr erster Klasse in die Landwehr zweiter Klasse. Die für die Kavallerie der Landwehr nöthigen Pferde stellen auf die Dauer der jährlichen Uebungen die Grundbesitzer der Kreise. Mit dem zurückgelegten neun und dreißigsten Lebensjahre gehen die Soldaten des zweiten Aufgebots zum Landsturm über, und bleiben in demselben bis zum funfzigsten Jahre; dann erst sind sie von jedem Kriegsdienste entbunden.

Die Ausgabe für das Heer ist im Jahre 1840 auf 23,721,000 Thlr. veranschlagt. Diese Summe ist aber nicht allein für Besoldung und Unterhaltung des Heeres bestimmt, sondern auch für die Anschaffung des Kriegs-Materials, für die Bekleidung der Armee und der Landwehr, für die Unterhaltung der Festungen, so wie für das große Militair-Waisenhaus zu Potsdam und dessen Filial-Anstalten. So wie nun bei der Armee die ganze öconomische Partie mit einer musterhaften Ordnung verwaltet wird, und man von den Unterschleifen, die in andern Ländern vorfallen sollen, bei uns keinen Begriff hat, so wird wiederum nichts gespart, um alles gut zu haben. Von diesem Gesichtspunkte ist man ausgegangen bei Errichtung der Artillerie-Werkstätten, einer ausgezeichneten Institution, von diesem bei Einführung der Remonte-Depots.

Eine sehr bedeutende Ausgabe veranlassen die ungeheuren Vorräthe an Bekleidungsstücken für ein Heer von über 500,000 Mann, während nur 100,000 Mann in beständigem Dienste sich befinden.

Zwar ist mit Umsicht die Einrichtung getroffen, daß das

stehende Heer die alten Bekleidungsstücke, man möchte es nennen, aufträgt, und immer wieder neue an deren Stelle anschafft; allein es frägt sich: sollte der Zinsen-Verlust, der in dieser Magazinirung liegt, nicht des Zwecks unbeschadet vermindert werden können? In den 27 Friedensjahren würde das schon ein ansehnliches Kapital gebildet haben.

In allen diesen Beziehungen werden keine Kosten gespart, und übrigens ist nichts wohlfeiler, als alles stets im guten Stande zu erhalten.

Daß die preußische Nation die Ausgaben, welche das Heer fordert, ohne zu große Anstrengung tragen kann, steht außer Zweifel, und wir werden weiterhin auf diesen Gegenstand zurückkommen; eine andere Frage ist: sind diese Militair-Einrichtungen im Stande, der Monarchie denselben Schutz gegen einen äußern Feind zu gewähren, welcher von der Haltung eines stehenden Heeres erwartet werden kann? Um diese Frage beantworten zu können, müssen wir vorher untersuchen, welche Gründe man anführt, um Besorgnisse gegen das Kriegs-System zu rechtfertigen? Wenn man genau den ganzen Organismus der preußischen Militairverfassung betrachtet, so ist das eigentliche stehende Heer nichts weiter als die Kriegsschule, oder vielmehr die Exercierschule.

Bei dem langen Frieden ist auch die Landwehr nur ein einexercirtes Heer; nun glaubt man, befürchten zu können, daß, wenn die preußische Armee in's Feld rückt, da sie aus lauter jungen Soldaten besteht, diese die Beschwerden desselben nicht werden aushalten können, und wenn darauf nicht Rücksicht genommen werden sollte, ein großer Theil die Lazarethe füllen würde, und die Glieder dann gelichtet blieben. Diese Besorgniß ist nicht ohne allen Grund, daher jetzt, wo es an Ersatz-Mannschaften nicht fehlt, nur ausnahmsweise Rekruten genommen werden, die nicht schon das drei und zwanzigste oder vier zwanzigste Jahr erreicht haben; daraus ergiebt sich, daß die Soldaten des stehenden Heeres ungefähr in dem Alter zwischen drei und zwanzig und acht und zwanzig Jahren sich befinden, in welchem Alter die Natur schon mehr Festigkeit gewinnt.

Eine andere Besorgniß will man darin finden, daß der eigentliche Kern des Heeres, welcher in der Landwehr liegt, größtentheils aus Personen besteht, die nun, nachdem sie die Militair-Schule durchgemacht haben, ganz in die bürgerlichen Verhältnisse zurückgetreten sind, in der Regel geheirathet haben, und daher ungern in den Krieg gehen möchten.

Hier ist es nun der militairische Geist, der die ganze Nation erfüllt, der alle anderen Rücksichten in den Hintergrund stellt; — so wie es die Vertheidigung des Vaterlandes gilt, so ist jeder Preuße, jung oder alt, Soldat. Ob es sich nicht anders stellen würde, wenn Preußen das Unglück hätte, von einem eroberungssüchtigen Fürsten beherrscht zu werden, ist eine zweite Frage, wenigstens würde sich dann ein sehr großer, wenn auch passiver Widerstand in der ganzen Nation zeigen, mit Ausnahme des kriegslustigen Adels.

Allein dies ist auch wieder eine vortreffliche Seite unserer Militair-Verfassung, daß bei uns die ganze Organisation auf die Vertheidigung gerichtet ist, und daß, obgleich Preußen vermöge derselben im tiefsten Frieden jeden seiner Nachbarn mit einem großen Heere überfallen könnte, diese doch aus dem vorher angeführten Grunde ganz ruhig sein können; auch hat seit dem Jahre 1830 Preußen Europa mehrere Male den Beweis geliefert, daß es den Willen und die Macht hat, sehr wesentlich auf die Erhaltung des Friedens einzuwirken.

In dem Vorhergehenden haben wir nun die schwachen Besorgnisse, die Einige gegen die preußische Militair-Verfassung hegen, widerlegt; nun wollen wir noch einige große Vorzüge derselben hervorheben.

Der erste ist, daß, wenn Preußen ein so großes stehendes Heer unterhalten wollte, als seine Vertheidigung und seine Stellung in Europa es fordern, so würde der Aufwand dafür das Land erdrücken, welches bei der jetzigen Einrichtung nicht der Fall ist.

Ein zweiter Vortheil liegt darin, daß der Nation durch diese Einrichtung nicht so viele Hände entzogen werden, als es sonst nöthig sein würde. Ein großer Theil des National-Reichthums liegt in der Arbeit, und wenn daher dem Lande die kräftigsten Hände entzogen werden, um im stehenden Heere zu dienen, so ist dies ein großer Verlust.

Ein dritter, daß die Nation nicht durch die Militair-Pflichtigkeit im Frieden mehr gedrückt wird, als eben zur Vertheidigung des Vaterlandes nöthig ist, daß mithin Preußen es am besten verstanden hat, die großen Nachtheile, die aus der bewaffneten Stellung aller europäischen Staaten, einer dem andern gegenüber, entspringen, zu vermeiden.

Außer den vorhin angeführten Besorgnissen hat man noch eine andere: ob im Fall eines Krieges ein Heer, welches aus lauter kriegsunerfahrenen Soldaten besteht, so brav und einexercirt die Leute auch sein möchten, eine gehörige Bürgschaft für den Erfolg gewährte, wenn mit demselben gleich entschiedene Hauptschlachten geliefert werden sollen?

Es scheint von der größten Wichtigkeit, die Wahrheit, die hierin liegt, nicht zu leicht zu betrachten*). Zwar sagt man, das feindliche Heer hat wahrscheinlich eben so wenig Kriegserfahrung. Dies kann sein und auch nicht sein, und am wahrscheinlichsten ist das Letztere.

Im Falle eines Krieges mit Frankreich finden wir wenigstens einen Theil kriegsgeübter Truppen uns gegenüber, die an Märsche gewöhnt sind, und da Frankreich in der Regel der angreifende Theil sein wird, so giebt ihm dies schon einen

*) Es braucht wohl keiner Erwähnung, daß, so groß die Vorzüge der preußischen Militair-Verfassung sind, wir uns deshalb nicht einem gewissen Selbstgefühl der Sorglosigkeit überlassen dürfen. Jeder Stillstand führt am Ende zu einer Krystallisation. Eine ganz besondere Aufforderung fortzustreben liegt darin, daß die anderen großen Militair-Mächte sich unserm System zu nähern suchen. Selbst Rußland hat den ersten Schritt dazu gemacht, indem es die bisherige Dienstzeit von 25 Jahren auf 15 Jahre heruntergesetzt hat.

großen Vorzug für den Augenblick. Jedenfalls wird man darin übereinkommen müssen, daß das Kriegsspiel ein zu gefährliches sei, um das Schicksal des Landes durch ein gewagtes Unternehmen auf's Spiel zu setzen; inzwischen müssen wir annehmen, daß in einem solchen Falle eine richtige Führung nicht fehlen wird, besonders wenn wir nicht in den alten Fehler verfallen, uns zu überschätzen. Inzwischen, selbst wenn wir annehmen wollten, daß die französische Infanterie der unsern im ersten Augenblicke überlegen wäre, so wird dies vollkommen dadurch ausgeglichen, daß wir in anderen Waffengattungen wieder ein entschiedenes Uebergewicht haben, namentlich in der Artillerie und in der Kavallerie, und daß daher die Aufgabe der Führung darin bestehen würde, sich besonders zuerst nur in Gefechte einzulassen, wo von diesen vorzugsweise Gebrauch gemacht werden könnte, und nicht beim ersten Beginn des Krieges eine entscheidende Schlacht zu liefern, in welcher der Infanterie die Aufgabe der Hauptentscheidung zu Theil würde.

Wie zahlreich unsere Artillerie ist, und daß sie 864 Feld-Geschütze, ohne das Festungs-Geschütz, zählt, geht aus der Tabelle B hervor, und in Hinsicht der Güte der Geschütze, der vorzüglichen Bespannung, der Sicherheit und Schnelligkeit, mit welcher geschossen und getroffen wird, — in allen diesen Beziehungen steht sie unstreitig unmittelbar neben der englischen und möchte daher ganz dazu geeignet sein, bei günstiger

Aufstellung dem angreifenden Theil die Kriegslust etwas zu verbittern.

Auch unsere Kavallerie, obgleich ihre jetzige Organisation noch mancher Verbesserung zu bedürfen scheint, giebt uns schon eine Ueberlegenheit über die französische, sowohl durch ihre Zahl — siehe die Tabelle B — als durch die Güte ihrer Pferde und die Uebung der Reiter. Durch diese beiden Waffengattungen gleicht sich daher entschieden jeder Nachtheil aus, in welchem unsere junge Infanterie beim ersten Beginn eines Krieges sich wegen mangelnder Kriegs-Erfahrung der französischen gegenüber vergleichsweise befinden möchte.

Die Organisation unserer Kavallerie, durch welche sie in Divisionen vereinigt werden kann, scheint eine besondere Beachtung zu verdienen. In den Kriegen, die Napoleon mit so großem Glück führte, ist die für ihn günstige Entscheidung so vieler Schlachten durch Kavallerie-Angriffe mit großen Massen erfolgt.

Von allen Mächten, gegen welche er sich schlug, war seine Kavallerie die schlechteste, und Regiment gegen Regiment waren die Franzosen in der Regel von den Oesterreichern, Preußen und Russen geschlagen worden. Allein er war ein so guter Feldherr, dies zu erkennen, daher sammelte er seine Kavallerie in großen Massen und wählte den rechten Zeitpunkt, um mit denselben die vom Gefecht ermüdeten Truppen des Gegners in einem Hauptangriff zu werfen. Die Organisation unseres Heeres gestattet uns, dasselbe zu thun und scheint daher sehr entsprechend.

Da das preußische Heer ein National-Heer ist, so recrutirt sich jedes Armee-Corps aus der Provinz, in welcher es steht*). Die Märker, die Pommern, die Preußen, die Rheinländer u. s. w. fechten nebeneinander, dies scheint im Kriege viel Vorzüge zu haben. Der Bruder steht mit dem Bruder und hilft ihm in seiner Noth; inzwischen; da die Armee-Corps auch in den Provinzen stehen, aus welchen sie sich recrutiren, so bleiben sie stets in derselben Garnison, verbürgern dadurch, und die wenigen großen Uebungen abgerechnet, verlieren sie ganz die Gewohnheit des Marsches.

Bei der Mobilmachung eines so großen Heeres ist die schnelle Herbeischaffung brauchbarer Pferde in allen andern Reichen eine der schwierigsten Aufgaben, und es wird daher nicht ohne Interesse sein, zu wissen, wie diese gelöst worden ist. Zur Mobilmachung des ganzen preußischen Heeres und aller Reserven soll der Bedarf für Artillerie, Kavallerie und der Train 60 bis 70,000 Pferde erfordern. Diese aufzubringen ist einzelnen Provinzen nicht möglich, dem Ganzen fällt es nicht schwer. Der Pferdebestand in Preußen betrug am Ende des Jahres 1837 — 1,472,901 Pferde und die jährliche Zuzucht ergiebt mindestens 100,000 Pferde.

---

*) Das Garde-Corps macht hiervon eine Ausnahme und rekrutirt sich aus der ganzen Monarchie.

Die Aushebung einer so großen Pferdezahl fordert ungefähr den zwanzigsten Theil der Pferde und ist daher, wenn sie nöthig wird, ohne besondere Störung des Verkehrs zu bewirken, und was noch mehr ist, die Ergänzung selbst mit 50 Procent jährlich, wenn sie so hoch kommen sollte, ganz gesichert. Die Repartition der für den Fall der Mobilmachung zu stellenden Pferde ist gemacht, und die Listen aller Pferde vorhanden, daher ist nichts weiter nöthig, als daß von den Militair-Behörden und dem Landrath die Auswahl erfolgt; in acht Tagen ist das Geschäft in der ganzen Monarchie beendet. So wenig nun dem Lande die Pferde fehlen, welche der Krieg und die Fortsetzung desselben fordern, eben so wenig fehlen ihm die Mittel zur Recrutirung des Heeres. Es ist ein Lieblingsthema der französischen Schriftsteller, daß sie ihren Landsleuten einbilden möchten, Preußen fehle es an Mannschaft, um sich recrutiren zu können, und wenn es auch beim Beginn des Krieges mit einem großen Heere aufzutreten vermöchte, so würde es doch auf die Dauer schon aus diesem Grunde unterliegen müssen.

Auch in Deutschland selbst machen die Großprahlereien der Franzosen oft einen gewissen Eindruck und es wird daher nicht uninteressant sein, sich hier eine klare Uebersicht der militairischen Kräfte von Frankreich und Preußen und ganz besonders des deutschen Bundes, seine beiden großen Schutzmächte an der Spitze, Frankreich gegenüber, zu verschaffen.

Es ist richtig, in Preußen rückt ein Dreißigstel der ganzen

Bevölkerung in's Feld, wenn die Vertheidigung des Vaterlandes es fordert, und wenn wir annehmen wollen, daß Frankreich im Kriege seine Armee von 395,400 Mann, die sein Kriegs-Etat besagt, bis auf 800,000 Mann vermehren könnte und müßte, so würde dies, wenn wir Frankreichs Bevölkerung auf 35,200,000 veranschlagen, nur der vier und vierzigste Theil der Bevölkerung sein. Dies anscheinend viel günstigere Verhältniß verändert sich aber bei näherer Beleuchtung sehr wesentlich, denn Preußen hat 500,000 Mann zur Vertheidigung stets schlagfertig. Frankreich muß, um eine so große Armee ins Feld zu stellen, sie erst ausheben, einüben, u. s. w. Preußen, wenn es ausrückt, braucht nur die Kaders zurückzulassen, um immer neue Reserven zu bilden; Frankreich dagegen muß ein Heer zum Schutz seiner Besitzungen in Afrika aufstellen, muß seine Festungen und selbst seine großen Städte besetzt halten, alles dies schwächt seine Macht bedeutend; Preußen hat alle möglichen Kriegsvorräthe bereit, Frankreich muß sie erst mit großen Anstrengungen anschaffen, und weiß nicht, wo es manche derselben finden soll, wie z. B. die nöthigen Pferde für die Mobilmachung. Preußen hat das Geld zum Beginnen des Krieges baar liegen; Frankreich muß die ungleich größeren Summen, die es braucht, von den Kammern erbitten, und das Land, wenn die Summen bewilligt worden, mit neuen Abgaben belasten. Alle diese Umstände sind von entschiedener Bedeutung.

Wenn wir nun ferner auf die Ergänzungsmittel der

Heere zurückgehen, so stellt sich der Zahl nach wiederum das Verhältniß günstiger für Frankreich; der Wirklichkeit nach verschwindet es größtentheils. Die Ursachen, die dies bewirken, sind, daß in Frankreich, nach der Verfassung, bei der Rekrutirung eine Menge Ausnahmen bestehen, in Preußen fast keine. Eine zweite wesentliche Ursache findet sich in der stärkeren und gesunderen Constitution des preußischen Volks gegen das französische. Der Grund liegt theils in der besseren Nahrung, theils in der gesunden Beschäftigung. In Preußen werden nicht so viele Kinder in den Fabriken ungesund gemacht, während sie noch wachsen und ihr Körper sich ausbilden soll, wie dies in Frankreich geschieht.

Welche Wirkung diese beiden Punkte auf die Zahl der als zum Dienst fähig befundenen Rekruten haben, wollen wir durch ein Beispiel nachzuweisen suchen. Wir wählen bei Frankreich das Jahr 1826, wo die Bevölkerung zu 32,500,000 Seelen angegeben wurde. Die Zahl der Rekruten, welche in diesem Jahre das Conscriptions-Alter erreichten, betrug 283,767; davon loosten sich 129,385 frei und 153,982 mußten sich stellen, von diesen wurden wegen fehlerhafter Statur, wegen Gebrechen oder Schwächlichkeit für ganz unfähig erkannt . . . 67,513
befreit wurden wegen gesetzlicher Ausnahmen 26,602
desgleichen aus andern Titeln . . . 3,563

97,678

Zum Dienst fähig blieben 56,304.

Wenn nun angenommen wird, daß keine Ausloosung erfolgt wäre, sondern daß 283,767, oder die ganze Zahl, welche in dem Jahre das conscriptionsfähige Alter erreichte, sich gestellt hätte, und daß der Ausschuß nach demselben Verhältniß, wie bei den andern berechnet worden wäre, so hätte dies die Summe von 105,760⅘ ergeben.

In Preußen erreichen alle Jahre circa 130,000 Mann das zwanzigste Jahr, und obgleich mehr auf Statur als in Frankreich gesehen wird, so kann man doch nur auf 20 Procent Abgang rechnen — (die Ausnahmen sind ganz unbedeutend), bleiben dienstfähig circa 100,000. Von diesen werden jährlich nur 25 bis 30,000 ausgehoben, ohne die Freiwilligen, und die übrigen gehen, je nach den Umständen, zu den verschiedenen Klassen der Landwehr über.

Aus dem Vorhergehenden ergiebt sich, daß die günstigere Organisation in Preußen, und manche andere Umstände das Uebergewicht der größern Bevölkerung von Frankreich, hinsichtlich des Materials zur Rekrutirung sich dennoch ziemlich ausgleichen; inzwischen tritt ein Umstand hinzu, welcher Preußen einen Vorsprung gewährt, dieser besteht darin, daß die Zahl der Militairpflichtigen in Preußen, welche den größten Theil der männlichen Bevölkerung vom zwanzigsten bis vierzigsten Jahre ausmacht, circa 2 Millionen Köpfe zählt, die zum Theil geübte Soldaten sind.

Aus allem diesem ergiebt sich folgendes Resultat: die preußische Militair-Macht ist so stark, jeden Feind, und auch

Frankreich selbst, kräftig zurückweisen zu können, wenn es die Vertheidigung des Vaterlandes fordert, und wenn daher Herr Victor Hugo und so viele andere französische Schriftsteller es ihrer Nation einbilden, es sei nur ein Frühstück für Frankreich, das linke Rheinufer zu verzehren, so befinden sie sich in großem Irrthum, und könnten hinterher an einer starken Indigestion leiden. Doch ein Krieg Preußens allein mit Frankreich ist undenkbar, und da unsere guten Nachbaren im Westen nicht recht sonderliche statistische Kenntniß von den Nachbarländern besitzen, so wollen wir sie mit den Kräften des Bundes bekannt machen, und schmeicheln uns, daß ihnen die hier folgende Berechnung der wechselseitigen Stärken durch die Vermittelung der Zeitungen werde mitgetheilt werden.

	Flächen-Inhalt.	Bevölkerung.	Heer *) mit Landwehr, Mann.
Oesterreich . .	8,590 □M.	35,492,734	768,400
Die deutsch. Bundes-Staat. excl. Preußen u. Oesterreich	4,502 =	15,215,631	127,982
Preußen . . .	5,070 =	15,000,000	500,000
	18,162 □M.	65,708,365	1,396,382
Frankreich . .	9,754 =	35,000,000	394,400
Der deutsche Bundes-Staat mehr	8,408 □M.	30,708,365	1,001,982.

*) Nach der Zählung von 1840.

Nach dieser Berechnung würde die physische Kraft auf Seiten Deutschlands sehr überwiegend sein, und das Gleichgewicht kann nur einigermaßen durch die Großsprechereien ausgeglichen werden, welche uns täglich von der grande Nation und aus der Capitale de l'univers zugerufen werden. Doch wir wenden uns wieder zu der Organisation unseres Heeres und den militairischen Verhältnissen und ihren Folgen überhaupt.

Die bisher gegebene kurze Uebersicht beweiset, wie selbst im tiefsten Frieden Preußen auf den heftigsten Krieg vorbereitet ist, und daß es alles Material besitzet, das zum Beginnen und zur Fortsetzung desselben erforderlich ist.

So stark nun diese Militair-Organisation uns macht, wenn von der Vertheidigung des Landes die Rede ist, so groß und günstig ist der Einfluß, den diese militairische Erziehung — besonders in den östlichen Provinzen — auf den Geist und die Sitten des Volks ausübt.

Die als Soldaten ins Heer eintretenden Rekruten, in so weit sie den untersten Ständen angehören, werden an Ordnung, Reinlichkeit und Gehorsam gewöhnt, zugleich entwickelt dieser Stand in ihnen ein gewisses Ehrgefühl; alles dies überträgt sich mehr oder weniger auf ihr ganzes Leben, und wirkt durch das Beispiel auf alle ihre Umgebungen. Diese Wirkung ist jetzt schon sehr sichtbar, und wird es immer mehr und mehr mit der Zeit werden.

Ganz unverkennbar ist es, daß nur durch die militairische Stärke Preußens, Deutschland gegen Frankreich geschützt werden kann; das Bundes=Heer ist dazu zu schwach, Oesterreich zu entfernt. Das Bundes=Contingent Preußens besteht nur aus 79,484 Mann, allein Preußen kann im Fall des Krieges seine Grenz=Provinzen keiner feindlichen Invasion preisgeben, jeder Krieg mit Frankreich nöthigt es daher sofort, seine ganze Macht mobil zu machen, welche mit dem ersten und zweiten Aufgebot über 500,000 Mann ausmacht, mithin mehr als doppelt so viel, als das Bundes=Heer, sein eigenes Contingent nicht mitgerechnet.

Den ersten Haupt=Angriff wird Preußen jedenfalls auszuhalten haben, inzwischen in sechs Wochen kann es ein Heer von 200,000 Mann an der Grenze aufstellen, und in acht bis zehn Wochen seine ganze Macht.

Wenn wir nun zu dem finanziellen Punkt übergehen, so ist die schwierigste Aufgabe für die Regierung die, den Aufwand zu bestreiten, den die Fortsetzung eines Krieges mit so großen Massen fordern würde, ohne das Land zu erdrücken.

Die Löhnung eines so großen Heeres, die Verpflegung desselben, und die Anschaffung der Kriegsbedürfnisse aller Art mitgerechnet, fordern mindestens jährlich einen Aufwand von 130 bis 150 Millionen. Da in dieser Beziehung sich Deuschland ganz in gleichem Fall befindet, so werden wir auf diesen wichtigen Punkt bei dem folgenden Abschnitt zurückkommen, und wollen nur bemerken, daß von der Umsicht der preußischen Regierung zu erwarten steht, daß dieselbe in Betracht der Erhaltung der Größe Preußens und der Wohlfahrt der

Nation, und da die Erinnerungen des letzten Krieges noch nicht ganz dem Gedächtniß entschwunden sein können, diejenigen Mittel, entweder für sich, oder gemeinschaftlich mit Deutschland ergreifen wird, welche es möglich machen, den Krieg mit Nachdruck und ohne den Ruin des Landes zu führen. Wenn Preußen in dieser Beziehung zweckmäßige Vorkehrungen trifft, so wird hierdurch seine politische Waageschaale auch im Frieden sehr verstärkt.

Wäre Friedrich II. nicht ein eben so großer Financier als Feldherr gewesen, so würde ihn sein Genie als Feldherr und sein heldenmüthiges Heer allein nicht vom Untergange gerettet haben.

Was nun die Unterhaltung des Heeres im Frieden betrifft, so sind für dasselbe 23,721,000 Thaler ausgesetzt; davon werden 18 bis 19 Millionen für das eigentliche Heer verwandt, und der Rest zur Instandhaltung der Festungen, zur Anschaffung des nöthigen Kriegsmaterials und der Armee-Vorräthe verschiedener Art.

Obgleich die ganze Verwaltung des Heeres, wie in anderer Beziehung, so auch in öconomischer Hinsicht eine musterhafte ist, und obgleich sie mit Rücksicht ihrer Leistungen eine wohlfeile zu sein scheint, so ist es doch nicht zu leugnen, daß sie beinahe ein Drittel der Brutto-Einnahme des Staats verzehrt, und daß hierin eine dringende Aufforderung mehr für die Regierung liegt, den Finanzen alle Aufmerksamkeit zu schenken, und uns nicht, weil sich in den jetzigen glücklichen Zeiten die Einnahmen so bedeutend vermehrt haben, einer gewissen Sorglosigkeit hinzugeben.

Preußen kann den Aufwand des Heeres bestreiten, wenn so gute Zeiten bleiben, dies ist keinem Zweifel unterworfen; allein es verdient eine nähere Prüfung, ob sich nicht wahrscheinlich die Kosten der Unterhaltung für die Folge vermehren werden; uns scheint es fast unvermeidlich. Daß sie jetzt nicht höher sind und selbst noch von dem jährlichen Etat ein so großes Kriegs-Reserve-Material angeschafft werden kann, liegt außer in der sparsamen Verwaltung, auch vor Allem darin, daß der Sold der Soldaten und der Offiziere der untern Grade so geringe ist, und daß ein großer Theil der Kosten der Landwehr, nicht den Staats-Kassen zur Last fällt, sondern von den Kreisen, Kommunen und Einzelnen getragen wird.

Nun fragt es sich, wird nicht in der Folge die Nothwendigkeit eintreten, das Heer höher zu besolden? Es scheint, als wenn dieser Fall sehr wahrscheinlich sei. Zwar wird man sagen, der Soldat dient nicht des Soldes willen, sondern weil es seine Pflicht ist, es ist nicht ein Amt, welches er bekleidet, sondern er befindet sich zugleich in einer großen National-Erziehungs-Anstalt. Dies zugegeben, so hat das Land doch auch die Verpflichtung gegen den Soldaten, ihn so zu erhalten, ihn so zu setzen, daß er davon leben kann, und nicht nöthig hat, noch aus seinen eigenen, oft sehr dürftigen Mitteln zuzuschießen. Dies verdient um so mehr Berücksichtigung, da die große Masse des Heeres aus den untersten Ständen gezogen wird, die zwar auch mit ihrer Person zur Vertheidigung des Vaterlandes verpflichtet sind, allein nicht ihr Vermögen gegen einen Feind zu vertheidigen haben, wie die reicheren Klassen, und es ist daher gerecht und billig, daß diese für den Schutz, welcher ihrem Eigenthum dadurch gewährt wird, diejenigen, welchen sie diesen verdanken, wenigstens von Geldzuschüssen frei halten. Dazu kommt, daß der Soldat nach vollendeter dreijähriger Dienstzeit noch zwei Jahre in der Kriegsreserve bleibt, und dann in die Landwehr eintritt, wo er zwar den bürgerlichen Verhältnissen angehört, durch die Uebungen aber, welche er fortwährend in diesen beiden Epochen zu machen verpflichtet ist, bedeutende Opfer bringen muß, die theils aus der Störung in seinen Geschäften, theils durch baare Zuschüsse während seiner Uebungen erwachsen. Ob der Fall, wo eine Erhöhung billigerweise eintreten muß, jetzt schon vorhanden ist, gehört nicht hierher, allein da mit dem zunehmenden Wohlstande auch die Theuerung wächst, so wird der stehende Sold in demselben Maaße geringer. Wenn wir nun zum Tractament der Offiziere übergehen, so ist dieser entschieden ebenfalls sehr niedrig. Sie sind zwar für ihre Person zu dreijährigem Dienst wie die übrige Bevölkerung verpflichtet, allein sie widmen sich dem fernern Dienst aus freier Wahl. In der ganzen Organisation des preußischen Heeres liegt es, daß ein zahlreiches Offizier-Corps gehalten werden muß, welches sich auf 5600 beläuft. Wir haben vorher gesagt, daß der Kern des preußischen Heeres in der Landwehr beruhe, allein gewiß ist es, daß, da die Offiziere bei der Landwehr in bürgerlichen Verhältnissen sich befinden, der Kern des Officier-Corps als im stehenden Heere vorhanden betrachtet werden muß. Von der guten Anführung der Krieger hängt unstreitig Alles ab; im Fall des Krieges muß daher ein Theil der dienstthuenden, für ihr Fach in jeder Beziehung ausgebildeten Offiziere aus der Linie zur Landwehr versetzt werden. Wenn es jetzt auch nicht an jungen Leuten fehlt, um einen so zahlreichen Offizierstand vollzählig zu erhalten, und sich gegenwärtig noch immer des geringen Soldes ungeachtet so viele melden, da die vorherrschende Neigung des preußischen Adels auf den Kriegsdienst gerichtet ist, so können sie in der Regel nur bestehen, wenn sie aus bemittelten Familien abstammen und von diesen unterstützt werden. Sollten aber in der Folge sich unter den dann bestehenden Verhältnissen nicht mehr so viele junge Leute zum Dienst mit Aussicht auf Offizier-Avancement melden, weil ihnen die Zuschüsse vom Hause fehlen, so würde eine Solderhöhung eintreten müssen, da eine Verringerung der Zahl der Offiziere aus den angeführten Gründen nicht stattfinden kann. Die nothwendige Folge würde eine Erhöhung des Militair-Budgets sein. Dieser Punkt ist für die Folge wichtiger, als es bei der ersten Ansicht erscheint, und es sei uns daher gestattet, ihn weiter auszuführen.

Der vorige König, der in seinem richtigen Blick sehr wohl erkannt hatte, wie wichtig in allen Verhältnissen eine gewisse geistige Ausbildung ist, bestimmte, daß die Offiziere nur als solche eine Anstellung erhalten sollten, wenn sie sich vorher die für ihr Fach nöthigen Vorkenntnisse und außerdem tüchtige Schulkenntnisse erworben hatten. Wenn nun junge Männer mit Vorkenntnissen versehen, sich dem Militairstande widmeten, so geschah es bisher in der Hoffnung auf nicht zu entfernte Beförderung. In dem langen Frieden ist aber das Avancement sehr schwach geworden. Vor dem 18ten Jahre erlauben die Körperkräfte und die vorbereitenden Studien selten das Avancement zum Offizier. 22 bis 25 anderweitige Jahre werden wohl durchschnittlich erfordert werden, um bis zum Hauptmann vorzurücken. Der Offizier genießt daher bis dahin ein so geringes Gehalt von respective 8 bis 10 Thlrn. monatlich, nachdem mehrere Abzüge erfolgt sind, und hat während dessen sein 40. bis 43. Jahr erreicht, also die beste Zeit seines Lebens hinter sich. Jeder, der dient, um leben zu können, wird eine solche Carriere nicht ergreifen, weshalb auch jetzt, wie gesagt, nur die Neigung und die Hoffnung auf Krieg und schnelleres Avancement den jungen Adel der Armee zuführt, — denn die Zahl der bürgerlichen Officiere ist sehr klein. Der preußische Adel ist es mithin, der sich jetzt noch aus Neigung, aus alter Gewohnheit, und mitunter in der Erinnerung des Ruhms seiner Familien zu diesen Stellen drängt, allein es scheint, daß leicht eine Aenderung eintreten kann, eintreten muß; die umgewandelten Verhältnisse werden sie herbeiführen. Früher war der Adel in den alten Provinzen der Monarchie im ausschließlichen

Besitz aller Rittergüter, und genoß eine Menge Vorrechte, namentlich bis zum Antritt der Regierung des vorigen Königs die Steuerfreiheit. Alle diese Bevorzugungen setzten ihn in den Stand, seine Söhne in ihrer militairischen Laufbahn unterstützen zu können, und die häufigen blutigen Kriege gewährten oft ein rasches Avancement. Wenn unter Friedrich dem Großen auch 20 bis 25 Jahre dazu gehörten, eine Compagnie oder Schwadron zu bekommen, so hatten sie dann doch auch ein Einkommen von 1500 bis 1800 Thalern, während sich jetzt der Capitain circa auf 600 und die älteren auf 1200 Thaler stehen. Nun haben in Folge der jetzigen Verfassung alle jene Prärogativen aufgehört, und die Rittergüter können mit wenigen Ausnahmen (wo Familienverhältnisse es nicht anders bestimmen) auch von Bürgerlichen besessen werden. Seit dem Bestehen des freien Verkehrs der Rittergüter ist vielleicht schon ein Drittel derselben in bürgerliche Hände übergegangen, und weil der Mittelstand es eben so gut versteht, Vermögen zu erwerben, als der Adel es zu verzehren, so wird der Grundbesitz immer mehr und mehr in ihre Hände übergehen. Dies wird eine doppelte Folge haben:

a) daß der nicht mehr grundbesitzende Adel auch an den Erwerb denken muß, und da wird er sich auf einen einträglicheren Erwerb legen müssen, als: Lieutenant zu werden.

b) wird der Adel überhaupt sich vermindern, weil ihm

die Mittel zum Heirathen und zum Ernähren seiner Familie fehlen werden.

Indem nun diese Fälle eintreten, wird der Staat seine Offiziere höher besolden müssen, und dies wird offenbar eine große Erhöhung der Militair-Etats zur Folge haben, inzwischen unterliegt es keinem Zweifel, daß die Mittel des Staats immer zureichen werden, eine Vermehrung des Etats aufzubringen. Jedoch liegt hierin eine stete Aufforderung, die Geldkräfte möglichst zu Rathe zu halten.

Uebersicht von der Eintheilun

Armee-Abtheilung.	Armee-Corps.	Division.	Brigade.	Regimenter und Bataillone, [cut off] Schützen-Abtheilunge	
Garde-Corps.		1ste Garde Division.	1ste Garde Infant. Brig.	1stes Garde Infanterie Regt. 2tes „ „ „ Garde Jäger Bataillon	
			1ste Garde Cav. Brig.	Regiment Garde du Corps Regiment Garde Husaren 1stes Garde Ulanen (Ldw.) Reg	
		2te Garde Division.	2te Garde Infant. Brig.	Kais. Alexand. Grenad. Regt. „ Franz „ „ Garde Schützen Bataillon	
			2te Garde Cav. Brig.	„ Cürassier Regt. „ Dragoner „ 2tes Garde Ulanen (Ldw.) Regt.	
				Garde Reserve Infant. Landw. R Comb. Garde Reserve Bataill. .	
I. Armee-Abtheilung.	I. Armee-Corps.	1ste Division.	1ste Infanterie Brigade.	1stes Infanterie Regiment 3tes „ „	à 3
			1ste Cavallerie „	3tes Cürassier „ 1stes Dragoner „	à 4
		2te „	2te Infanterie Brigade.	4tes Infanterie Regiment 5tes „ „	à 3
			2te Cavallerie „	5tes Cürassier „ 1stes Husaren „	à 4
				33stes Infanterie Regt. (1stes R 1stes comb. Res. Bataill. . . . . 1ste Jäger Abtheilung	
	II. Armee-Corps.	3te Division.	3te Infanterie Brigade.	2tes Infanterie Regiment 9tes „ „	à 3
			3te Cavallerie „	2tes Cürassier „ 5tes Husaren „	à 4
		4te „	4te Infanterie Brigade.	14tes Infanterie Regiment 21stes „ „	à 3
			4te Cavallerie „	3tes Dragoner „ 4tes Husaren „	à 4
				34stes Infanterie Regt. (2tes Re 2tes comb. Res. Bataill. . . . . 2te Jäger Abtheilung	
II. Armee-Abtheilung.	III. Armee-Corps.	5te Division.	5te Infanterie Brigade.	18tes Infanterie Regiment 2tes „ „	à 3
			5te Cavallerie „	2tes Dragoner „ 3tes Ulanen „	à 4
		6te „	6te Infanterie Brigade.	20stes Infanterie Regiment 24stes „ „	à 3
			6te Cavallerie „	6tes Cürassier „ 3tes Husaren „	à 4
				35stes Infanterie Regt. (3tes Re 3tes comb. Res. Bataill. . . . . 3te Jäger Abtheilung	
	IV. Armee-Corps.	7te Division.	7te Infanterie Brigade.	26stes Infanterie Regiment 27stes „ „	à 3
			7te Cavallerie „	7tes Cürassier „ 10tes Husaren „	à 4
		8te „	8te Infanterie Brigade.	31stes Infanterie Regiment 32stes „ „	à 3
			8te Cavallerie „	8tes Cürassier „ 12tes Husaren „	à 4
				36stes Infanterie Regt. (4tes Res 4tes comb. Res. Bataill. . . . . 4te Jäger Abtheilung	
III. Armee-Abtheilung.	V. Armee-Corps.	9te Division.	9te Infanterie Brigade.	6tes Infanterie Regiment 7tes „ „	à 3
			9te Cavallerie „	4tes „ „ 2tes „ „	à 4
		10te „	10te Infanterie Brigade.	18tes Infanterie Regiment 19tes „ „	à 3
			10te Cavallerie „	7tes Husaren „ 1stes Ulanen „	à 4
				37stes Infanterie Regt. (5tes Rese 5tes comb. Res. Bataill. . . . . 1ste Schützen Abtheilung	
	VI. Armee-Corps.	11te Division.	11te Infanterie Brigade.	10tes Infanterie Regiment 11tes „ „	à 3 B
			11te Cavallerie „	1stes Cürassier „ 4tes Husaren „	à 4 E
		12te „	12te Infanterie Brigade.	22stes Infanterie Regiment 23stes „ „	à 3 B
			12te Cavallerie „	6tes Husaren „ 2tes Ulanen „	4 E
				38stes Infanterie Regt. (6tes Rese 6tes comb. Res. Bataill. . . . . 2te Schützen Abtheilung	
IV. Armee-Abtheilung.	VII. Armee-Corps.	13te Division.	13te Infanterie Brigade.	13tes Infanterie Regiment 15tes „ „	à 3 B
			13te Cavallerie „	11tes Husaren „ 6tes Ulanen „	à 4 E
		14te „	14te Infanterie Brigade.	16tes Infanterie Regiment 17tes „ „	à 3 B
			14te Cavallerie „	8tes Husaren „ 5tes Ulanen „	à 4 E
				39stes Infanterie Regt. (7tes Rese 7tes comb. Res. Bataill. . . . . 3te Schützen Abtheilung	
	VIII. Armee-Corps.	15te Division.	15te Infanterie Brigade.	25stes Infanterie Regiment 28stes „ „	à 3 B
			15te Cavallerie „	4tes Dragoner „ 7tes Ulanen „	à 4 E
		16te „	16te Infanterie Brigade.	29stes Infanterie Regiment 30stes „ „	à 3 B
			16te Cavallerie „	9tes Husaren „ 8tes Ulanen „	à 4 E
				40stes Infanterie Regt. (8tes Rese 8tes comb. Res. Bataill . . . . 4te Schützen Abtheilung	
			2 Garde Infant. Brig. 2 „ Cavall. „ 16 Linien Infant. „ 16 „ Cavall. „	4 Garde Inft. Rgtr.; 1 Garde Ref. 1 comb. Garde Ref. Bataill., 1 Gard 1 Garde Schützen Bat.; 32 Inft. R Ref. Rgtr.; 8 comb. Ref. Bataill.; 4 Schützen Abtheil.; 6 Garde Caval 32 Linien Cavall. Rgtr.	

…schen Heeres im Jahre 1842.

Artillerie.	Pioniere.	Landwehr.				Invaliden.
Brigade.	Abtheilung.	Brigaden.	Regimenter.	Bataillone.	Escadr.	
Garde Art. Brig. zu drei Abtheilungen u. einer Handw. Comp.	Garde Pionier Abtheilung.	1ste Garde Landw. Brig.	1stes Garde Ldw. Rgt. 2tes " " "	6		1ste Garde Invalid. Comp.
		2te Garde Landw. Brig.	3tes Garde Ldw. Rgt. 4tes " " "	6		2te Garde Invalid. Comp.
						Garde Invaliden zu Potsdam u. Werder.
1ste Artillerie Brig. (formirt wie die Garde.)	1ste Pionier Abtheilung.	1ste Landw. Brig.	1stes Landw. Regt. 3tes " "	6	6	1ste Invalid. Comp.
		2te Landw. Brig.	4tes Landw. Regt. 5tes " "	6	6	2te " "
			Landw. des 33sten Infanterie Regts.	1	1	
2te Artillerie Brig.	2te Pionier Abtheilung.	3te Landw. Brig.	2tes Landw. Regt. 9tes " "	6	6	3te Invalid. Comp.
		4te Landw. Brig.	14tes Landw. Regt. 21stes " "	6	6	4te " "
			Landw. Bat. d. 34sten Infanterie Regts.	1	1	
3te Artillerie Brig.	3te Pionier Abtheilung.	5te Landw. Brig.	8tes Landw. Regt. 12tes " "	6	9	5te Invalid. Comp.
		6te Landw. Brig.	20stes Landw. Regt. 24stes " "	6	6	6te " "
			Landw. Bat. d. 35sten Infanterie Regts.	1	1	
4te Artillerie Brig.	4te Pionier Abtheilung.	7te Landw. Brig.	26stes Landw. Regt. 27stes " "	6	6	7te Invalid. Comp.
		8te Landw. Brig.	31stes Landw. Regt. 32stes " "	6	6	8te " "
			Landw. Bat. d. 36sten Infanterie Regts.	1	1	
5te Artillerie Brig.	5te Pionier Abtheilung.	9te Landw. Brig.	6tes Landw. Regt. 7tes " "	6	6	9te Invalid. Comp.
		10te Landw. Brig.	18tes Landw. Regt. 19tes " "	6	6	10te " "
			Landw. Bat. d. 37sten Infanterie Regts.	1	1	
6te Artillerie Brig.	6te Pionier Abtheilung.	11te Landw. Brig.	10tes Landw. Regt. 11tes " "	6	6	11te Invalid. Comp.
		12te Landw. Brig.	22stes Landw. Regt. 23stes " "	6	6	12te " "
			Landw. Bat. d. 38sten Infanterie Regts.	1	1	
7te Artillerie Brig.	7te Pionier Abtheilung.	13te Landw. Brig.	13tes Landw. Regt. 15tes " "	6	6	13te Invalid. Comp.
		14te Landw. Brig.	16tes Landw. Regt. 17tes " "	6	6	14te " "
			Landw. Bat. d. 39sten Infanterie Regts.	1	1	
…te Artillerie Brig., …ben so formirt wie …ie übrigen Brigaden, …nd außerdem noch … Abth. Fest. Res. Ar…llerie resp. zu 3 u. 2 Compagnieen.	8te Pionier Abtheilung.	15te Landw. Brig.	25stes Landw. Regt. 28stes " "	6	6	15te Invalid. Comp.
		16te Landw. Brig.	29stes Landw. Regt. 30stes " "	6	6	16te " "
			Landw. Bat. d. 40sten Infanterie Regts.	1	1	
…Feuerwerks Abtheil.						
… Artillerie Brigaden. … Feuerwerks Abtheil.	1 Garde Pionier Abth. 8 Linien Pionier Abth. — 9 Pion. Abth.	16 Landwehr Brigaden.	32 Prov. Ldw. Rgte. 4 Garde " " 8 Prov. Res. Landw. Rgte.	12 Garde 104 Linien — 116	104	15 Invalid. Comp. 2 Garde Inv. Comp.

Anmerkungen zur vorstehenden Tabelle.

1. Bei dem Garde-Corps sind statt der Divisions-Commandeure gegenwärtig ein Commandeur der Garde-Infanterie und ein Commandeur der Garde-Cavallerie ernannt. Ersterer hat sämmtliche Infanterie und letzterer die gesammte Cavallerie des Corps unter seinem Commando. Die Formation in Divisionen ist deshalb nicht aufgelöst.
2. Zum Garde-Corps gehört außer den vorgenannten Truppentheilen noch eine Garde-Unteroffizier-Compagnie.
3. Das Lehr-Infanterie-Bataillon und die Lehr-Escadron, deren Mannschaften von andern Regimentern nur zu diesen Instituten commandirt sind, gehören hinsichtlich der oberen Leitung auch noch zum Garde-Corps; sie sind jedoch nicht aufgeführt, weil sie für den Fall einer Mobilmachung aufgelöst werden.
4. Die Landwehr-Regimenter und Bataillone sind nur zur Zeit der Uebung oder während des Krieges versammelt. Außer dieser Zeit sind nur die Stäbe und die Stamm-Mannschaften im Dienst, pr. Garde-Landwehr-Regiment 51, pr. Provinzial-Landwehr-Regiment etwa 66 Mann.
5. Die Eintheilung des Heeres erleidet im Falle des Krieges noch manche kleine Veränderungen, die für das große Publikum kein besonderes Interesse haben, und die deshalb hier übergangen werden.
6. Außer den oben angeführten Truppen befindet sich bei jedem Garde-Cavallerie- und Infanterie-Regiment und resp. Bataillon excl. Landwehr, so wie bei jedem Linien-Cavallerie-Regiment, bei jeder Artillerie-Brigade und Pionier-Abtheilung eine Halbinvaliden-Section.

Die Stärke des Preußischen Heeres im Frieden ist mithin:

1. Infanterie.

4 Garde-Infanterie-Regimenter à 3 Bat.	12 Bat.
1 Garde-Reserve-Infanterie-Regiment	2 =
32 Feld-Regimenter à 3 Bat.	96 =
8 Feld-(Reserve-)Regimenter à 2 Bat.	16 =
1 comb. Garde-Reserve-Bataillon	1 =
8 = Linien-Reserve-Bataill.	8 =
	135 Bat.

Dazu an leichter Infanterie (Büchsenschützen):

1 Garde-Jäger- und 1 Garde-Schützen-Bat.	2 Bat.
4 Jäger- und 4 Schützen-Abtheilungen, zusammen	4 =

An Landwehr:

4 Garde-Landwehr-Regimenter à 3 Bat.	12 =
32 Provinzial-Landwehr-Regimenter à 3 Bat.	96 =
4 comb. Reserve-Landwehr-Regimenter à 2 Bat.	8 =
zusammen	257 Bat.

2. Cavallerie.

1 Garde du Corps 1 Garde-Cürassier 1 = Dragoner 1 = Husaren 2 = Ulanen	6 Garde-Cavallerie-Regtr. à 4 Esc.	24 Esc.
8 Cürassier 4 Dragoner 12 Husaren 8 Ulanen	32 Linien-Cavallerie-Regtr. à 4 Esc.	128 =
Landwehr-Cavallerie		104 =
	gesammte Cavallerie	256 Esc.

3. Artillerie.

1 Garde=Artillerie=Brigade à 15 Comp.	15	Comp.
8 Linien=Artillerie=Brigaden à 15 Comp.	120	=
Die Festungs=Res.=Artillerie	5	=
1 Garde= und 8 Linien=Artillerie=Handwerks=Comp. .	9	=
Feuerwerks=Abtheilung	2	=
Summa	151	Comp.

Jede der 9 Artillerie=Brigaden zerfällt in 3 Abtheilungen, wovon jede wieder aus 4 Fuß= und 1 reitenden Compagnie besteht, so daß im Ganzen 27 reitende, 108 Fuß= und außerdem 9 Handwerks=, 5 Festungs=Reserve=Artillerie= und 2 Feuerwerks=Compagnieen vorhanden sind.

4. Pioniere.

1 Garde= und 8 Linien=Pionier=Abtheilungen à 2 Comp. 18 Comp.

5. Halb=Invaliden=Sectionen:

Der 4 Garde=Infanterie=Regimenter à 48 Mann .	192	Mann
Des Garde=Reserve=Regiments	32	=
Des Garde=Jäger=Bataill. Des Garde=Schützen=Bataill. Des comb. Garde=Reserve=Bataill. } à 16 Mann . .	48	=
Der 6 Garde=Cavallerie=Regimenter à 16 Mann . .	96	=
Der 32 Linien=Cavallerie=Regimenter à 16 Mann . .	512	=
Der 9 Artillerie=Brigaden incl. Garde à 75 Mann .	675	=
Der 9 Pionier=Abtheilungen incl. Garde à 12 Mann .	108	=
Der Feuerwerks=Abtheilung	10	=
zusammen	1673	Mann.

6. Ganz=Invaliden=Compagnieen.

Das Berliner Invaliden=Bataillon	4	Comp.
Die Invalidenhäuser zu Stolpe und Ribnick	2	=
2 Garde= und 16 Invaliden=Compagnieen	18	=
	24	Comp.

Recapitulation nach den Truppentheilen.

1.	Infanterie	257	Bataillone.
2.	Reiterei	256	Escadrons.
3.	Artillerie	151	Compagnieen.
4.	Pioniere	18	„
5.	Halb-Invaliden-Sectionen	1673	Mann.
6.	Ganz-Invaliden	24	Compagnieen.

Recapitulation in Beziehung auf die ungefähre Stärke des Heeres nach dem Friedens-Etat (in runden Zahlen).

Die 4 Garde-Infanterie-Regimenter	8000	Mann.
Das Garde-Reserve-Infanterie-Regiment	1350	„
Die 32 Linien-Infanterie-Regimenter	48320	„
Die 8 Linien-Infanterie-Ref.-Regimenter	8000	„
Das comb. Garde-Ref.-Bataillon	600	„
Die 8 comb. Linien-Ref.-Bataillone	3200	„
Die 2 Bataill. Garde-Jäger und Schützen	800	„
Die 4 Jäger- und 4 Schützen-Abtheilungen	1600	„
Die 9 Artillerie-Brigaden	15250	„
Die 9 Pionier-Abtheilungen	2250	„
Die sämmtlichen Halb-Invaliden-Sectionen	1670	„
Die 24 Invaliden-Compagnieen	5000	„
Die Stämme der Landwehr-Regimenter rc.	2280	„
Die 6 Garde-Cavallerie-Regimenter	3600	„
Die 32 Linien-Cavallerie-Regimenter	18240	„
Die Feuerwerks-Abtheilung	100	„
	120260	Mann.

Davon kommmen

Truppentheil	Infanterie	Cavallerie	Artillerie	Pioniere	Landwehr-Stamm-Mannschaft	Halbinvalid. Sectionen	Invaliden-Comp.	Summa
	Mann	Mann	Mann	Mann	Mann	Mann	Mann	Mann
auf das Garde-Corps	10730	3600	1650	250	200	452	600	17502
1. Armeecorps	7640	2280	1650	250	260	151	400	12631
2. "	7640	2280	1650	250	260	151	400	12631
3. "	7640	2280	1650	250	260	151	400	12631
4. "	7640	2280	1650	250	260	151	400	12631
5. "	7640	2280	1650	250	260	151	400	12631
6. "	7640	2280	1650	250	260	151	400	12631
7. "	7640	2280	1650	250	260	151	400	12631
8. "	7640	2280	2050	250	260	151	400	13031
Berl. Inv. Bat.	"	"	"	"	"	"	800	800
Inv. Haus zu Stolpe und Ribnick	"	"	"	"	"	"	400	400
Feuerwerksabtheilung	"	"	100	"	"	10	"	110
	71870	21840	15350	2250	2280	1670	5000	120260

Zieht man nun von vorstehenden . . . . 120260 Mann
die Ganz-Invaliden ab mit . . . . 5000 "

so bleiben 115260 Mann.

Es würden also aufgestellt werden können:

1. vom stehenden Heer in runder Summe . . 115000 Mann.
2. Von der Kriegs-Reserve und Landwehr ersten Aufgebots, ganz mäßig angeschlagen . 250000 "
3. Von der Landwehr zweiten Aufgebots, je nachdem dieselbe zur Vertheidigung ihrer Provinz erforderlich sein würde, ganz geringe berechnet 180000 "

Ergiebt eine disponible Kriegsmacht von 545000 Mann.

Die formirte Kriegsstärke des Preußischen Heeres, welche außer den Mannschaften des stehenden Heeres zunächst aus der Reserve und den Landwehr-Mannschaften des ersten Aufgebots, aus der zum Dienst im stehenden Heer verpflichteten Altersklasse und nöthigen Falls aus der Landwehr zweiten Aufgebots formirt wird, würde betragen:

A. Infanterie.

12	Bataill. Garde à 1000 M. . .	12,000	Mann	
2	= Jäger u. Schützen à 1000	2,000	=	
12	= Garde-Landwehr à 1000	12,000	=	
96	Linien-Infanterie-Bat. à 1000 .	96,000	=	
4	Bataill. Jäger u. Schützen à 1000	4,000	=	
96	= Provinzial-Landw. à 1000	96,000	=	
222	Bataill.			222,000 Mann.

B. Cavallerie.

32	Escadr. Garde-Cavall. incl. Landw. à 150 M.	4,800	Mann	
128	= Linien-Cavall. à 150 . .	19,200	=	
96	= Provinz.-Landwehr-Cavall. à 150	14,400	=	
256	Escadr.			38,400 =

C. Artillerie.

Die Feld-Artillerie der 9 Brigaden, jede zu 12 Batterien à 8 Geschützen, also zusammen 108 Batterien mit 864 Geschützen und die verschiedenen Colonnen . . . . 23,000 =

giebt active Combattanten 283,400 Mann,

die ins Feld rücken, ohne die Stabswachen, Trains, Trainsoldaten, ohne Feld-Lazareth-Apotheken und Bäckereien, ohne Verpflegungs- und Administrations-Beamte, kurz ohne alle Nichtcombattanten.

Außer diesen Combattanten von . . . . . 283,400 Mann werden verwendet

Transport 283,400 Mann

D. zur Formation der Ersatz-Truppen, der Handwerks-Compagnieen, zur Besatzung der Festungen und zum Dienst im Innern.

24 Bataill. der 8 Res.-Inf.-Reg. .	24,000 Mann	
80 Ersatz-Bataill. à 1000 M. . .	80,000 „	
66 Ersatz-Escadrons à 100 Pf. . .	6,600 „	
8 Esc. der 8 Res.-Landw.-Bataillone	1,200 „	
Die Artill.-Ersatz-Abtheilungen, Artill.-Festungs- und Handwerks-Compagnieen	17,000 „	
Pioniere	6,000 „	
104 Landw.-Bat. 2. Aufgebots . .	104,000 „	
		238,800 „
	in Summa	522,200 Mann.

Der Ueberschuß, welcher sich nach der vorhin als vorhanden angegebenen Kriegsstärke von 545,000 Mann gegen den Bedarf ergiebt, dient nächst den auszuhebenden Rekruten zum Ersatz des Abganges. Außerdem sind noch die Ganz-Invaliden vorhanden.

Für diese circa 522,000 Mann sind die Armatur- und ein großer Theil der Bekleidungsstücke im Frieden vorhanden, und diese Aufstellung consumirt noch nicht die Landwehr und dienstpflichtigen Altersklassen. Es bleiben vielmehr noch exercirte Leute disponibel.

Wir haben dem Leser bisher in möglichster Kürze eine umfangreiche Uebersicht der Zustände in Preußen zu liefern versucht. Mit der politischen Stellung Preußens beginnend, sind wir zu der bei uns bestehenden Verfassung und deren Vervollkommnung übergegangen, und haben in dem dritten Abschnitt uns über den ganzen Verwaltungs-Organismus im Allgemeinen und insbesondere über den der wichtigsten Zweige der Verwaltung selbst verbreitet. Da es uns schien, als wenn es nicht nur für Preußen, sondern für ganz Deutschland wichtig wäre, Preußen und seine Verhältnisse und Zustände in ihrem ganzen Zusammenhange mit ihren Vollkommenheiten und Mängeln zu kennen, so haben wir uns bemüht, sie zu liefern. Um diese Aufgabe in ganz specieller Ausführung zu lösen, hätten wir ein großes Werk schreiben müssen, welches aber den Zweck verfehlt haben würde, dem großen Publikum eine kurze und vollständige Anschauung des Ganzen zu gewähren. Wir schmeicheln uns, in dieser Beziehung die Ansicht der Leser errathen zu haben.

Wenn wir uns nun zu den Ergebnissen der angestellten Untersuchungen wenden, so glauben wir, daß es sehr klar hervorleuchtet, welche wichtige Stellung Preußen in den politischen Verhältnissen der europäischen Staaten und ganz besonders Deutschlands einnimmt. Da es die Scheidewand zwischen den großen Mächten des Osten und Westen bildet, so ist es von der höchsten Wichtigkeit, daß Preußen die Macht besitze, diese in ihre Grenze zu bannen. Um dies unzweifelhaft und ohne übermäßigen Kraftaufwand zu können, ist eine ganz innige Verbindung mit den übrigen Staaten des Bundes nothwendig, deren eigenes Interesse sie in diesem Betracht ganz zu Preußen hinzieht.

Was die Verfassung betrifft, so ist das Ergebniß der über selbige angestellten Betrachtung, daß sie auf einem sehr sicheren und zweckmäßigen Fundament beruht. Daß die preußische Nation in ihren untern Kreisen viele Rechte und Freiheiten besitzt, welche die sogenannten constitutionellen Staaten dem Volke nicht gewähren können, weil ihre Regierungen zu schwach sind, um das Volk zügeln zu können, daß jedoch dem Verfassungs-Gebäude, um unsere Worte zu wiederholen, der Schlußstein fehlt, um das Gewölbe zu vollenden, und daß die Nation mit vollem Vertrauen diesen von ihrem Monarchen erwartet. Nicht allein in der Liebe zu ihr findet sie eine Bürgschaft dafür, sondern auch in seinem hochherzigen Sinn und eigenen Selbstgefühl, welches ihm sagen wird, wie viel höher die Stellung eines Monarchen ist, der an der Spitze eines freien Volkes steht, als die eines Königs an der Spitze der Verwaltung ein Volk regierend, welches noch nicht die Mündigkeit erhalten hat.

Was nun den Verwaltungs-Organismus betrifft, so ist derselbe ganz darauf berechnet, der Regierung Kraft zu verleihen und zugleich die Interessen des Landes zu sichern, und wenn sich auch in manchen Theilen Mängel in diesem

Organismus selbst und zwar wesentliche eingeschlichen haben, so hindert dies weniger den regelmäßigen Gang der Geschäfte, da die untern Verwaltungs-Behörden, die in unmittelbare Berührung mit dem Volke kommen, eine sehr musterhafte Verwaltungs-Partie bilden.

In Hinsicht der Finanzen sind diese im Vergleich gegen andere Staaten in sofern blühend zu nennen, weil die Verschuldung im Vergleich zur Einnahme geringe geachtet werden kann; inzwischen bedarf diese Partie wesentlicher Reformen.

Den Unterricht betreffend, so hat dieser nicht nur in Beziehung auf Volksunterricht große Fortschritte gemacht, sondern die Bildungsanstalten aller Arten und namentlich unsere Universitäten können mit Recht als an der Spitze der geistigen Entwickelung stehend betrachtet werden.

Unsere Militair-Verfassung leuchtet nicht minder hervor, und giebt besonders in Hinsicht der Vertheidigung des eigenen Landes Preußen eine Kraft, von welcher wir vergebens ein ähnliches Beispiel suchen. Von dem ausgezeichneten Veteranen, der an der Spitze dieser Verwaltung steht, und noch aus der alten Schule abstammt, läßt sich der Fortschritt, wo er nöthig sein sollte, erwarten; ihm liegt jetzt die wichtige Aufgabe ob, die Vertheidigung im Gleichgewicht mit der wachsenden Bevölkerung zu erhalten.

So wie wir dies alles mit Ueberzeugung und mit innerer Zufriedenheit aussprechen, so haben wir es uns dagegen zur Pflicht gemacht, die noch bestehenden Mängel aufzudecken, um so mehr, da aus diesen leicht ein Krebsschaden entstehen könnte, der die Gesundheit des Körpers selbst bedrohte. Allein wir haben noch einen andern Grund gehabt, uns freimüthig über die Gegenstände auszusprechen, deren Abhülfe so sehnlichst von allen Seiten her gewünscht wird. Nichts erzeugt einen unbehaglicheren Zustand bei den Völkern, als das Gefühl, „es bestehen Mißverhältnisse, deren Grund und Umfang man nicht kennt. Die Aufgabe der Presse ist es nun, über diese die Nation aufzuklären und in ruhiger Erwägung die Ursachen einer solchen Unbehaglichkeit aufzuspüren, ihren wahren Umfang und die Mittel zur Abhülfe anzugeben. Ob wir die uns gestellte Aufgabe zufriedenstellend gelöst haben, darüber wird die öffentliche Stimme entscheiden; jedenfalls haben wir uns so ohne Rückhalt ausgesprochen, und so reichliches Material für das Urtheil Anderer geliefert, daß es dadurch leichter wird, uns, wo wir uns im Irrthum befinden sollten, zu berichtigen. Die größere Freiheit, welche die Presse der Freisinnigkeit des Monarchen dankt, enthält eine Aufforderung, von derselben auf eine Weise Gebrauch zu machen, welche dem Lande nützlich wird, und die Schriftsteller selbst haben das größte Interesse, es zu überwachen, daß der Mißbrauch der Freiheit nicht wieder zu einer Beschränkung derselben führe. Es würde recht erfreulich sein, wenn von Preußen aus ein solches Beispiel gegeben würde. Wer das Gesetz in sich hat, dem braucht es nicht von außen vorgeschrieben zu werden.

Deutschland.

So manche Mangel auch noch nach der in den vorhergehenden Abschnitten enthaltenen Darstellung in Preußen bestehen, so nöthige und unerläßliche Reformen noch vorzunehmen sind, so fest steht es auf der andern Seite, daß es sowohl in Hinsicht seiner Verwaltung als seiner Fundamental-Verfassung sich auf einem bedeutend hohen Punkt befindet, sehr freisinnige, zweckmäßige und großherzige Einrichtungen besitzt, ein so vortreffliches Fundament zur Größe und Glückseligkeit seines Volkes gelegt hat, wie wenig andere Reiche, weder innerhalb noch außerhalb Deutschlands.

Es ist wahr, und wir haben diese Wahrheit zu beweisen gesucht, die preußische Verfassung und das preußische Verwaltungs-System bedarf noch der Vollendung, — erst dann tritt eine Bürgschaft für die Dauer ein; allein mit festem Vertrauen erwartet die Nation diese von ihrem geistvollen väterlichen König und von dem Interesse, welches ihm das Glück seines Volkes einflößt.

Preußen ist vom Schicksal berufen, der Welt ein Beispiel zu geben, wie eine Monarchie geformt sein müsse, um im vollen Besitz der Macht, — die ganze Kraft der Nation in sich zu vereinen, und doch dem Volke alle Freiheit zu gewähren, deren es zu seinem Wohle bedarf.

Wenn in manchen deutschen Ländern improvisirte Verfassungen entstanden sind, die ohne Einheit des Gedankens, ohne ein solides Fundament, mehr aus der Idee, als aus den wirklichen Verhältnissen und Bedürfnissen hervorgewachsen sind, und welche daher einen Keim zu einer Trennung der Ansichten und Interessen in sich verschließen, so ist es um so wichtiger, daß Preußen, als die einzige reine deutsche Schutzmacht, durch die Vereinigung aller Kräfte, welche aus einer innigen Verbindung des Königs und seines Volkes, aus der weisen Benutzung seiner Mittel, aus der geistigen Entwickelung der Nation und aus einem festen National-Charakter entstehen, den Kern bildet, an welchen sich das übrige Deutschland fest anschließen kann. Daß dies im Interesse Deutschlands liegt, ist unzweifelhaft, und daß das freisinnige Deutschland sich nicht einer Regierung anschließen wird, in welcher das Volk unterdrückt, jede Freisinnigkeit verbannt ist, und die Willkühr das Regiment führt, haben wir nicht durch schönklingende Worte, sondern durch eine wahre Schilderung der Verhältnisse beweisen, und die Gründe aufgeführt, inwiefern der Schein die Ansichten irre geleitet hat.

Wenn nun nach diesem Vorwort zur Beleuchtung der Frage geschritten wird, — was geschehen soll und kann, um die Kraft Deutschlands und Preußens immer enger zu verbinden, um dadurch die Selbständigkeit Deutschlands vollkommen zu sichern, und seine materiellen Interessen zu fördern, so zeigt sich hier ein weites Feld. Die Unabhängigkeit und Selbständigkeit der Nationen verdient unstreitig die erste Rücksicht, um so mehr, da darin die Freiheit des Handelns und die Bürgschaft für alle übrigen Interessen liegt.

Könnten wir uns in das Jahr 1815, wo der Wiener Congreß gehalten wurde, versetzen*), bestände in den verschiedenen Staaten Deutschlands, wie damals, noch keine Verfassung, so würde nichts wünschenswerther sein, als in ganz Deutschland in den Hauptgrundzügen eine gleiche Verfassung anzunehmen, und wir glauben dazu ohne alles Bedenken Preußen bis auf einen gewissen vorher bezeichneten Punkt, und mit Ausnahme gewisser Verhältnisse (zum Beispiel der der Rittergutsbesitzer in den alten Provinzen, welche auf besonderen Eigenthümlichkeiten beruhen) als Muster empfehlen zu können, und es wird wohl Niemandem entgehen, welche große Wirkung dies auf den National-Geist Deutschlands, auf die innige

---

*) Wir erinnern hier an die Anträge von Preußen auf dem Wiener Congreß, wegen ständischer Verfassung in Deutschland.

Verschmelzung des stammverwandten Volks und auf die moralische Kraft nach außen haben würde.

Allein dies ist nicht mehr möglich, und es bleibt nur die Hoffnung, daß vielleicht nach und nach eine Annäherung erfolgen werde, wenn durch die Länge der Zeit sich erst immer mehr und mehr herausgestellt haben wird, welche Früchte die verschiedenen Verfassungsbäume in dem Laufe der Zeit tragen werden.

In ganz Deutschland wird Mancher, wenn er seine einheimischen Zustände mit den in Preußen bestehenden vergleicht, sich überzeugen, daß die große Selbstständigkeit, die den Communen und Corporationen hier eingeräumt ist, sehr wesentlichen Vortheil gewährt, und zu einer fortschreitenden Entwickelung und allgemeinen Selbständigkeit führt, und daß, als Austausch dagegen, auf andere Rechte verzichtet werden kann, die rein illusorisch sind.

Wenn es auch nicht möglich ist, die Einheit in den Verfassungen der übrigen deutschen Staaten herzustellen, so scheint es um so mehr rathsam, in anderer Beziehung, das Beispiel Preußens besonders in Hinsicht auf Concentration der Kräfte ins Auge zu fassen, vor Allem würde dies in militairischer Hinsicht sehr zu empfehlen sein; jedoch versteht sich, mit den Modificationen, die die ganz veränderten Verhältnisse fordern. Wenn man in dem übrigen Deutschland das Landwehr- und Landsturm-System einführen wollte, so würde dies fast unausführbar sein, große Unzufriedenheit erregen und keinen günstigen Erfolg erwarten lassen. Einrichtungen, wie diese sind, lassen sich nicht im Frieden, nur in einem großen Kampf auf Leben und Tod zuerst herstellen. Daß Deutschlands Grenzen nicht zureichend geschützt sind, ist keinem Zweifel unterworfen. Die Rheinbaierschen, Darmstädter, Badener und Würtembergischen Grenzen, Frankreich gegenüber, sind zu schwach vertheidigt, und im Fall eines Krieges ist dieser schöne Theil des deutschen Vaterlandes dem Einfalle der Franzosen bloßgestellt, weil diese Länder nicht ein so bedeutendes stehendes Heer halten können, um ihre Grenzen selbst zu vertheidigen, und bevor die Bundesgenossen anrücken, schon von Feinden überschwemmt sein können.

Dies ist ein Punkt, der eine besondere Erwägung verdient. Der Bund hat nicht nur die Verpflichtung, jedes einzelne Glied desselben vollkommen zu schützen, sondern ein solcher Einfall wirkt durch den moralischen Eindruck, weil er von der einen Seite als ein Erfolg, von der andern Seite als eine Niederlage betrachtet wird, doppelt nachtheilig auf die Gemüther.

Es fragt sich nun, welche Maaßregeln dagegen die zweckmäßigsten sein werden. Festungen zu bauen, wie man beabsichtigt? — Dies kann wohl dahin führen, daß nicht die ganze militairische Stellung verloren geht, die Wiederbesetzung leichter wird, aber es kann die Provinzen selbst, ihre Bewohner und Eigenthümer nicht gegen eine Invasion schützen, die diese Länder auf lange Zeit zu Grunde richten würde.

Aber es findet sich gleichzeitig noch ein zweiter Punkt, der eine Erörterung fordert und mit diesem in Verbindung zu bringen ist, nehmlich: ob der deutsche Bund bei seiner Organisation für eine zureichende Reserve gesorgt habe, um den Krieg auch ohne Unterbrechung mit dem Nachdruck führen zu können, den der Charakter der nächstens zu erwartenden Kriege, welche jedenfalls Massen-Kriege sein werden, fordert. Es scheint, als wenn dies nicht der Fall sei, und es käme daher auf eine Untersuchung an, in wie fern beide Zwecke zu vereinigen sein würden.

Die Haupt-Idee bei der ganzen Organisation der preußischen Kriegsmacht geht, wie wir gezeigt, dahin, über ein großes Heer gebieten zu können, und immer nur eine möglichst kleine Zahl unter den Waffen zu erhalten. Um nun in den an Frankreich grenzenden Provinzen über eine bedeutende Truppenmacht, wenn es die Umstände forderten, gebieten zu können, und eine stärkere Reserve zu erhalten, würde es zweckmäßig sein, eine doppelte oder dreifache Zahl Männer, als das stehende Heer stark ist, zu Soldaten auszubilden und zwar nach und nach.

Man finge damit an, ein Drittel oder nach den Umständen die Hälfte des jetzigen Heeres auf Urlaub nach Hause zu senden, und dieselbe Zahl, die entlassen ist, mehr als die jährliche Rekrutirung es fordert, auszuheben, gleichzeitig ein Drittheil Gewehre, Montirungsstücke, und was sonst dazu gehört, anzuschaffen und mit dieser Einrichtung so lange fortzufahren, bis die Entlassenen die Zahl bilden, zu welcher die Reserve gebracht werden soll; von diesem Zeitpunkte ab würden wieder so viele aus der Reserve verabschiedet, als jedes Jahr vom stehenden Heere zu derselben übergehen.

Durch diese Einrichtung würden die Provinzen, welche an Frankreich grenzen, eine doppelte und dreifache Truppenzahl zur Disposition erhalten, und zugleich die Mittel, den Feind bis dahin von der Grenze abzuhalten, daß es den übrigen Bundes-Staaten möglich wird, mit ihren Truppen zur Vertheidigung der bedrohten Punkte heranzukommen. Sobald dies geschehen ist, würde dann diese Reserve nach Hause gesandt, und nicht eher wieder einberufen, bis dies mit allen Reserven der Fall sein würde.

Was die Kosten betrifft, die diese stärkere Mobilmachung jener Grenzländer verursacht, so müßten selbige aus der Bundes-Kasse ersetzt werden. Daß diese vier Provinzen bei einer solchen Einrichtung eine Macht aufstellen können, die zur Vertheidigung der Grenzen gegen einen plötzlichen Einfall hinreicht, ist leicht zu übersehen. Sammelt Frankreich dort große Heeres-Massen an, so wird natürlich Deutschland dasselbe thun, und mit seiner ganzen Macht bis zur Grenze vorrücken.

Nur für Rheinbaiern, Baden, Würtemberg und Hessen ist das plötzliche Ueberschreiten der Grenzen mit einem Armee-Corps zu fürchten und abzuwehren.

So viel ist gewiß, daß Deutschland nicht besser seine Interessen in dieser Beziehung wahren kann, als wenn es sich auf die allerkräftigste Vertheidigung rüstet, und daß dies das sicherste Mittel ist — wenn es überhaupt eines giebt, Frankreich von allen Eroberungs-Plänen in Deutschland abzuschrecken.

Aber die Militair-Macht allein, die Masse der Fechtenden sichert noch nicht den Sieg. Bei einem Bundes-Heer ist vor allem Einigkeit die Hauptbedingung. Wenn nicht die Ueberzeugung feste Wurzel gefaßt hat, daß es nur Ein Interesse giebt, das des deutschen Vaterlandes, und daß die Stärke nur in einem festen Anschließen Aller an einander bestehe, so ist viel auf das Spiel gesetzt. Daher kann es nicht oft genug wiederholt werden, in den Verhältnissen nach Außen giebt es kein Preußen, kein Baiern, kein Hessen, sondern nur ein Deutschland.

Einigkeit muß für ganz Deutschland das Losungswort sein, Einigkeit in Allem; Einigkeit im Frieden, damit nicht im Kriege Uneinigkeit ausbreche.

Nicht minder wichtig ist es, daß man sich die Geldmittel, den Krieg führen zu können, verschaffe. Dies ist in doppelter Beziehung eine dringende Anforderung; einmal, weil ohne Geld der Krieg nicht mit Nachdruck geführt werden kann, und zum andern, weil der Krieg sonst noch doppelt und dreifach so viel kostet.

Daß viele Kriege schon mit Soldaten angefangen, und nur mit Geld fortgeführt worden sind, beweiset uns die Geschichte; ganz besonders liefert uns der letzte Kampf mit Frankreich das Beispiel. Hätte in demselben England nicht oft allen Hauptmächten zugleich die Geldmittel zur Führung des Krieges gewährt, so ist nicht zu berechnen, wer jetzt der Herr in Europa wäre.

Oesterreich und Preußen konnten ohne Subsidien den Krieg mit Napoleon im Jahre 1813 nicht durchführen. Dem ganz ausgesogenen Preußen fehlten die Mittel, den Krieg mit Nachdruck zu beginnen, und Oesterreich hätte den Kampfplatz nie betreten ohne englische Subsidien.

Wenn wir auch annehmen wollen, daß Deutschland wie Preußen die Mittel besitze, ohne Anleihe das Heer auf den Kriegsfuß zu setzen, so fragen wir, wo beide die Mittel zur Führung hernehmen wollen? Dies ist eine Frage von der höchsten Wichtigkeit, — eine Frage, die der deutsche Bund sich vor allen anderen machen sollte. Etwa von englischen Subsidien? — auf die ist nicht mehr zu rechnen; und soll überhaupt Deutschland seine Sicherheit auf die Gnade Anderer bauen?

Soll man die Mittel zur Führung des Krieges von zu machenden Darlehnen erwarten? Wo sollten diese contrahirt werden? im Auslande? das ist ungewiß! Die Summen, die man bedürfen würde, sind zu groß, und jedenfalls würden die Kriegskosten dadurch verdoppelt werden*). Von Roth=

*) Im Jahre 1813 war Preußen gezwungen, Tresorscheine auszugeben, deren Cours damals 18 bis 20 Procent stand, und man erhielt sie für voll oft in einem Monat bei den Steuern zurück.

schild und den übrigen Geldfürsten? Was aus ihrer Geld-Macht, was aus ihrem Kredit werden wird, wenn ein ernster Krieg ganz Europa erschüttert, und die Papiere, die sie besitzen, für den Augenblick werthlos werden, dies zu berechnen, liegt außerhalb der gewöhnlichen Rechnungs-Spezies. Was bleibt zu thun übrig? Die Bedürfnisse nehmen, wo man sie findet, zu Mitteln greifen, die man sonst für verwerflich halten würde, — eine völlige Erschöpfung des Landes wäre die Folge davon.

Will daher Deutschland seine Selbstständigkeit und seine Wohlfahrt für jetzt und für die Zukunft sicherer begründen, als bisher dafür gesorgt ist, so muß es im Frieden, und erst recht im Frieden diejenigen Maaßregeln ergreifen, zu welchen eine kluge Voraussicht räth; es muß für ein Geldheer sorgen wie für ein Kriegsheer, es muß sich den Götzen der Erde dienstbar machen in einer Zeit, wo es noch seiner mächtig werden kann. Aber, wird man fragen, wie soll ein solcher Gedanke verwirklicht werden? Dazu möchte es wohl mehrere Mittel und Wege geben. Unstreitig ist das einfachste uud durchgreifendste die Erschaffung von Bundesgeld und einer Bundesbank (National-Bank für Deutschland). Der deutsche Bund hat ohne Oesterreich, Preußen mit eingerechnet, über 30,000,000 Einwohner, und bei der immer größer sich entwickelnden Gewerbethätigkeit kann man annehmen, daß mindestens 5 Thlr. Papiergeld für den Kopf mit Sicherheit in Umlauf gebracht und erhalten werden könnten. Dieß macht circa 150 Millionen Bundes-Papiergeld, welches nach Verhältniß der Größe der verschiedenen Mächte vertheilt, und nach eben diesem Verhältnisse garantirt werden müßte. Dieses Bundes-Papiergeld müßte man einer zu errichtenden Central-Bundes-Kasse übergeben, welche beauftragt wäre, so viele Staatsschulden für jeden der verschiedenen Staaten zu kaufen, als sein Antheil beträgt, und diese in einem gemeinschaftlichen Bundes-Tresor nieder zu legen. An diese Bundes-Kasse würden nun von den einzelnen Staaten die Zinsen der von ihren Landesschulden erworbenen Kapitalien eingezahlt, und dort als Guthaben für sie notirt, und auf diese Weise, ohne daß die Bundesmächte selbst Opfer brächten, ein Tresor gesammelt, um künftig gemeinschaftliche außerordentliche Ausgaben davon bestreiten zu können.

Der Gewinn, der dadurch gemacht werden kann, ein zinsloses Papiergeld auszugeben, um dafür Zinsen tragende einzutauschen, kann aber nur dann eintreten, wenn für eine jederzeitige Realisation desselben gesorgt worden ist. Denn nur dadurch allein wird es gültig, und wir werden, wie jene einzurichten sei, weiter unter zeigen. Allein durch die Erschaffung eines solchen Bundes-Geldes wird der Hauptzweck nicht erreicht, im Innern von Deutschland die Gelegenheit zu finden, im Fall des Krieges die nöthigen Geldmittel zu finden, welche der Bedarf fordern könnte. Um dies möglich zu machen, giebt es nur ein Mittel, die Errichtung einer großen deutschen National-Bank, welche durch ihre Schwester-Banken sich über ganz Deutschland verbreitet. Es ist hier nicht der Ort, es weitläuftiger zu entwickeln, welchen Einfluß dies außerdem auf die Belebung des Verkehrs, auf die Ausgleichung des Zinsfußes, der jetzt so ungleich ist, auf eine gleichmäßige Vertheilung des Geldes selbst haben würde, und wie gewinnreich dies für die Kapitalisten werden könnte, welche ihre Kapitalien dort anlegten, sondern wir werden uns nur an den Hauptpunkt halten, daß dadurch große müßige Kapitalien gesammelt werden, die jetzt auf fremden Börsen oder in entfernten Reichen ein Unterkommen suchen, und oft ihren Untergang finden, während sie hier im Frieden den Handel und die Gewerbe beleben *), und für den Fall des Krieges die Macht haben würden, Deutschlands außerordentliche Geldbedürfnisse zu befriedigen. Von diesen Banken würde dann zugleich die Realisation des Bundes-Geldes übernommen werden, und das Nöthige wegen der Deckung zu verabreden sein. Zum Sitz der großen deutschen National-Bank würde kein Ort passender sein, als Hamburg. Es ist von jedem Kriegs-Schauplatze ganz entfernt, hat in seinen Mauern große

*) Es giebt Viele, die thörichterweise behaupten, der niedrige Zinsfuß beweise, daß in den meisten Gegenden schon ein so großer Ueberfluß an Kapital sei, daß es zwecklos sein würde, noch größere Summen in Banken anzusammeln, um den Verkehr dadurch zu beleben. Diese scheinen die Verhältnisse von England nicht zu kennen, und nicht zu ahnen, daß England sein großes Uebergewicht in der Fabrikation dem Vorhandensein des zu selbiger erforderlichen Kapitals dankt. Wenn Deutschland reich genug wäre, sich die Maschinen zu verschaffen, die England besitzt, so würden wir gegen selbiges keine Schutzzölle bedürfen.

Reichthümer und einen ausgebreiteten auswärtigen Kredit, und steht in der engsten Verbindung mit den europäischen Haupt-Geld-Märkten. Die Schwester-Banken würden in Frankfurt, Berlin, Augsburg, München, Cöln, Leipzig, Breslau und vielen andern Orten zu errichten sein.

Daß eine solche Institution in sehr bewegten Zeiten größere Bürgschaft gewährt, als der Kredit einzelner Banquiers, ist wohl nicht zu verkennen; denn durch dieselbe werden die Kapitalien im Lande Nutzen bringend beschäftiget, die sonst nach Rußland, Holland, Spanien, Neapel und Amerika wandern; daß dieser Bank bedeutende Privilegien und feste nutzbare Geschäfte zugewiesen werden müßten, versteht sich von selbst, und es bietet sich dazu Gelegenheit genug dar. Daß die Kapitalien fehlen würden, kann wohl Niemand einwenden: es brauchen nur 200 Millionen fremde Staatspapiere verkauft zu werden, um eine solche Summe herbeizuschaffen, wenn man den Bedarf so hoch veranschlagen wollte.

Diese Banken würden ohne alle Frage die Achse des ganzen deutschen Geldverkehrs werden, und wenn sich die Rothschild's und die ersten Banquiers Deutschlands an die Spitze stellten, sich bald eines unbeschränkten Vertrauens erfreuen, und sehr gewinnreiche Geschäfte machen. Man braucht, um über die Nützlichkeit eines solchen Planes zu urtheilen, nur zu erwägen, daß im Kriege es eben das Mißtrauen allein ist, welches die allgemeine Lähmung des Geldverkehrs erzeugt, aus welchem so viel Unglück entspringt, und daß man daher durch eine solche Bank das Uebel an der Wurzel ergreift.

Man könnte glauben, daß, wenn diese Banken die kriegführenden Mächte mit so großen Summen unterstützen sollten, als sie gebrauchen, ihre Fonds und zugleich ihr Kredit bald verzehrt sein würden.

Bei diesen Besorgnissen vergißt man immer den eigentlichen Stand der Dinge. Im Kriege ist nicht ein Thaler weniger in der Welt als im Frieden. Nur der Kredit ist es in der Regel, der fehlt. Die kriegführenden Regierungen brauchen Getreide, Schlachtvieh, Fourage, Kleidungsstücke, Pferde, Leder und was dergleichen mehr ist. Wenn sie diese bezahlen können durch Anweisungen auf eine Geldinstitution, die Vertrauen besitzt und verdient, so nimmt Jeder diese Anweisungen, und giebt sie auch wieder fort, weil Jeder weiß, daß, wenn es verlangt wird, das Geld dafür erhoben werden kann. Unterdessen hat die Bank es so gemacht, wie es alle Banquiers machen, sie hat die Deckung wieder untergebracht. Wenn aber die Regierung statt dessen gezwungen ist, ihre Bedürfnisse den Producenten und Fabrikanten da fortzunehmen, wo sie dieselben findet, so stellt sich ein ganz anderes Verhältniß heraus. Der Grundbesitzer, dem sein Getreide und Vieh genommen ist, ohne daß er Bezahlung empfangen hat, kann nun seine Gläubiger wieder nicht bezahlen, da ihm die Quellen seines Einkommens fehlen; seine Gläubiger können auch nicht zahlen, weil sie nichts empfangen haben, und so geht es fort. Die weitere Folge davon ist, daß jeder fürchtet in große Noth zu kommen, und daher sein Geld in dem allerverborgensten Winkel versteckt. Ist die Regierung dagegen im Stande, ihre Bedürfnisse zu bezahlen, so entstehen wohl einzelne Störungen, allein der panische Schrecken kann nicht eintreten, und das liebe Geld bleibt unter den Leuten.

Aber sagt man, der Ankauf des Pulvers und des Bleies koste so große Summen, daß, da diese Gegenstände zum Theil vom Auslande bezogen werden müssen, alles baare Geld dem Lande dadurch entzogen wird. Dies ist ein großer Irrthum, und im ganzen Kriege wird nicht halb so viel Geld für Munition fortgesandt, als bei der Mobilmachung der Heere aus dem Schatze baar dem Lande zufließt.

Was nun die Realisation der Bundes-Gelder betrifft, so ist sie im Frieden ganz leicht zu bewirken, um so leichter wird es der Fall sein, wenn der Zoll-Verband sich erst über alle Theile Deutschlands verbreitet hat. Allein ob selbige nicht in Kriegszeiten doch zu sehr die Fonds der National-Bank in Anspruch nehmen würde, läßt sich nicht bestimmen, und daher müßte in dieser Hinsicht eine zweckmäßige Vorkehrung getroffen werden. Daß diese leicht zu treffen ist, wird in der Schrift „Ueber die Finanzen Preußens, Berlin 1841. bei Besser," ausgeführt.

Ob die Wichtigkeit des Gedankens, der hier entwickelt ist, erkannt werden wird, steht dahin; noch zweifelhafter ist es, ob, wenn er auch gewürdigt werden sollte, irgend ein Schritt zur

Ausführung desselben geschehen wird. Denn es liegt so recht eigentlich im Geiste aller Deutschen Regierungen und des deutschen Volks, daß man sich bei Sonnenschein keinen Regenschirm kauft. Allein so viel ist gewiß, wenn Deutschland seine Selbständigkeit und einen dauernden Frieden will, so muß es nicht bei den frommen Wünschen bleiben, nur vom Handeln darf man einen günstigen Erfolg erwarten. Aber auch ganz abgesehen von dem Nutzen, den eine allgemeine deutsche National-Bank auf den Verkehr und auf die Mittel übet, einen Krieg mit Nachdruck zu führen, so würde die Errichtung einer solchen Bank und die Erschaffung eines gemeinschaftlichen Papiergeldes noch einen großen Einfluß auf die innigere Verbindung Deutschlands üben. Denn ein gemeinsames Geldinteresse ist ein wenigstens eben so wirksames Verbindungs-Mittel als die gleiche Muttersprache.

Wenn man einen Blick auf die Charte von Europa wirft, und seine geographische Lage betrachtet, so wird man sich überzeugen, welche Rolle Deutschland zu spielen bestimmt ist. Im Herzen von Europa gelegen, bildet es die Scheidewand zwischen den großen Reichen des Ostens und des Westens. Deutschland ist der zur Schlichtung aller Welthändel bestimmte Schiedsrichter, und um dies Amt zum Besten der Welt zu erfüllen, fehlt ihm nur Eins — der Wille — und was raubt ihm diesen? Selbst ohne Oesterreich, diese Schutzmacht Deutschlands, erfreut es sich, Preußen mitgerechnet, einer Volkszahl von 30 Millionen Seelen. Ein kernhaftes, gesundes, tapferes

Volk, mit allen physischen und geistigen Mitteln glücklich ausgerüstet, bildet seine Bevölkerung. So wie eine allgemeine Bildung, so hat auch ein allgemeiner Wohlstand sich glücklich über ganz Deutschland verbreitet, und verstärkt dadurch seine Mittel; und dennoch fehlt Deutschland, obgleich es Alles besitzt, was Kraft verleihet, obgleich es sich von übermäßiger Verschuldung, von Parteien-Wuth und jeden überkünstlichen Zuständen frei gehalten hat, an welchen andere Staaten so krank sind, die Kraft, die Stellung einzunehmen, die ihm angewiesen ist, der Friedensrichter in Europa zu sein. Was raubt ihm diese? Seine Zerrissenheit, — nicht nur die geographische in so viele kleine Staaten, sondern, was noch viel schlimmer ist, die moralische. Es mag immerhin Deutschlands Boden in 39 Regierungen getheilt bleiben, wenn es nur in ganz Deutschland Einen Sinn, und in dieser Beziehung wenigstens nur Ein deutsches Volk gäbe, dessen vereinigter Wille es stark machte. Bisher hat die Vernunft oder die richtige Würdigung der Begebenheiten wenig dazu beigetragen, Deutschland innig zu verbinden; die Noth und die Angst haben zuweilen einen bald vorübergehenden Einfluß gezeigt. Allein so wie diese verschwunden ist, so besteht Deutschland wieder aus 39 isolirten Mächten, von welchen oft die kleinste sich dem allgemeinen Interesse am entschiedensten entgegenstellt, und sei es auch nur, um sich den Schein einer Selbständigkeit zu geben, welche sie doch wahrlich nur dem Bunde dankt.

Will Deutschland stark und im Auslande geachtet sein, so müssen die deutschen Völkerstämme sich nicht unter einander verfeinden, oder vielmehr, wenn dies einzelne versuchen, so muß der Unwille, den ganz Deutschland darüber ausspricht, zeigen, daß es in Deutschland einen Volkssinn giebt und einen richtigen.

Als vor einigen Jahren ein unglücklicher Zwiespalt zwischen dem preußischen Monarchen und Rom, und zwischen demselben und seinen katholischen Unterthanen ausgebrochen war, mit welcher hämischen Erbitterung wurde dies von manchen Theilen Deutschlands gegen Preußen ausgebeutet, welche Bemühung wurde nicht von mehreren Seiten her sichtbar, um durch Entstellung den Zwist zwischen einem deutschen Monarchen und seinem Volke noch möglichst zu vergrößern.

Daß der Parteigeist sich dergleichen erlaube, ist vielleicht nicht zu hindern, aber daß sich nicht eine entschiedene Mißbilligung, ein Unwille gegen solche Angriffe in dem übrigen Deutschland damals aussprach, dies zeigt, wie sehr ein Gemeingeist und ein richtiger Takt fehlen, und hat zur Folge, daß Deutschlands Feinde darauf Hoffnungen bauen.

Ein ähnlicher Fall hat sich in Hannover wiederholt; Fürst und Volk sind dort in Uneinigkeit gerathen; — was ist in Deutschland gleichzeitig geschehen? Von allen Seiten her hat man Partei genommen, und statt durch eine ruhige und unparteiische Beleuchtung des Verhältnisses die eigentlichen Streitpunkte klar hinzustellen, hat man durch eine einseitige Auffassung dort nur den Streit vermehrt, und die Parteien erbitterter gemacht. Wollte die deutsche Presse etwas Gutes bewirken, so hätte sie die schönste Gelegenheit dazu gehabt, indem sie durch Erwägung der Gründe für und gegen, die ganze Streitfrage auf die wirklichen Controvers-Punkte zurückführte, und auf diese Weise aus dem ruhigen Standpunkte des Beobachters nicht nur den streitenden Parteien den Weg zur Vereinigung zeigte, sondern auch Deutschland eine klare Ansicht des Verhältnisses gewährte.

Auch jenes zwecklose Erheben in den Kammern mehrerer süddeutschen Länder schadet der Sache, so gut es gemeint sein mag. Erst neuerlich ist dieser Fall wieder in der Würtembergischen Kammer eingetreten. Die ganze Organisation des deutschen Bundes ist nicht der Art, daß selbiger jetzt schon in der Hannöverschen Angelegenheit einschreiten kann, und wozu dann unzeitiges Einschreiten?

Die deutschen Völkerstämme betrachten wir als Familien. Wenn nun in dem Hause eines Nachbarn der Familien-Vater mit den übrigen Gliedern in Zwiespalt geräth, so ist es die Pflicht, so lange dieser dauert, sich nicht in selbigen zu mischen, sondern zum Frieden zu rathen. Ist er aber beendet, und ein Theil unterdrückt, dann ist die Zeit gekommen, daß die übrigen Familien-Väter zusammentreten, und sich der Betheiligten annehmen. Während nun oft eine vorgefaßte Meinung sich in die Streitsachen der übrigen deutschen Volksstämme einmischt, so ergiebt es sich auf der andern Seite, daß, wo diese keine Nahrung findet, in Deutschland die größten Ungerechtigkeiten vorfallen können, ohne daß sich die allgemeine Stimme für die Betheiligten erhebt. Seit 28 Jahren ist Hessen wieder im Besitz des angebornen Fürsten-Stammes, und noch sind die Schulden Hessens aus der westphälischen Zeit nicht anerkannt. Nach allen Grundsätzen des Staatsrechts sind die Schulden eines Landes, welche eine von den übrigen Mächten anerkannte Regierung eingeht, Landesschulden, und müssen als solche anerkannt und bezahlt werden.

Das Königreich Westphalen hat sich dadurch aufgelöset, daß Preußen, Braunschweig und Hessen ihre abgetretenen Provinzen zurückerhielten, desgleichen Hannover, und zwar letzteres mit einem großen Zuwachs des Gebiets. Nun hat Preußen sich bereit erklärt, außer den speciellen Schulden der zurückerhaltenen Provinzen noch zwei Fünftel der westphälischen Schulden zu übernehmen, auch Braunschweig ist zu einem verhältnißmäßigen Beitrag bereit; Hannover dagegen, obgleich es einen bedeutenden Theil der Substanz bei der Auflösung von Westphalen zubekommen hat, weigert sich, die Schulden zu übernehmen, will zwar die Vortheile genießen, aber die Nachtheile nicht tragen, und Hessen will sich auf nichts einlassen, nicht einmal die Landesschulden pro rata tragen. Als Grund giebt es an, daß der vertriebene Kurfürst die westphälische Regierung nicht anerkannt habe. Da er aber während des Bestehens der westphälischen Regierung aufgehört hatte, ein Herrscher zu sein, und nur ein Privatmann geworden war, auf dessen Anerkennung es nicht ankam, wenn gleich ihm rechtmäßige Ansprüche auf Hessens Regierung blieben, so ist dies eine ganz nichtige Ausflucht; denn die von der anerkannten Regierung während jener Zeit gemachten Landesschulden hatten mit seinen Familien-Ansprüchen nichts gemein. Zwar hätten die großen Mächte, welche diese Provinzen von der fremden Herrschaft befreiten und den angestammten Fürsten wieder gaben, es zur Bedingung machen sollen, daß die Schulden der von ihnen früher anerkannten Regierung übernommen werden müßten; allein wahrscheinlich glaubten sie, daß es eine Beleidigung sein würde, deutschen Fürsten ein solches Verfahren zuzutrauen, und thaten es daher nicht.*)

Daß die Handlungsweise von Hannover und Hessen gegen die Staatsgläubiger eine ungerechte ist, ja daß sie noch einen härteren Namen verdient, wird Niemand, der unbefangen ist, ableugnen können, und zugleich beweist sich hieran, wie wenig eigentliches Gefühl für Recht und Gemeinsinn besteht; denn sonst würde die Stimme in Deutschland sich gegen eine Handlungsweise lauter erheben müssen, die eine solche ist, wie sie sich bisher keine Regierungen in Europa haben zu Schulden kommen lassen, selbst die spanischen nicht.

So wünschenswerth es nun ist, daß sich ein wirklicher

---

*) Ueber die Begründung der Forderungen der westphälischen Staatsgläubiger empfehlen wir Jacobson's kürzlich (Berlin bei Hirschwald) erschienene Schrift.

deutscher Gemeingeist ausbilde, so fehlt bis jetzt auch ein Organ ihn zu wecken, ihm die rechte Richtung zu geben und die eigentlichen deutschen Angelegenheiten würdig zur Sprache zu bringen und zu vertheidigen.

Wir haben in Deutschland viele Zeitschriften, die recht artig eine der andern nachschreiben; sich durch die Intelligenz-Artikel die nothdürftigen Abonnenten sichern, aber sehr wenig Blätter, welche irgend eine selbständige Haltung, eine feste Richtung und etwas Gewürz zeigen. Eine von diesen vorzüglichen Zeitungen, die sich die Fähigkeit und eine völlige Unparteilichkeit zutraut, müßte es übernehmen, in ihren Spalten einen besonderen Artikel dem deutschen Bunde und den rein deutschen National-Interessen, nach den verschiedenen Richtungen hin zu widmen; mithin nicht nur die faktischen Relationen der Bundes-Zustände liefern, sondern auch in politischer, gewerblicher, merkantilischer, staats- und privatrechtlicher Beziehung die Leitung übernehmen und zwar nicht nur für das In-, sondern auch für das Ausland. Wenn eine solche Zeitschrift im Stande wäre, diese Aufgabe zu lösen, so könnte sie viel Gutes wirken, und die Redaction, beiläufig gesagt, bereichern.

In den vorhergehenden Blättern haben wir uns nun bemühet zu beweisen, daß ein Gemeinsinn noch in Deutschland fehlt, und was in dieser Beziehung geschehen könne; wenn wir uns nun zur politischen Stellung Deutschlands zurückwenden, so ist es ganz einleuchtend, daß es schon jetzt nur von dem Willen des deutschen Bundes, Oesterreich und Preußen an der

Spitze, abhängt, den Vorsitz in dem Rath der Fürsten und der Völker einzunehmen, in welchem alle europäischen Continental-Streitfragen entschieden werden müssen. Alle übrigen Mächte, selbst England und Rußland würden zu einem solchen europäischen Friedens-Gericht durch ihr eigenes Interesse angezogen die Hand bieten, und die gemeinschaftliche Heeres-Macht des Bundes (siehe die Seite 249 dieser Schrift) von 1,396,382 Mann würde in der Hand eines Friedens-Richters schon ein gewisses Gewicht üben. Allein Frankreich scheint noch nicht in seiner socialen Entwickelung so weit vorgeschritten, um jetzt schon irgend eine Bürgschaft zu gewähren, ein friedliches Glied der großen europäischen Familie zu bilden, die im allgemeinen Frieden das Wohl der Völker sucht. Frankreich fehlt vor allem eine feste Regierung. Nicht die Interessen des Volks geben dort die Norm des Handelns ab, sondern die Leidenschaften und der Ehrgeiz der Einzelnen haben sich der Gewalt bemächtigt. Auf einen festen Frieden ist daher mit Frankreich für jetzt nicht zu rechnen; ein heftiger Kampf liegt in der Wahrscheinlichkeit und je kräftiger diese, Gott gebe letzte Zuckung des ewigen Feindes des Friedens und der Ruhe Deutschlands zurückgewiesen wird, desto sicherer ist auf eine dauernde Ruhe Europa's zu hoffen.

Wir wenden uns jetzt zu einem zweiten, für das materielle Interesse Deutschlands nicht minder wichtigen Punkt. Durch die Vereinigung Preußens mit vielen andern deutschen Fürsten ist ein enges Bündniß zwischen ihnen durch den Zollverband geschlossen. Aus demselben Grunde, aus welchem es so wünschenswerth erscheint, daß sich Deutschland auf das Innigste vereinige, um sich gegen die äußeren feindlichen Angriffe zu schützen, aus eben dem Grunde ist es zu wünschen, daß alle deutschen Staaten sich dem Zollverein anschließen, damit alle Barrieren im Innern fortfallen, und die materiellen Interessen sich immer freier entwickeln, immer enger an einander anschließen. Aber es giebt noch einen andern Grund, einen sehr wichtigen, der ist, damit Deutschland immer stärker werde, um seinen Kunstfleiß und seinen Handel gegen die es in dieser Beziehung bekriegenden fremden Staaten zu schützen. Bisher hat sich in merkantilischer Beziehung dasselbe erneuert, was sich mit so unglücklichem Erfolge für Deutschland in politischer ereignet hat, nämlich Deutschland zu trennen.

Obgleich gegenwärtig der bei weitem größte Theil von Deutschland sich zu diesem Zwecke vereinigt hat, so besteht doch noch eine große Spaltung.

Hannover, die Mecklenburgs, Oldenburg, Holstein und die drei Hansestädte *) bilden diese, und dieß ist um so be-

*) Wir haben hier Oesterreich ganz fortgelassen; es scheint uns, wir müssen es noch einmal wiederholen, daß die Interessen dieses großen Kaiserreichs in politischer wie in gewerblicher Beziehung sich von denen der eigentlichen deutschen Staaten trennen, so daß es weder für Oesterreich noch für das übrige Deutschland wünschenswerth sein kann, die deutschen Provinzen Oesterreichs mit diesem zu verbinden. Anders ist es mit Holstein, welches nicht die Hauptstadt in seinen Grenzen hat und eine von Dänemark geographisch gut geschiedene Provinz ist.

dauerlicher, als eben diese Länder und Gebietstheile Deutschlands sich im alleinigen Besitz der Nordseeküste befinden. In diese von dem übrigen Deutschland abgesonderten Provinzen des gemeinsamen Vaterlandes führen nun die fremden Reiche ihre Producte noch frei ein, und empfinden darüber weniger die Repressalien, welche die Zollverband-Staaten anwenden, um sie zu zwingen, ihre dem deutschen Kunstfleiß so nachtheiligen Restrictions-Gesetze gegen auf Billigkeit begründete Handelsverträge zu vertauschen.

Daß Hannover und die übrigen eben genannten Länder ein wirkliches getrenntes Interesse hätten, ist nirgend bestimmt dargethan, daher sollten sie bedenken, was in dem ersten Abschnitt schon ausgeführt ist, daß das Hauptinteresse Aller in einer innigen Vereinigung von ganz Deutschland bestehe. Uebrigens scheint es, daß die Länder, die es bisher für mehr in ihrem Interesse begründet glaubten, sich zu isoliren, sich im Irrthume befinden. Es ist wahr, sie sind sämmtlich mehr ackerbautreibende als Fabrikstaaten, und daher fühlen sie für jetzt weniger direct das Bedürfniß des Schutzes, als das übrige Deutschland. Allein die Geschichte lehrt es uns, daß die ursprünglich ackerbautreibenden Völker nach und nach ihres eigenen Wohlstandes wegen auch zur Fabrication übergehen müssen. Die Zeit wird also, und für sie vielleicht sehr bald, kommen, wo auch sie das Bedürfniß dazu empfinden werden. Je später sie den Uebergang versuchen, um so schwieriger wird ihnen derselbe, je mehr haben sie dann gegen die völlig ausgebildete

Industrie des übrigen Deutschlands zu kämpfen. Doch es steht zu hoffen, daß das Jahr 1843 die letzten Barrieren, die im Innern Deutschlands bestehen, gänzlich vernichten werde.

Wenn wir nun zu dem Mittel uns wenden, um Deutschlands Producten, sowohl denen seines Bodens als seiner Industrie, einen großen Markt zu verschaffen, so fällt unser Blick besonders auf Holland, England, Frankreich und Nordamerika. Wie schon oben angedeutet, erleichtert es die Verhandlungen mit diesen Staaten, wenn Deutschland als ein Ganzes ihnen gegenüber steht, und als ein Reich, welches nicht nur über die deutschen Häfen der Ostsee, sondern auch der Nordsee zu gebieten hat.

Holland ist der Nachbar, mit welchem wir stets in den unangenehmsten Berührungen uns befinden; von Holland ist wenig zu gewinnen und an Holland ist viel zu verlieren.

Holland ist im Besitz der Mündung des größten der deutschen Ströme, dessen fruchtbare Ufer mit ihren fleißigen kunstfertigen Bewohnern einen der schönsten Theile Deutschlands bilden. Bei den Friedensschlüssen, durch welche Holland wieder hergestellt worden ist, ward die freie Schifffahrt auf dem Rhein festgesetzt; und Holland, mit deutschem Blut und Gelde wieder in die Reihe der unabhängigen europäischen Mächte eingeführt, hat Deutschland den Rhein gesperrt. Mit einer Langmuth, die an Schwäche grenzt, hat Deutschland dies Jahre lang ertragen, und nachdem endlich auf kurze Augenblicke der Rhein frei zu werden schien, beginnt Holland das alte Spiel.

Will Deutschland nicht die Achtung des eigenen Volks und die der übrigen Mächte Europa's verlieren, so muß es endlich mit Kraft und Würde von seinem Rechte und seiner Macht Gebrauch zu machen wissen.

Ueberhaupt verdient der Verkehr Deutschlands mit Holland eine besondere Aufmerksamkeit des Bundes, und zwar wegen Verhältnisse, die eine nähere Berührung erfordern. Holland hat bekanntlich die fruchtbarsten Inseln des ostindischen Archipels im Besitz, von welchen Java allein an 2400 deutsche Quadratmeilen groß ist, mit einer Bevölkerung von etwa 7,000,000 Einwohnern, die großentheils Malayen sind.

Diese Insel ist mit Ausnahme von einigen kleinen Districten im Innern als eine holländische Domaine zu betrachten, denn die Zahl der sogenannten freien Plantagen ist sehr unbedeutend. Java verbindet mit einem sehr fruchtbaren Boden das tropische Klima und erzeugt in großer Menge Zucker, Kaffee, Indigo rc.

Früher wurde der Anbau in Java sehr vernachlässigt, und erst in ganz neuerer Zeit hat es einen bedeutenden Aufschwung genommen, denn schon im Jahre 1840 wurden $1\frac{1}{3}$ Millionen Centner Kaffee, eine gleiche Summe Zucker und 11000 Kisten Indigo ins Mutterland ausgeführt.

Wollte die holländische Regierung diese ungeheuern Domainen benutzen, so gehörten dazu Menschenhände; diese hat sie sich geschaffen, indem sie es verstand, sich die ganze malayische Bevölkerung dienstbar zu machen. Die ganze Production dieser Insel ist ein Monopol der holländischen Regierung, ebenso auch der Handel des Mutterlandes mit ihr und der Verkauf der von dort bezogenen Producte.

Da die Malayen den Boden für die holländische Regierung bebauen müssen, da selbige nur monatlich 3 bis 4 Gulden in Kupfergeld (25 Proc. niedriger als Silber) erhalten, und sich dabei noch selbst beköstigen müssen, so befinden sie sich in der höchsten Dürftigkeit, und es bleibt ihnen nichts zum Ankauf europäischer Producte übrig.

Mit den dortigen Verhältnissen vertraute Personen versichern, wenn die holländische Regierung nur einen Theil des großen Gewinnes verwendete, um den Anbau des Landes zu beschleunigen und um fahrbare Wege nach dem Innern zu bauen, so könnte diese Insel den größten Theil des Bedarfs von ganz Europa in den eben genannten Artikeln erzeugen. Da nun Holland mit einer Bevölkerung von kaum dritthalb Millionen Menschen nur eine geringe Consumtion hat, und da die holländischen Colonieen höchst unbedeutende Bezüge in Waaren aus Europa machen, weil die dortige Bevölkerung nicht für sich, sondern für Holland arbeitet, und nicht so viel verdient, um sich die gesunde Kleidung anschaffen zu können, deren sich der Negersclave erfreut, dessen Gesundheit theurer ist, als die eines Malayen, so würde, wenn Holland der Hauptlieferant in diesen Artikeln für Deutschland werden sollte, selbiges in kurzer Zeit von Holland ganz ausgebeutet werden.

Daß aber ohne Schutz-Maaßregeln dieser Fall eintreten wird, ist leicht zu berechnen. Es ist vorhin gesagt, wie geringe der Lohn sei, welchen die Malayen für ihre Arbeit in der Plantage bekommen; die Arbeit durch Negersclaven verrichtet, den Kaufpreis für dieselben mitgerechnet, ist zweimal so theuer.

Holland kann daher den Zucker, Kaffee, Indigo für einen Preis liefern, gegen welchen Westindien und Brasilien nicht mehr aufkommen können. Jene Länder senden ihre Producte nach Europa, um die ihnen nöthigen Manufacturwaaren einzutauschen. So wie aber Amerika seine Producte nicht mehr bei uns abzusetzen vermag, so verliert Deutschland den dortigen Markt für seine Manufacturwaaren, und zugleich die Mittel, jene uns so unentbehrlich gewordenen Gegenstände mit unsern Erzeugnissen zu bezahlen; mit andern Worten, der Handel hört auf, und Deutschland wird dagegen Holland, da es nur wenig von uns kauft, tributpflichtig, denn ein einseitiger Handel nimmt die Natur und den Charakter einer Abgabe an.

Um der Gefahr, mit welcher Holland Deutschlands Industrie und National-Reichthum bedroht, zu entgehen, muß auf den Javaischen Zucker, Kaffee und Indigo eine Abgabe gelegt werden, die so hoch ist, daß dadurch das Mißverhältniß in den Productions-Unkosten mit Westindien und Brasilien ausgeglichen würde*), damit diese Länder nicht gezwungen würden, die Cultur, besonders des Zuckers, aufzugeben, und

*) Auch der aufkeimenden Cultur seiner Runkelrüben-Zuckerfabrikation ist Deutschland diesen Schutz schuldig.

die Abnahme deutscher Manufaktur-Waaren unterbliebe. Ganz besonders ist England dabei betheiligt, und wenn Deutschland daher zu Gunsten Englands die Produkte Java's höher besteuerte, so würde es dadurch leicht zu Gegen-Zugeständnissen sich bereit finden. Was nun ferner die Handels-Bilance mit Holland betrifft, so fällt selbige ganz zum Nachtheil Deutschlands aus, und es ist Zeit, auf Abhülfe zu denken. Der Kaufmann hat eine Seite, von welcher mit ihm leicht zu verhandeln ist, man muß ihn in seinen eigenen Interessen angreifen. Diese Waffen muß man gegen die holländische Regierung anwenden. Sie hat eine große Handelsmaatschappy errichtet, welche sich im Besitze des Allein-Handels von Java nach Holland befindet, und zugleich den Verkauf der Erzeugnisse dieser Insel allein besorgt. Nun giebt es mehrere Producte, welche Holland ebenfalls unentbehrlich sind, und die es nur den Rhein herunter beziehen kann, wie unter andern das Schiffsbauholz, kiehnene Balken, Planken, Bretter u. s. w. Diese Gegenstände belege man bei der Ausfuhr als Repressalie mit einer bedeutenden Abgabe; damit aber die Holz-Producenten nicht darunter leiden, so concessionire man Handelsgesellschaften am Rhein, die das Privilegium haben, das Holz, das sie ausführen, ohne diesen Ausfuhr-Zoll absenden zu können. Hierdurch bewirkt man, daß den Holländern diese Producte vertheuert werden, inzwischen darf dies nur bis zu einem solchen Grade geschehen, daß sie nicht gezwungen werden, es in entfernten Ländern zu kaufen.

Doch wir wollen keinesweges Krieg gegen Holland predigen, sondern nur Deutschland aufmerksam machen, wie Noth es thut, Vor- und Umsicht gegen Holland zu brauchen.*)

Was nun die Handels-Verhältnisse mit England betrifft, so sind diese unstreitig die wichtigsten von allen. England braucht viel und hat viel zu überlassen. England ist das reichste Land in Europa und hat sich die übrigen Welttheile zinsbar gemacht.

Der Verkehr zwischen England und Deutschland, so bedeutend er jetzt schon ist, kann noch zum Nutzen beider Reiche einen größern Aufschwung erhalten, wenn England sein System ändern wollte, und Deutschland in der richtigen Würdigung seiner eigenen Interessen, England Zugeständnisse aller Art macht, und dafür Zugeständnisse verlangt.

England muß einsehen, und wird es, daß es sich in vieler Beziehung in eine sehr schwierige Stellung versetzt findet. Das Prohibitiv-System, zu welchem es sich bekennt, ist in einer Zeit entstanden, wo von den verschiedenen Mutter-Ländern ihre reichen Colonieen systematisch ausgesogen wurden. Durch die Emancipation der großen Mehrzahl derselben hat jenes seine Basis verloren und ist unhaltbar geworden. England befindet sich noch tief in dieses System begraben, und die Nachtheile davon empfindet es um so stärker, weil eine Rückkehr nur allmählig möglich ist.

*) So eben erfahren wir, daß die Differenzpunkte mit Holland theilweise beseitigt sind, und daß Hoffnung zu einem endlichen Arrangement vorhanden ist.

Wenn auf der einen Seite in England die künstliche Vertheuerung der Lebensmittel beispielloses Elend hervorruft, so ist eine übergroße Fabrikation kein sicheres Mittel gewesen, dieses abzuwenden, sondern hat oft noch die Noth bei eingetretenen Stockungen auf das Höchste gesteigert. Die sehr verbreitete Meinung in England geht dahin, daß die Korn-Bill eine Hauptursache dieser Theuerung sei, und daß die Aufhebung derselben das Uebel heben würde. Dies ist ein Irrthum, und ein höchst gefährlicher. Die Aufhebung der Kornbill und selbst irgend eine bedeutende Heruntersetzung der Scala würden die Ackerbau-Interessen auf eine Weise gefährden, die durch ihre Rückwirkung auf das Ganze nur zu schmerzlich empfunden werden müßte. England bildet einen Manufaktur- und Handels-Staat, und steht in beiden Beziehungen in der engsten Verbindung mit den übrigen Ländern. Nun haben sich aber durch die künstliche Vertheuerung aller ersten Lebens-Bedürfnisse die Verhältnisse zwischen ihm und dem Continente ganz ungleich gestellt; dies kann nicht ohne Einfluß auf alle diejenigen Punkte bleiben, welche Gegenstand des wechselseitigen Verkehrs sind.

In England ist nicht nur das Brot sehr theuer, sondern, wie gesagt, auch alle anderen Lebens-Bedürfnisse. In Folge dessen ist auch das Tagelohn gestiegen, aber nicht in dem Verhältnisse, daß dadurch die Subsistenz der arbeitenden Klassen gesichert sei, daher diese oft durch Almosen unterstützt werden müssen, wenn sie nicht ganz oder halb verhungern sollen.

Wenn nun auch wirklich durch eine Veränderung der Korn-Bill das Brot wohlfeiler würde, so könnte dies nur einen unbedeutenden Einfluß üben, höchstens daß ein Theil der Almosen fortfalle; sollte die Erniedrigung der Getreidepreise die Herabsetzung des Tagelohnes bewirken, so würde die Lage der Arbeiter dadurch um nichts verbessert, und sollte keine Heruntersetzung erfolgen, so bleibt das Mißverhältniß, welches jetzt zwischen den Fabrikationskosten Englands und des Continents besteht, dasselbe, und das Uebel, welches England drückt, hat keine Hülfe erfahren.

Englands Fabrikation hat bisher ungeachtet des Mißverhältnisses in dem Arbeislohn dennoch ein entschiedenes Uebergewicht behauptet, und hat es zum Theil noch jetzt. Der Ueberfluß an Kapital, die mannigfache Anwendung von Maschinen und eine industrielle Ausbildung haben ihr dieses Uebergewicht verschafft.

Inzwischen gelingt es den übrigen Staaten immer mehr und mehr, ihm dasselbe streitig zu machen. Ein bedeutender Grad von Kunstfertigkeit hat sich in letzterer Zeit auch in Deutschland entwickelt, der Frieden hat viele Kapitalien sich ansammeln lassen, mit deren Hülfe die Anschaffung von Maschinen möglich wird, und die Fortschritte sind in dieser Beziehung sehr sichtbar. In wie weit dies wirklich der Fall ist, geht daraus hervor, daß die deutsche Industrie jetzt schon England mit glücklichem Erfolge in den vereinigten Staaten von Nordamerika entgegentritt.

So wie nun Deutschland sich bemüht, England in den Beziehungen einzuholen, in welchen es bis jetzt so weit voraus war, so liegt es im Interesse von England, sich in Hinsicht des wohlfeileren Arbeitslohnes mehr dem Continente zu nähern, wenn es nicht seine Fabrikation immer mehr und mehr auf dem auswärtigen Markte bedroht sehen will.

Die höchst schwierige Aufgabe des englischen Staatsmannes besteht nun darin, durch Heruntersetzung der Preise der ersten Lebensbedürfnisse, das Arbeitslohn mehr in Verhältniß zu dem des Continents zu bringen, ohne den Ackerbau zu Grunde zu richten, und ohne das ganze künstliche Staatsgebäude zu erschüttern.

So wie in England das Brot viel theurer ist, wie in Deutschland, so steht verhältnißmäßig Fleisch und alles Getränk noch viel höher im Preise, soll daher auf eine Erniedrigung des Arbeitslohnes gewirkt werden, und beabsichtigt man nicht nur eine augenblickliche Beschwichtigung, sondern eine gründliche Abhülfe, so müßte nicht allein das Brot, sondern alle ersten Lebensbedürfnisse wohlfeiler gemacht werden. Jetzt ist die Einfuhr des Fleisches, mancher thierischen Producte, desgleichen aller Getränke mit einer dem Verbot gleichenden Abgabe belastet. So lange dies dauert und nicht die Einfuhr, wenn auch gegen einen ansehnlichen Eingangszoll, gestattet wird, ist es unmöglich, auf wohlfeileres Arbeitslohn zu rechnen, und unmöglich, den arbeitenden Klassen eine gesicherte Existenz zu geben, den Tribut aufhören zu lassen, welcher ihrer

Ernährung gebracht wird. Will aber England nach und nach eine Ausgleichung des Arbeitslohns mit dem Continent bewirken, so muß es mit Deutschland beginnen, welches in Hinsicht des Tagelohns und der Preise der Lebensbedürfnisse England zunächst steht. Es muß bedenken, daß in demselben Verhältniß, wie durch die Ermäßigung der Eingangs-Zölle in England der Preis des Fleisches, des Biers und des Branntweins fällt, er in Deutschland wegen der erlaubten Einführung nach England steigen würde, daß mithin die Annäherung von beiden Seiten geschieht. Wie leicht würde es sein, zwischen beiden Reichen in ihrem gegenseitigen Interesse einen freieren Verkehr und einen für beide Theile gleich vortheilhaften Vertrag zu schließen, wenn die richtige Einsicht und der Wille nicht so häufig fehlten.

Doch es würde für vorliegende Schrift viel zu weit führen, diesen umfassenden Gegenstand weiter zu verfolgen; es schien nur nöthig, einige von den Punkten zu bezeichnen, durch welche im wechselseitigen Interesse die Handelsbeziehungen mit England erweitert werden könnten. Um England aber geneigter zu machen, ist es wieder nöthig, daß ganz Deutschland nur ein Ganzes bilde.

Auch Amerika, und besonders die nordamerikanischen Staaten, verdienen die größte Aufmerksamkeit. Dies letzte Reich, mit seinen unermeßlichen Prairien, — welche zu zwei Drittheil noch unbebaut sind — und seiner schwachen Bevölkerung, ist, wenn es der natürlichen Entwickelung folgt, wenigstens das nächste

Jahrhundert noch auf den Ackerbau angewiesen. Die Fruchtbarkeit des Urbodens kann nur allein so hohes Arbeitslohn tragen, als dort üblich ist, welches die bei uns gewöhnlichen Preise um das Fünf= bis Sechsfache übersteigt. Amerika wird sich daher noch lange nicht mit Kraft auf die Fabrikation legen, wenn es seinen eigenen Interessen folgt, oder nicht durch die Mißgriffe der Manufactur=Staaten dazu gezwungen wird. Hier öffnet sich nun der deutschen Industrie ein weites Feld, hier findet sie einen offenen Markt für ihre Fabrikate, welcher sich in dem Maaße vergrößert, in welchem dort die Bevölkerung wächst. Bisher hat eine gewisse Engherzigkeit von unserer Seite die unmittelbare Verbindung gehindert; wer verkaufen will, muß auch kaufen wollen, wenn ein solider Handel sich bilden soll.

Ein besonderes großes Hinderniß für einen rascheren Aufschwung der innern Theile Deutschlands, namentlich der Zollverband=Staaten, besteht in dem Mangel von Häfen an der Nordsee, welches jedoch nicht lange mehr dauern kann, wenn Deutschland sich nicht in zwei Theile zersplittern will. Allein unterdessen bildet sich ein neues Verhältniß, welches auf den innern und äußern Verkehr von Deutschland von ganz unberechenbaren Folgen sein wird, und einer Erwähnung verdient. Dieses besteht in dem Netz von Eisenbahnen, welches sich über Deutschland verbreitet, und nicht nur die Verbindung im Innern unglaublich befördert, sondern auch in dem Seehandel eine große Umgestaltung hervorbringen kann, und Deutschland, leicht zum Central-Punkt des europäischen Handels machen dürfte. Außer den Eisenbahnen, die von Westen nach Osten Deutschland zu durchschneiden bestimmt sind, bilden sich jetzt zwei Bahnen; eine, die die Ostsee, die andere, die die Nordsee mit dem adriatischen Meere in unmittelbare Verbindung setzen wird. In diesen Eisenbahnen, welche eine Richtung von Norden nach Süden haben, fallen nun alle die ein, die die west-östliche Richtung verfolgen. Die Bahn, die von Stettin auf Berlin und Wien, und von da auf Triest jetzt gezogen werden soll, ist es, die eine Revolution in dem Seehandel hervorbringen kann. Abgesehen davon, daß diese das Innere von Deutschland mit jenen beiden Meeren in Verbindung bringt, so wird sehr wahrscheinlich der größte Theil des Waaren-Verkehrs zwischen den Reichen, welche beide Meere einschließen, diese Straße wählen, die jetzt um Europa herum aufgesucht werden muß. Es erhebt sich gegen diese Hoffnung die Besorgniß, daß die Unterhaltung der Eisenbahnen zu kostbar sei, und daher die Fracht zu hoch kommen würde. Dies ist zwar zum Theil richtig, allein es steht zu hoffen, daß der Bau der Eisenbahnen und ihre Unterhaltungskosten nicht so hoch bleiben werden, als es noch der Fall ist; inzwischen, wenn es wäre, so würde sich dadurch der Handel nicht abschrecken lassen, diesen Weg zu wählen. Der Handel zwischen der Ostsee und dem Mittelmeer ist jetzt nicht lebhaft, weil die Reise von ersterer nach letzterem im günstigen Fall vier bis fünf Monate, und im ungünstigen Fall sechs bis sieben Monate, und die

Fahrt hin und her wegen des Winters kaum in einem Jahre zu vollenden ist. Dies hat schon jetzt zur Folge, daß im Winter zur Achse Waaren von Triest nach Breslau, Berlin und Stettin bezogen worden sind, obgleich die Fracht zu Lande drei bis vier Mal so hoch kommt, als die Fracht zur See, mit Einschluß der Versicherung gegen Seegefahr. Allein dem Kaufmanne ist die Zeit besonders theuer, und er will einen raschen Umsatz seines Geldes. Das wiegt schwer in jeder Berechnung, die ein Kaufmann sich stellt. Dazu kommt, daß manche Artikel, die aus dem Mittelmeer bezogen werden, bei einer so langen Seereise dem Verderben ausgesetzt sind, und es leidet daher keinen Zweifel, daß, so bald die Eisenbahn gebaut ist, der größte Theil des Handels diesen Weg einschlagen wird und muß, wenn anders der Durchgang durch die Kaiser-Staaten nicht Erschwerungen erleidet. Allein dieß ist nicht die einzige Aussicht, die sich dadurch dem Absatz und Handel eröffnet, denn in der Folge werden Deutschland und selbst die Rheinprovinzen auf Flüssen, Kanälen und Eisenbahnen ihre Erzeugnisse über Triest nach Syrien senden, und die österreichischen Staaten Rußlands Produkte über Stettin beziehen.

So groß der Einfluß nun auch immer sein wird, den diese Eisenbahn-Strecken, welche in der Länge und Breite ganz Deutschland nach allen Richtungen hin durchschneiden, auf den Handel und auf die Manufacturen üben müssen, so darf deshalb doch die Verbindung mit der Nordsee, welche um Welthandel führt, nicht aus dem Gesicht verloren werden.

Den Fall vorausgesetzt, Hannover und Oldenburg schlössen sich dem Zollverbande an, so würde gleich die Sorge entstehen, auf welche Weise der deutsche Seehandel beschützt werden könne.

Der nächste Gedanke scheint zu sein, Deutschland müsse dann eine Seemacht werden. Der Errichtung derselben treten jedoch, ohne eine enge Verbindung mit Dänemark, große Bedenken entgegen. Die ersten betreffen die Kosten, welche sehr bedeutend sein würden und dabei ganz effectlos; denn eine Marine zu halten, um unsere Schifffahrt gegen England zu schützen, würde schon deshalb unmöglich sein, weil uns die Matrosen fehlen, andrerseits wäre es auch höchst unpolitisch. Jetzt bildet Deutschland nur eine Landmacht, und kann, wenn es einig ist, sich gegen jeden Feind vertheidigen. Als Seemacht böte es Blößen, an welchen es leicht verwundbar wäre, — endlich, so entständen durch die Bildung einer Seemacht Conflicte, die jetzt nicht eintreten können. Den deutschen Seehandel aber wiederum ohne allen Schutz zu lassen, würde auch bedenklich scheinen, besonders wenn der Wohlstand des Landes so bedeutend darauf begründet wäre, zu hoffen steht. Dieses Bedenken ist nicht so groß, als wie es im ersten Augenblick erscheint. Deutschland hat einen natürlichen Bundesgenossen, mit welchem es durch gemeinsame Interessen auf das Innigste verbunden ist. Dieser heißt England, bis jetzt der Beherrscher der Meere.

Die Lage von Deutschland ist, wie wir schon vorhin gezeigt haben, eine solche, daß es mit seinen großen Schutzmächten Oesterreich und Preußen eine ganz entscheidende Stimme auf dem europäischen Continent zu behaupten vermag. Will England aber einen bedeutenden Einfluß auf das feste Land von Europa behalten, und das wird es immer wollen, so muß es mit Deutschland sich verbinden. Hierzu hat es noch ganz besondere Aufforderungen, einmal, weil Deutschland keine Colonieen hat, mithin keine Reibungen in dieser Beziehung mit selbigem stattfinden können. Zum andern, weil Deutschlands dreißig Millionen Bewohner einer Masse Colonial-Producte bedürfen, die England ein eben so großes Interesse hat abzusetzen, als es so mancher Producte nothwendig bedarf, welche es in Hinsicht einer gewissen Beschaffenheit nur von Deutschland beziehen kann; zum Beispiel, die ganz feine Wolle.

Wenn nun Deutschland mit einem seiner großen Nachbaren im Westen oder Osten in Krieg geräth, so wird England, wie es bisher schon immer der Fall gewesen ist, der Bundesgenosse Deutschlands bleiben, nicht allein aus politischen Rücksichten, sondern auch zur Erhaltung seiner eigenen merkantilischen Interessen, und daher wird mit großer Wahrscheinlichkeit die Seemacht, welche alle andern beherrscht, die Beschützung des deutschen Seehandels übernehmen.

Inzwischen giebt es noch mehr Mittel und Wege, dem Seehandel Deutschlands wenigstens gegen weniger mächtige See-Staaten einigen Schutz zu gewähren.

Die ganze politische Verbindung des deutschen Bundes-Staats hat nur die eigene Vertheidigung zum Zweck. Deutschland will nur seine eigene Sicherung — will keine Eroberung, — nur Frieden. Hieraus folgt, daß es der natürliche Beschützer aller benachbarten Staaten zweiten Ranges ist, denn wie darf es zugeben, daß selbige ganz oder theilweise die Beute anderer Mächte werden.

Um nun das Gewicht der Friedens=Partei in Europa zu stärken, wäre es von großer Wichtigkeit, daß diese Reiche zweiten Ranges sich zum Zweck des allgemeinen Friedens und zur Erhaltung ihrer Selbstständigkeit dem großen deutschen Bundes=Staat anschlössen. Wir wollen den Gedanken und dessen Folge näher beleuchten. Das erste dieser Reiche ist Dänemark, schon durch Holstein ein Mitglied des deutschen Bundes. Wenn Dänemark mit Deutschland ein solches Bündniß einginge, so würde es nicht nöthig sein, im Fall des Krieges Deutschland mit Truppen zu Hülfe zu kommen, denn Deutschland hat Soldaten genug, um jeden Feind zurückzuweisen, dagegen dem Bunde mit seiner Flotte beizustehen und eine etwa zu schaffende deutsche Flotte in seinen Häfen aufzunehmen. Dänemark würde zugleich den Gewinn haben, kein Heer zu halten, die darauf jetzt verwendeten Kosten zu sparen und dagegen an die Spitze der deutschen Bundes=Flotte zu treten.

Einen zweiten Bundesgenossen würde Holland abgeben, vorausgesetzt, daß es in seiner Handelspolitik billige Grundsätze annähme. Ein dritter ist Belgien.

Auch Holland würde, wie Dänemark, ganz von der Verpflichtung entbunden werden können, im Fall eines Krieges

Deutschland mit Land-Truppen zu Hülfe zu kommen, dagegen aber die Verpflichtung übernehmen, mit seiner Flotte im Fall des Krieges gemeinschaftlich mit der Dänischen den Bund und dessen Handel zu beschützen. Nur für den höchst unwahrscheinlichen Fall, daß seine eigenen Grenzen bedroht werden sollten, würde es zur Vertheidigung des Landes durch seine Landwehr mitwirken.

Was Belgien betrifft, so scheint es in seinem Interesse ganz besonders zu liegen, aus seiner gefährlichen Stellung, zwischen Frankreich und Deutschland eingeklemmt, herauszukommen. Daß seine Existenz durch eine allgemeine Garantie der großen Mächte nicht besonders gesichert ist, wird es sich selbst sagen müssen, so wie, daß es auf das Vollkommenste als Glied eines Bundes-Staats geschützt wird, der ohne zu große Anstrengung eine Million Bajonette ins Feld stellen kann. Allein eine noch größere Bürgschaft als diese gewährt der Charakter der Deutschen, bei denen nie der Gedanke aufkommen kann, treulose oder selbstsüchtige Zwecke gegen einen Bundesgenossen zu verfolgen. Dazu kommt, daß in Deutschland das Volk wohlhabend und glücklich, das Land beruhigt ist, die verschiedenen Regierungen stark sind, allenthalben nur die Gesetze und Ordnung herrschen, und daher Deutschland auch in dieser Beziehung alle mögliche Bürgschaft für die Dauer gewährt. Das belgische Volk hat sich von je her durch seinen Kunstfleiß ausgezeichnet, und steht auf einer hohen Stufe. Wenn es nicht seinen etwas unruhigen Charakter, sondern sein eigenes Heil zu Rathe zieht, so wird es sich sagen müssen, daß ihm die

Sicherung seiner Selbständigkeit und der Frieden die höchsten Güter sein müssen, und daß jede politische Katastrophe in seinem Nachbar-Lande seine eigene Existenz bedroht, wenn es nicht unter sehr mächtigem Schutze stehen sollte. Allein auch Deutschland hat ein ganz besonderes Interesse an einem solchen Bündniß mit Belgien.

Wie wenig in Frankreich eine feste Regierung besteht, und wie wenig Bürgschaft selbige für die Dauer gewährt, weiß ganz Europa. Deutschland muß daher besorgen, daß jede Katastrophe, welche die Französische Regierung treffen kann, Belgien mit fortreiße, und dadurch Veranlassung zu einem Kriege werde. Diese Besorgniß ist um so begründeter, da die belgische Regierung noch zu jung ist, um schon völlig befestigt zu sein, und da Belgien selbst in Parteien getheilt ist, die in demselben Augenblick mit erneuerter Heftigkeit wieder auftreten würden, wo in dem Nachbarstaat eine ernste Bewegung stattfände.

In dem vorliegenden Capitel haben wir hauptsächlich alles das ins Auge gefaßt, wodurch die Selbstständigkeit des großen deutschen Vaterlandes gesichert, und sein innerer Wohlstand befördert wird. Die Erhaltung des Friedens ist ein großes Gut, seine Sicherung verdient alle Sorge. Ein langer Frieden schwächt aber auch leicht die Energie des Volks, daher haben wir davor gewarnt, sich süßen Täuschungen hinzugeben und sorglos zu werden.

Da Preußen die einzige große rein deutsche Macht ist,

da von Preußen das Schicksal Deutschlands abhängt, und da es die Sicherheit gebieterisch fordert, daß Deutschland sich auf das Innigste mit Preußen verbinde, zusammen ein einiges Deutschland ausmache, so haben wir nach bester Einsicht Preußen und seine Zustände darzustellen gesucht, in der festen Ueberzeugung, daß die richtige Würdigung derselben das Vertrauen zu der Kraft und zu der Richtung Preußens nur verstärken kann. Allein wir haben zugleich noch einen andern Zweck verfolgt — einen sehr wichtigen, — Preußen darauf aufmerksam zu machen, was ihm noch fehlt, um ganz so stark und so glücklich zu werden, als es kann.

Wir schließen diese Schrift mit dem Wunsche, daß Preußen mit sicherem Schritte auf dem Wege zur weiteren Vollkommenheit fortschreite, auf welchen es sein großer König nach so vielen Seiten hin geführt hat.

Preußens Monarch steht hoch durch die Vereinigung von König und Volk. Dies ist das Fundament seiner Kraft; so lange das schöne Band besteht, ist Preußen unüberwindlich. Wer das Jahr 1840 im Andenken hat, wer, gleichviel als Preuße oder Fremder, Zeuge gewesen ist von der aufrichtigen Trauer beim Scheiden des geliebten Monarchen, der Begeisterung, mit welcher dem neuen die Huldigung dargebracht ward, und sich zugleich des Jahres 1813 erinnert, der wird fühlen und begreifen, was es bedeutet: König und Volk sind Eins.

Bülow-Cummerow.

Anlage A.

Der Staatsrath.

Das Staatsministerium.

Unmittelbar unter dem Staats-Ministerio stehende Behörden sind: I. Das statistische Büreau. II. Die Archive, welche wieder zerfallen A. in das geheime Staats- und Cabinets-Archiv, und B. in 7 Provinzialarchive. III. Die Ober-Examinations-Commission (für den Geschäftskreis der Regierungen).

I. Das Ministerium der Geistlichen, Unterrichts- und Medizinal-Angelegenheiten.

1. Abtheilung für die geistlichen Angelegenheiten.
2. Abtheilung für den öffentlichen Unterricht.
3. Abtheilung für die Medizinal-Angelegenheiten.

Zum Ressort dieses Ministerii gehören: I. Die Akademie der Wissenschaften zu Berlin. II. Die Königl. Akademie der Künste zu Berlin. III. Die Königl. Museen zu Berlin. IV. Die Gesellschaft naturforschender Freunde zu Berlin. V. Der Verein zur Beförderung des Gartenbaues in den Königl. Staaten. VI. Die Königl. deutsche Gesellschaft zu Königsberg in Preußen. VII. Die Königl. Akademie gemeinnütziger Wissenschaften zu Erfurt. VIII. Die Kaiserl. Leopoldinisch-Carolinische Akademie der Naturforscher zu Breslau. IX. Die wissenschaftlichen Anstalten zu Berlin: A. Die Königl. Bibliothek. B. Die Königl. Sternwarte. C. Das chemische Laboratorium. D. Der Königl. botanische Garten. E. Das Königl. Herbarium. X. Die Universitäten: a. zu Berlin, b. zu Bonn c. zu Breslau, d. zu Greifswald, e. zu Halle, f. zu Königsberg in Preußen, g. die Akademie zu Münster, h. die medicinisch-chirurgischen Anstalten zu Münster, i. zu Breslau, k. zu Greifswald, l. zu Magdeburg. XI. Das Prediger-Seminarium zu Wittenberg. XII. Das Seminarium für gelehrte Schulen in Berlin. XIII. in Breslau. XIV. Das Lyceum Hosianum zu Braunsberg. XV. Die wissenschaftliche Deputation für das Medizinalwesen. XVI. Das Curatorium für die Krankenhaus- und Thierarzneischul-Angelegenheiten. XVII. Die Ober-Examinations-Commission für die höheren Staatsprüfungen der Medizinal-Personen. XVIII. Die perpetuirliche Commission zur Aufrechthaltung der Hof-Apotheke.

II. Das Ministerium des Königl. Hauses und der Königl. Familie.

1. Abtheilung. a. Kron-Fideicommiß-Casse. b. Kron-Tresor.

2. Abtheilung. Von dieser ressortirt die höhere Forst-Lehranstalt zu Neustadt-Eberswalde.

III. Die Staatsbuchhalterei.

Dazu gehört: Die Verwaltung A. des Staatsschatzes, B. der Münzen. Von der General-Münzdirektion ressortiren: 1. Die Hauptmünze zu Berlin. 2. Die Münze zu Breslau. 3. Die Münze zu Düsseldorf.

IV. Das Justiz-Ministerium.

Zum Ressort des Ministerii gehören: I. Das geheime Ober-Tribunal. II. Der Rheinische Revisions- und Cassationshof. III. Die Immediat-Justiz-Examinations-Commission.

V. Das Ministerium des Innern und der Polizei.

1. Abtheilung des Innern.
2. Abtheilung der Stände-Angelegenheiten.
3. Abtheilung der Polizei.
4. Abtheilung der landwirthschaftlichen Angelegenheiten.

Hierzu kommt noch das Rechnungs-Bureau für alle Abtheilungen.

Zum Ressort des Ministerii gehören: I. Das Ober-Censur-Collegium. II. Die Immediat-Commission. III. Das Polizei-Präsidium zu Berlin, (von diesem ressortiren: 1. Das Polizeiamt zu Charlottenburg. 2. Die Commission zur Prüfung der Bau-Handwerker. 3. Die Straßen-Erleuchtungs-Inspection). IV. 9 Generalcommissionen und 2 Justiz-Deputationen. V. 8 Revisions-Collegia, nämlich zu Berlin, Stettin, Königsberg, Marienwerder, Breslau, Posen, Münster, Magdeburg. VI. Das Dom-Capitel zu Brandenburg. VII. Die ritterschaftlichen Creditvereine VIII. Die Feuer-Societäten in den Provinzen.

VI. Das Ministerium der Finanzen.

1. Abtheilung für Cassen- und Etats-Sachen.
2. Abtheilung für die Verwaltung der Steuern.
3. Abtheilung für Handel, Gewerbe und Bauwesen.
4. Abtheilung für Berg-, Hütten- und Salinenwesen.

Hierzu kommt noch die General-Staatskasse und die Oberberghauptmannschaftliche Casse.

Von dem Finanzministerium ressortiren: A. Von der Cassen- und Etats-Abtheilung I. Die General-Lotterie-Direction. II. Die General-Direktion der allgemeinen Wittwen-Verpflegungs-Anstalt. III. Das Geheime Ministerial-Archiv. — B. Von der Abtheilung für die Verwaltung der Steuern: I. Das Haupt-Stempel-Magazin. II. Die Kalender-Deputation. III. Das Erbschafts-Stempel-Amt für Berlin. IV. Die Provinzial-Steuer-Casse für die Provinz Brandenburg, und Realisations-Casse der Cassen-Anweisungen. V. Die Salzfactorei in Berlin. VI. Die Chemiker und Technologen für die Verwaltung der Steuern. VII. Das Haupt-Steueramt für inländische Gegenstände in Berlin. VIII. Das für ausländische Gegenstände. IX. Das Gewerbe-Steuer-Amt. X. Die Provinzial-Steuer-Directionen in den Provinzen. — C. Von der Abtheilung für Handel, Gewerbe und Bauwesen I. Die technische Ober-Baudeputation. II. Die technische Deputation für Gewerbe. III. Die allgemeine Bau-Schule. IV. Die Baugewerk-Schule. V. Das technische Gewerbe-Institut. VI. Die Porzellan- und Gesundheits-Geschirr-Manufacturen. VIII. Die Normal- und Eichungs-Commission zu Berlin. — D. Von der Abtheilung für Berg-, Hütten- und Salinen-Wesen I. Das Haupt-Bergwerks-Eleven-Institut. II. Die Provinzial-Berg-Behörden.

VII. Das Ministerium der auswärtigen Angelegenheiten.

1. Abtheilung.

2. Abtheilung.

Von diesem Ministerio ressortiren: I. Das Staats-Zeitungs-Institut. II. Die geheime Ober-Hof-Buchdruckerei. — Ferner die Königl. Gesandten, Minister-Residenten, Geschäftsträger und Legations-Secretaire im Auslande.

VIII. Das Kriegs-Ministerium.

1. Allgemeines Kriegsdepartement.

2. Militair-Oeconomie-Departement.

Hierzu kommt noch die Vereinigte Geheime-Canzelei des Ministerii und das General-Auditorium.

Zum Ressort des Ministerii gehören: A. Unmittelbar ressortirende Behörden: I. Die Remonte-Inspektion. II. Die Inspection der Artillerie-Werkstätten. III. Königl. Pulver-Fabriken. IV. Gewehr-Fabriken. V. Geschütz-Gießereien. VI. Artillerie-Depots. VII. Marine-Depot in Stralsund. VIII. Geheimes Feuerwerks-Laboratorium in Spandau. IX. Die Kommission zur Prüfung der anzustellenden Intendantur-Beamten. X. Die General-Militair-Casse. XI. Das Militair-Knaben-Erziehungs-Institut zu Annaburg. XII. Die Medizinal-Anstalten der Armee. — B. Behörden, welche mit dem Kriegs-Ministerio in Verbindung stehen: I. Die Ober-Militair-Examinations-Commission. II. Das Militair-Unterrichts- und Erziehungswesen der Armee. — C. Provinzial-Behörden des Ministerii für die Militair-Oeconomie: I. Intendantur des Garde-Corps zu Berlin. II. Intendanturen der 8 Armee-Corps zu Königsberg, Stettin, Frankfurt a. d. O., Magdeburg, Posen, Breslau, Münster, Coblenz. III. Königl. Preußische Militair-Oeconomie-Administration in Mainz.

IX. Das Departement der Haupt- und Landgestüte.

A. 4 Hauptgestüte. B. 7 Landgestüte.

X. Das Post-Departement oder General-Post-Amt.

General-Büreau des Chefs.

Geheime Verificatur.

Cours-Büreau.

Zum Ressort des General-Post-Amts gehören: I. Das Zeitungs- und Haupt-Gesetz-Sammlungs-Debits-Comptoir. II. Das Intelligenz-Comptoir. III. Die Postämter a. in Berlin. b. in den Provinzen.

XI. Die Hauptverwaltung der Staatsschulden.

Staats-Schulden-Tilgungs-Casse. 1. Abtheilung. 2. Abtheilung. Controlle der Staatspapiere.

Immediat-Commission zur Vernichtung der dazu bestimmten Staatspapiere.

XII. Die Seehandlung.

A. Königl. Kommissarius und Chef.

B. General-Direktion der Seehandlung in Berlin.

C. Königl. Leih-Amt.

XIII. Die Haupt-Bank in Berlin.

Haupt-Bank-Direktorium.

Von der Hauptbank ressortiren: 7 Bank-Comptoire in den Provinzen.

XIV. Königl. Credit-Institut für Schlesien.

XV. Das große Militair-Waisenhaus zu Potsdam.

A. Directorium zu Berlin.

B. Die Anstalt selbst.

XVI. Die Ober-Rechnungs-Kammer.

Dazu gehört: Die Commission zur Revision der Rechnungen der Bank und der Seehandlung, so wie zur Bearbeitung anderer zum Ressort der Ober-Rechnungskammer gehörenden, in Berlin zu erledigenden Rechnungs-Angelegenheiten.

Anlage B.

Schema
des Budgets für das Jahr 1841
und
des Normal-Reglements
für sämmtliche
das Königreich Dänemark und die Herzogthümer Schleswig, Holstein und Lauenburg
mit den dazu gehörigen Nebenländern
betreffende
Staats-Einnahmen und Ausgaben.

I. Einnahme.

A. Domainen-Einnahme vom Königreich und von den Herzogthümern Schleswig und Holstein.

B. Steuern und Abgaben vom Königreich und von den Herzogthümern Schleswig und Holstein.

a) direkte Steuern.

b) indirekte Steuern.

C. Ueberschuß der Intraden vom Sund- und Stromzoll.

D. Ueberschuß vom Schleswig-Holsteinischen Kanal.

E. Ueberschuß vom Postwesen.

F. Ueberschuß vom Herzogthume Lauenburg.

G. Ueberschuß von den Dänisch-Westindischen Inseln.

H. Zinsen von den Königl. Activen.

I. Verschiedene Einnahmen.

II. Ausgabe.

A. Sämmtliche Gehalte und Ausgaben bei Sr. Majestät Partikulier- und Chatull-Kasse, Hofstaat und Hofhaltung, für die Schloßgärten, für Sr. Majestät Stall-Etat, so wie die Ausgaben für Allerhöchst-derselben Reisen im Lande.

B. Die Apanagen der Königlichen und Fürstlichen Personen.

C. Königliche Gebäude im Königreich und in den Herzogthümern Schleswig und Holstein.

a) Königliche Schlösser.

b) andere Königliche Gebäude.

D. Der geheime Staatsrath.

E. Die Provinzialstände-Versammlungen für das Königreich und die Herzogthümer Schleswig und Holstein.

F. Auswärtige Angelegenheiten (hierunter das Maroccanische Geschenk).

G. Der Civil-Etat.

1) Die Civil-Collegien und Obrigkeiten nebst den unter denselben stehenden Comtoiren, gleichwie auch die Schleswig-Holsteinsche Regierung, die Oberbeamten und Hebungsbeamten im Königreich und in den Herzogthümern Schleswig und Holstein nebst den Münzen u. a.

2) Das Justiz- und Polizeiwesen im Königreich und in den Herzogthümern Schleswig und Holstein.

3) Beiträge an die Geistlichkeit, die Kirchen und Volksschulen im Königreich und in den Herzogthümern Schleswig und Holstein.

4) Anstalten zur Förderung der Wissenschaften und Künste, so wie im Allgemeinen zur höheren Ausbildung der Nation, nämlich Beitrag an die Universitäten in Kopenhagen und Kiel, an die gelehrten Schulen im Königreich und in den Herzogthümern Schleswig und Holstein, für gelehrte Gesellschaften und wissenschaftliche Anstalten und Arbeiten u. s. w. an die Akademie der schönen Künste, das Königliche Theater und die Kapelle u. s. w.

5) Andere gemeinnützige Anstalten, nämlich:
   a) Beitrag für das Armenwesen in Kopenhagen, Hospitäler, milde Stiftungen und Arme im Königreich und in den Herzogthümern Schleswig und Holstein.
   b) für das Medicinalwesen im Königreich und in den Herzogthümern Schleswig und Holstein, an das Blinden-Institut so wie an die Taubstummen-Institute.
   c) zum Gestüt- und Veterinair-Wesen, zur Matriculirung, an Wege- und Landwesens-Officialen, zur Anlage und Unterhaltung der Wege im Königreiche, Beitrag zur Landhaushaltungs-Gesellschaft.
   d) Handels-Consulat-Ausgaben, Ausgaben für den Industrie-Fonds, Prämien für die Fischerei unter Island, Beitrag zur Förderung des Flachsbaues und der Fischerei u. s. w. Ausgaben für das Aufschlammungswesen, Zuschuß für die Porzellan-Fabrik und den Steinbruch auf Bornholm.

H. Die Militair-Etate:
   Der See-Militair-Etat.
   Der Land-Militair-Etat.

I. Island so wie die Dänisch-Ostindischen und Guineischen Besitzungen.

K. Das Pensions- und Unterstützungswesen.
   1) Pensionen und Wartgelder.
      a) aus der allgemeinen Pensions-Kasse.
      b) die auf der abnehmenden Pensionsliste der Finanz-Kasse aufgeführten.
   2) Zuschuß für Wittwenpensionen in den Herzogthümern so wie die an die Direktion der allgemeinen Wittwen-Kasse zu leistende Vergütung (für den beim Tode von Beamten restirenden Einschuß.
   3) Unterstützungen durch das Staatssecretariat für Gnadensachen.

L. Honorare für ausgeführte Arbeiten im Staatsdienst.

M. Verschiedene Ausgaben, als: übernommene Commune-Ausgaben

im Königreich, Ausgaben für die Beförderung Königl. Dienstsachen mit der Frachtpost u. s. w.

N. Unvorhergesehene und ungewisse Ausgaben.

O. Verzinsung und Abzahlung der Staatsschuld.

Beilagen zum Budget für das Jahr 1841 und zum Normalreglement.

I. Einnahme-Beilagen.

Einnahme-Beilage I. Königl. Erdbruchs- und Pacht-Einnahmen, so wie die Einnahmen von anderen Königl. Besitzungen, sowohl was das Königreich als was die Herzogthümer Schleswig und Holstein betrifft.

A. Königl. Erdbruchs- und Pacht-Einnahme ꝛc. in Dänemark.

B. Königl. Erdbruchs- u. Pacht-Einnahme ꝛc. in den Herzogthümern Schleswig und Holstein.

Einnahme-Beilage II. Das Forstwesen im Königreich und in den Herzogthümern Schleswig und Holstein.

Einnahme-Beilage III. Die Intraden vom gestempelten Papier ꝛc. im Königreich und in den Herzogthümern Schleswig und Holstein.

Einnahme-Beilage IV. Departements- und Gerichtssporteln für das Königreich und die Herzogthümer Schleswig und Holstein.

A. Für das Königreich.

B. Für die Herzogthümer.

Einnahme-Beilage V. Ueberschuß sowohl der Zoll- und Consumtions-Intraden in Dänemark und der Zoll-Intraden in den Herzogthümern Schleswig und Holstein, als der Intraden von dem schleswig-holsteinischen Canal, von dem Oeresunder- und Stromzolle, und von den dänisch-westindischen Colonien.

1) Das Zoll- und Consumtionswesen im Königreich Dänemark.
2) Das Zollwesen in den Herzogthümern Schleswig und Holstein.
3) Der Schleswig-Holsteinsche Canal.
4) Intraden des Oeresund- und Stromzolles.
5) Die dänisch-westindischen Colonien.

Einnahme-Beilage VI. Die Einnahme von der Zahlen-Lotterie im Königreich und den Herzogthümern Schleswig und Holstein.

Einnahme-Beilage VII. Die Einnahme von der Kopenhagener-Classen-Lotterie.

Einnahme-Beilage VIII. Die für Königl. Rechnung übernommenen Bischofszehnten.

Einnahme-Beilage IX. Erstattung aus den Repartitionsfonds der Aemter und aus den Städten in Dänemark zufolge der Verordnung vom 15. September 1832.

Einnahme-Beilage X. Andere verschiedene Einnahmen.

Einnahme-Beilage XI. Die Intraden aus dem Herzogthume Lauenburg.

Einnahme-Beilage XII. Ueberschuß des Postwesens.

Einnahme-Beilage XIII. Betreffend die zur Verzinsung und Tilgung der Staatsschuld und zum Reservefonds hingelegten Aktiven.

II. Ausgabe-Beilagen.

Ausgabe-Beilage I. Sämmtliche Gehalte und Ausgaben bei Sr. Majestät Partikulier-Kammer, Chatull-Kasse, Hofstaat und Hofhaltung, für die Schloßgärten, für Sr. Majestät Stall-Etat, und Ausgaben in Veranlassung von Allerhöchstderselben Reisen im Lande,

Ausgabe-Beilage II. Die Apanagen der Königl. und Fürstlichen Personen.

Ausgabe-Beilage III. Ausgaben für den Bau des Christianburger Schlosses s. w. d. a.

Ausgabe-Beilage IV. Das Königl. Ordens-Kapitel.

Ausgabe-Beilage V. Der geheime Staatsrath.

Ausgabe-Beilage VI. In Anleitung der Provinzialstände.

Ausgabe-Beilage VII. Das Departement für die auswärtigen Angelegenheiten.

Ausgabe-Beilage VIII. Die Departements der Civilverwaltung.

A. Die dänische Canzelei.

B. Die Schleswig-Holstein-Lauenburgische Canzelei.

C. Das Generalzoll-Kammer- und Commerz-Kollegium.

D. Die Rentekammer.

E. Die Direktion für die allgemeine Pensions-Casse.

F. Das Staatssecretariat für Gnadensachen.

G. Ausgaben unter der General-Post-Direktion.

H. Die Direktion für die Universität und die gelehrten Schulen nebst den unter derselben sortirenden Einrichtungen und Stiftungen.

I. Die Direktion für die Staatsschuld und den sinkenden Fonds.

K. Das Stuterei-Wesen und die Veterinair-Schule.

L. Der Fonds ad usus publicos.

M. Die Finanz-Deputation.

Ausgabe-Beilage IX. Die Departements für die Militair-Verwaltung.

A. Das Admiralitäts- und Commissariats-Kollegium.

B. Das General-Commissariats-Collegium.

Ausgabe-Beilage X. Unvorhergesehene und unbestimmte Ausgaben.

Ausgabe-Beilage XI. Die Verzinsung und Abzahlung der Staatsschuld.

Gedruckt bei Julius Sittenfeld.

www.ingramcontent.com/pod-product-compliance
Lightning Source LLC
LaVergne TN
LVHW091725021026
849161LV00003BA/318